浙江省普通高校"十三五"新形态教材

高等职业教育新商科新营销系列教材

物流信息管理

何 丹 申家星 主编

电子工业出版社

Publishing House of Electronics Industry

北京·BEIJING

内 容 简 介

物流信息管理是现代物流管理运作的重要技术基础。本书结合高职院校人才培养的特点，以理论为基础，融入全国高职院校技能大赛智慧物流赛项物流信息系统的应用实例。本书分为6个项目，其中项目一主要阐明物流信息管理的基础知识；项目二介绍了物流信息采集技术应用，涉及条形码、RFID、EPC等技术；项目三介绍了物流信息储存与传输技术应用，涉及了数据库、大数据、云计算、EDI系统等；项目四介绍了物流跟踪技术应用，包括GPS、GIS等技术；项目五介绍了多种物流信息管理系统，项目六分析了物流信息系统的应用实例。书中以二维码的形式提供了大量的视频、图片、文字等知识资料，以供读者使用。

图书在版编目（CIP）数据

物流信息管理/何丹，申家星主编. —北京：电子工业出版社，2022.2

ISBN 978-7-121-42609-4

Ⅰ. ①物… Ⅱ. ①何… ②申… Ⅲ. ①物流—信息管理 Ⅳ. ①F253.9

中国版本图书馆 CIP 数据核字（2022）第 015191 号

责任编辑：魏建波
印　　刷：北京天宇星印刷厂
装　　订：北京天宇星印刷厂
出版发行：电子工业出版社
　　　　　北京市海淀区万寿路 173 信箱　邮编 100036
开　　本：787×1 092　1/16　印张：12.25　字数：313.6 千字
版　　次：2022 年 2 月第 1 版
印　　次：2025 年 7 月第 5 次印刷
定　　价：37.00 元

凡所购买电子工业出版社图书有缺损问题，请向购买书店调换。若书店售缺，请与本社发行部联系，联系及邮购电话：（010）88254888，88258888。

质量投诉请发邮件至 zlts@phei.com.cn，盗版侵权举报请发邮件至 dbqq@phei.com.cn。

本书咨询联系方式：（010）88254609，hzh@phei.com.cn。

前　言

现代物流的运作与发展离不开信息技术的支持，只有充分利用信息技术，才能更好地计划、组织、控制和协调现代物流的各项活动。物流信息系统作为现代物流管理的重要支撑，不仅能够降低物流成本，更能够推动现代物流业向全球化、电子化、网络化、自动化、多功能化、共享化和协同化转变。在我国，通过大力推进信息技术在物流领域的应用，并充分借鉴发达国家的经验教训，必将使我国的物流业拥有一个更加广阔的发展前景。

物流领域涉及的信息技术种类主要包括信息采集技术、信息存储技术、信息传输技术和信息跟踪技术等。这些技术发展和更新的速度很快，本书主要向读者介绍这些技术的最新发展状况，并较详细地介绍了这些技术在物流领域的应用情况。

全书分为 6 个项目。

项目一是物流信息化管理认知，主要介绍物流信息管理的基础知识，包括数据与信息的概念及其关系，物流信息的概念、特点、作用，物流信息化管理的内容，简要认识物流信息技术。

项目二是物流信息采集技术应用，主要介绍条形码识别技术、射频识别技术和电子产品代码技术的基本内容及应用。

项目三是物流信息储存与传输技术应用，主要介绍了数据库、大数据、云计算、电子数据交换技术的基本内容及应用等。

项目四是物流跟踪技术应用，主要介绍了全球定位系统、地理信息系统的基本内容，以及两种技术在物流领域的应用。

项目五是物流信息管理系统，介绍了物流管理信息系统的概念、特点、组成、分类功能、现状等，以仓储管理系统、运输管理系统、配送管理系统和第三方物流管理系统为例，介绍典型物流信息管理系统的结构。

项目六是智慧物流作业操作，利用全国高职院校技能大赛智慧物流赛项的物流信息系统，展示物流信息系统的应用实例。

为了便于读者进行复习，本书每个项目都附有选择题、判断题、简答题等。

本书在编写过程中加入了一些相关视频、图片、文字、课件等形式的知识资料，供读者拓展学习。

物流信息技术涉及的内容很多，而且许多技术属于交叉学科的研究内容，在本书的编写过程中，参考了国内外大量的出版物和网上的电子资料，在此向各文献作者表示衷心的感谢！

由于时间仓促，作者水平有限，错误与不妥之处在所难免，敬请广大读者批评指正！

编者

目　　录

项目一 物流信息化管理认知

学习目标

知识目标

1. 理解数据与信息的含义及数据与信息之间的关系；
2. 理解物流信息的含义及作用；
3. 掌握物流信息化的内涵及信息化的 4 个层次；
4. 理解物流信息管理的定义、内容及作用；
5. 了解物流信息系统的构成与功能；
6. 理解物流信息与物流信息技术的概念；
7. 了解各类信息技术；
8. 了解现代信息技术在我国物流企业中的应用和发展。

能力目标

1. 能够利用数据进行分析物流活动；
2. 熟悉物流信息技术的应用环境。

知识结构图

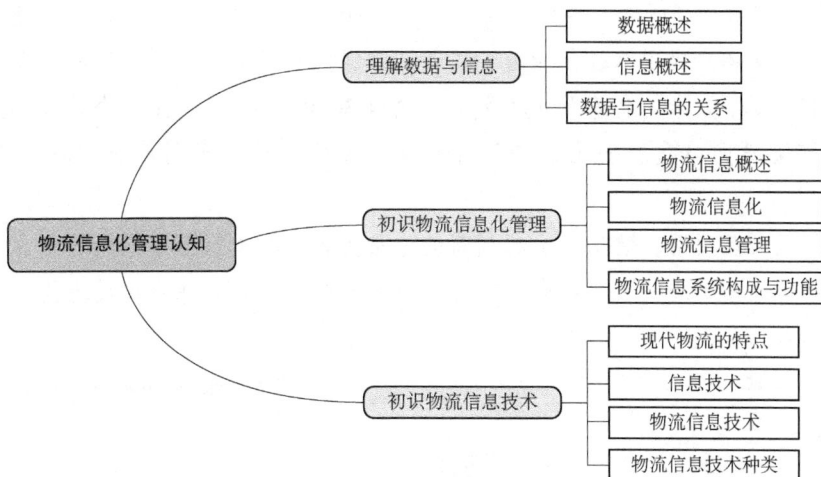

职业标准与岗位要求

职业功能	工作内容	技能要求	相关知识
物流信息技术知识	物流信息技术知识的把握及应用	能熟知物流信息知识的概念与特点； 能准确把握和理解物流信息技术工作的原理； 能掌握物流信息技术工作的方法； 能结合实际了解企业物流信息化的发展趋势	物流信息知识； 物流信息技术的认知； 物流信息系统； 物流信息化现状
物流信息管理系统的应用	物流信息化知识	能熟练掌握物流信息系统的应用； 能熟练掌握物流信息系统的构成与功能； 能准确把握物流信息技术的应用； 能针对不同的物流企业信息化系统进行设计	物流信息系统； 物流信息系统的构成与功能； 企业信息化程度调研； 物流信息系统应用现状
	物流信息技术应用调研	能收集资料并进行数据分析； 能结合实际发现问题、分析问题； 能撰写调研报告，会使用物流信息技术	数据与信息； 物流信息技术； 物流信息系统

案例导入

百世物流结合互联网、信息技术和传统物流服务，创造新的商业模式，整合中国庞大的物流行业，提高效率，拓展了信息化的应用。百世物流中国区总部扎根于美丽的西子湖畔——杭州，目前已在全国范围内建立起多级营运中心，配送网络覆盖全国，延伸至县、乡级区域。通过完整、系统的合作伙伴认证管理体系，专业的供应链解决方案设计，先进的信息技术和公司自行研发的综合营运平台 GeniMax 系统，百世物流为国内外企业提供综合供应链设计和物流服务。经过几年的努力，企业规模迅速扩大，每年高速发展，现有四大事业部，向客户提供综合供应链、快递、快运和软件服务，在全国建立了100多个运作中心和120万平方米的仓库及转运中心，拥有30000多员工、上万个认证加盟商及合作伙伴，仓储配送网络覆盖全国，并延伸至县、乡级区域。公司的核心理念是投资技术和人。

百世物流以互联网、信息技术和创新的力量为整个物流行业带来新的变化，致力于打造一站式的物流和供应链服务平台，为客户提供高效的服务和体验，成为值得信赖和尊重的物流领导者。

（资料整理来源：http://www.800bestex.com/）

【项目任务】

1．找出案例中涉及的数据，进行加工处理、解释，分析其信息是什么。
2．分析百世物流的物流信息的内容有哪些。
3．分析物流信息化管理的重要性及百世物流是如何实现物流信息化管理的。
4．分析百世物流采用了哪些信息技术。

知识学习

任务一　理解数据与信息

一、数据概述

1．数据的含义

数据（data）是事实或观察的结果，是对客观事物的逻辑归纳，是用于反映客观事物的性质、属性及相互关系的任何符号、文字、数字、语音、图像、视频等。

课件 1-1-003
任务一　理解
数据和信息

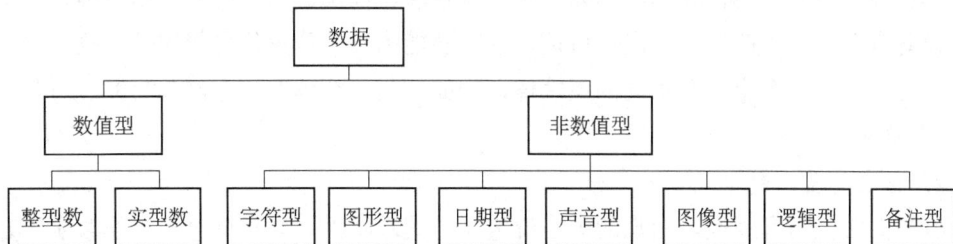

例如：一只鸟的叫声，"声音"就是数据，因为声音可反映出它大概是一只什么种类的鸟；仓库的面积为 1500 平方米，储存量 7000 托，"1500""7000"就是数据，因为它们反映了仓库的大小和储存能力；一辆红色货车的车牌是"浙 C4578"，"红色""浙 C4578"就是数据，因为它们反映了货车的某些特定属性。

概括而言，数据就是一些未经组织的事实的集合，数据的形式可以是数字、文字、符号、声音或图形等，这些表现形式应能为人类或机器识别和处理。

2．计算机与数据

自从计算机问世以来，数据就越来越受到人们的重视，数据的量也在逐渐变大，大数据时代已在眼前。数据是计算机处理的基本对象，在计算机系统中，数据以二进制信息单元 0、1 的形式表示。计算机可以处理的数据类型如图 1-1 所示。

图 1-1　计算机可以处理的数据类型

在计算机中，数据的 3 个基本要素是数据名、类型和长度。这意味着在计算机中要描述任何一个数据，至少要给出数据名、类型和长度的描述。数据名表示唯一的某数据；类型表示数据的类型，如整型、日期型等；数据长度以字节为单位，表示需要占用的存储空间，对于实型数还要定义其精度。例如，前面提到的货车颜色，"红色"是字符型类型，其长度为 4 个字节。

视频知识点：
1-1-001
什么是数据？

二、信息概述

1．信息的含义

那什么是信息呢？不同的学者从不同角度对信息做出了各种定义。例如，信息是数据加工处理的结果；信息是一种有用的知识；信息是对现实世界某一方面的客观认识，等等。由此可见，信息是一种包容性很强、很难被确切定义的术语。

一般来讲，大多数学者认为：信息是能够反映事物内涵的知识、资料、情报、图像、数据、文件、语言、声音等。信息是事物的内容、形式及其发展变化的反映。

数据经过处理后，其表现形式仍然是数据。只有经过解释，数据才有意义，才成为信息。可以说信息是经过加工以后，并对客观世界产生影响的数据。

简单地说，信息就是经过处理的、有含义的有用数据。

同时也要注意的是，同一个数据，对于不同的人、不同部门会有不同的解释与意义，对决策的影响也会不同。决策者可能取得成功，也可能得到相反的结果，关键在于对数据的解释是否正确。另外，对某个人来说是信息的东西，对另外一个人来说可能只是一种原始数据，如同工厂的生产一样，一道工序或者一个加工部门的成品只是另外一道工序或者另外一个部门的原材料。

从计算机来看，信息可以定义为实体、属性、值的三元组，即

信息=实体（属性 1：值 1；……；属性 n：值 m）

例如，信息=车（颜色：红色；车牌：浙 C4578），表示获得了一条有关一辆汽车的信息。

对企业的管理和运作来说，相关的实体有很多，如员工、设备、产品、物料等。不同的实体由多个不同的属性表示，例如，员工有姓名、性别、出生时间、出生地、学历等属性，设备有名称、生产厂家、出厂日期、主要性能指标、购置价格等属性。同一类实体中有不同的个体，每个个体有不同的属性值，例如，员工个体有"李红""1982.1.1""成都""博士"等属性值。

2．信息的基本特征

（1）真实性与客观性。信息的中心价值在于其真实性。如果信息不符合事实，那么它不仅没有价值，还会产生负价值。通俗地说，所谓信息，就是可信的信息。

（2）时效性。一切活动的信息都随着时间而变化，因此信息是有时效性的。

（3）扩散性和传输性。信息是可以传输的，在传输中"一传十，十传百"，成几何级数扩散。最典型的信息扩散就是广告。

（4）可分享性。信息交流与物质和能量的交换是不同的，信息交流可以做到双方信息共享。信息的可分享性使信息成为企业的一种资源。

（5）转化性。信息在一定条件下可以转化为物质和能量。正确地利用信息可以在同等条件下创造更多的物质财富和能量。信息是一种重要资源。

（6）有序性。物质的运动变化是有规律的，因此，作为物质运动状态表现和反映的信息也是有序的。信息的这一性质对人类具有特别重要的价值，这一性质使得人类可以获得对客观世界的可控性。

三、数据与信息的关系

信息与数据的概念是不同的，但两者之间又有密切的联系。数据和信息是不可分离的，数据是信息的表达，信息是数据的内涵。

1. 信息是加工后的数据

数据与信息的关系可以看作是原料和成品的关系，换言之，信息是经处理系统加工过的数据（见图1-2）。更确切地讲，处理系统能将不可用的数据形式加工成可用的信息。为方便处理和支持决策活动，通常要把众多数据按数据结构、文件结构或数据库等形式组织起来。例如，商店可以将顾客购买的物品统计出品种销售数、品牌销售数、规格销售数、总销售数量、销售额等对商店经营管理有意义的信息。

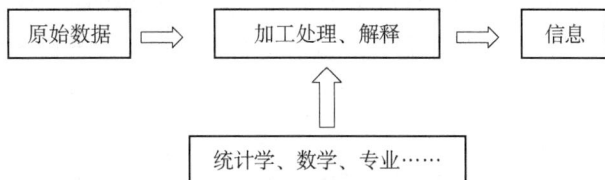

图1-2 数据与信息的关系

2. 数据和信息是相对的

数据与信息的这种原料和成品的关系是相对的。对某个人来说是信息，而对另一个人来说可能是数据。例如，你购买了一件衬衣，这对你来说是信息，而对商店的管理人员来说是一种数据。又如，在运输管理中，运输单对司机来说是信息，这是因为司机可以从该运输单上知道什么时候要为什么客户运输什么物品；而对负责经营的管理者来说，运输单只是数据，因为从单张运输单中，他无法知道本月经营情况，也并不能掌握现有可用的司机和运输工具等。

正由于信息与数据之间存在既有区别又有紧密联系的关系，所以信息与数据两个词常被人们交替使用。

3．信息是观念上的

因为信息是加工了的数据，所以采用什么模型（或公式）、多长的信息间隔时间来加工数据以获得信息，是受人对客观事物变化规律认识的制约，由人确定的。因此，信息揭示数据内在的含义，是观念上的。

视频知识点：
1-1-002
数据与信息
之间有何区别
与联系

【相关阅读】

沃尔玛的大数据技术

沃尔玛是最早通过大数据而受益的企业之一，拥有世界上最大的数据仓库系统。通过对消费者的购物行为等数据进行分析，沃尔玛成为特别了解顾客购物习惯的零售商，曾创造了"啤酒与尿布"的经典商业案例。早在 2007 年，沃尔玛就建立了它的超级数据中心，其存储能力高达 4PB 以上。《经济学人》在 2010 年的一篇报道中指出，沃尔玛的数据量已经是美国国会图书馆的 167 倍。

在大数据概念引爆并流行于产业界之前，沃尔玛已经开始了网站数据库整合迁移和 Hadoop 集群扩展工作，收购 Kosmix，在此基础上建立沃尔玛实验室（Walmart Labs），并在近年着手收购专注于数据挖掘或移动社交的初创公司，如 OneOps、Inkiru、Tasty Labs、OneRiot，进军互联网。通过自身数据积累整合及并购研发，沃尔玛已然拥有一个涵盖消费者线下交易数据、沃尔玛网络商城电子数据与社交媒体应用数据的实时更新积累的大数据库，为沃尔玛在做出决策前将执行成本降到最低，并且创造新的消费机会。

收编 Kosmix 团队，沃尔玛看重的是 Kosmix 对社交媒体的语义分析功能，利用 Facebook 和 Twitter 的数据，工程师从每天的热门消息中推出与社会时事呼应的商品，创造消费需求。同时，针对社交网络快消息流的性质，沃尔玛内部的大数据实验室专门研制出一套追踪系统，结合手机上网，专门管理追踪庞大的社交动态，每天能处理的资讯量超过 10 亿条。

Walmart Labs 推出的巨型知识库——社交基因库（the social genome）能够让沃尔玛将消费者线下购物数据、网络浏览点击数据、社交网络关系数据及消费者个人数据等组合成实时更新扩展且具有定向预测功能的强大数据库，逐步解决线上环节与线下渠道数据匹配上的难点，并借助于消费者在社交网络上展现的兴趣，预测他们可能在沃尔玛购买的下一个产品。通过对社交网络进行深度的数据挖掘，实现网站主页、商品搜索个性化，依据消费者的兴趣来排列页面上的结果。数据显示，截至 2013 年 1 月 31 日，沃尔玛全球互联网销售额增长 30%，增幅 10 年来第一次超越亚马逊。

在线下的物流管理中，沃尔玛利用数据仓库和数据挖掘技术，能够对商品进行市场分组分析，分析顾客最有希望一起购买哪些商品。数据仓库里收集了各个商店的详细原始交易数据，利用自动数据挖掘工具对这些数据进行分析和挖掘，用实时数据来调动供应链补

货。全球、全方位、全过程、全天候的自动数据采集取代了传统的依靠预测计划来确定订货的方式，在数据的不断积累过程中以小时为单位动态地运行决策模型，导出数亿个品种的最佳订货量与商品组合、降价及商品陈列等。

任务二　初识物流信息化管理

一、物流信息概述

（一）物流信息的概念

物流信息与物流活动密不可分，它伴随着各种物流活动的开展而产生，是物流活动顺利进行的必要条件。

物流信息的产生源于物质实体的"位移"，与整个物流活动密切相关，涉及原材料供应商、制造商、中间环节的批发商和零售商，以及在最终消费者市场（客户）流通的全过程（见图1-3）。因此，物流信息量之大、种类之多，显而易见，也对物流信息的管理提出了要求。

课件 1-2-003
任务二　初识物流
信息化管理

图 1-3　伴随物流产生的信息流

从狭义上来说，物流信息是指与物流活动（如运输、仓储、包装、配送、装卸、流通、加工等）有关的信息，应用于物流活动的管理与决策中，如运输工具的选择、运输路线的确定、在途货物的追踪、仓库的有效利用、最佳库存数量的确定、订单管理、顾客服务水平的提高等。

广义的物流信息不仅指与物流活动有关的信息，而且包括与其他流通活动有关的信息，如商品交易信息和市场信息等。商品交易信息是指与买卖双方的交易过程有关的信息，如销售、购买、订货、发货、收款信息等。市场信息是指与市场活动有关的信息，如消费者的需求信息、竞争者或竞争性商品的信息、促销活动信息、交通通信基础设施信息等。在现代经营管理环境中，物流信息与商品信息、市场需求信息相互交叉、融合，有着密切的关系。如零售商根据对消费者需求的预测及库存状况制订订货计划，向批发商或直接向生产商发出订货信息；批发商在接到零售商的订货信息后，确认现有库存水平，不能满足订单要求则马上组织生产，再按订单上的数量和时间要求向物流部门发出发货配送信息。例如，原材料供应商和企业生产制造商必须根据客户需求的变化情况及时调整自己的进货和生产计划，客户需求信息的反馈应该通过相应的管理信息系统快速提供给原材料供应商和制造商。

综上所述，物流信息（logistics information）是反映物流各种活动内容的知识、资料、图像、数据、文件的总称（见《物流术语》GB/T 18354—2006）。物流信息是伴随着企业物流活动的发生而产生的，企业如果希望对物流活动进行有效的控制，就必须及时掌握准确的物流信息情况。由于物流信息贯穿于物流活动的整个过程中，并通过其自身对整体物流活动进行有效的控制，因此，我们称物流信息为现代物流的中枢神经。

（二）物流信息的特点

物流信息除了具有信息的一般属性以外，还具有以下一些主要特点。

（1）广泛性。由于物流是一个大范围内的活动，物流信息源也分布于一个大范围内，信息源点多、信息量大，涉及从生产到消费、从国民经济到财政信贷各个方面。物流信息来源的广泛性决定了它的影响也很广泛，涉及国民经济各个部门、物流活动各环节等。

（2）联系性。物流活动是多环节、多因素、多角色共同参与的活动，目的就是实现产品从产地到消费地的顺利移动，因此在该活动中所产生的各种物流信息必然存在十分密切的联系，如生产信息、运输信息、储存信息、装卸信息间都是相互关联、相互影响的。这种相互联系的特性是保证物流各子系统、供应链各环节及物流内部系统与物流外部系统相互协调运作的重要因素。

（3）多样性。物流信息种类繁多，从其作用的范围来看，本系统内部各个环节有不同种类的信息，如流转信息、作业信息、控制信息、管理信息等，物流系统外也存在各种不同种类的信息，如市场信息、政策信息、区域信息等；从其稳定程度来看，有固定信息、流动信息、偶然信息等；从其加工程度看，有原始信息与加工信息等；从其发生时间来看，又有滞后信息、实时信息和预测信息等。在进行物流系统的研究时，应根据不同种类的信息进行分类收集和整理。

（4）动态性。多品种、小批量、多频度的配送技术与PQS、EOS、EDI数据收集技术的不断应用使得各种物流作业频繁发生，加快了物流信息的价值衰减速度，要求物流信息不断更新。物流信息的及时收集、快速响应、动态处理已成为主宰现代物流经营活动成败的关键。

（5）复杂性。物流信息的广泛性、联系性、多样性和动态性带来了物流信息的复杂性。在物流活动中，必须对不同来源、不同种类、不同时间和相互联系的物流信息进行反复研究和处理，才能得到有实际应用价值的信息，去指导物流活动，这是一个非常复杂的过程。

（三）物流信息的作用

物流信息在物流活动中具有十分重要的作用，通过对物流信息的收集、处理、存储、传递、输出等，成为物流活动的决策依据，对整个物流活动起指挥、协调、支持和保障作用，其主要作用有如下几点。

1．有利于物流业务运作各环节间的衔接

物流系统是由许多个行业、部门以及众多企业群体构成的经济大系统，系统内部正是通过各种指令、计划、文件、数据、报表、凭证、广告、商情等物流信息，建立起各种纵向和横向的联系，使生产商、批发商、零售商、物流服务商和消费者之间得以沟通，满足各方的需要。物流活动是一个系统工程，信息是沟通各子系统的主要途径，因此，物流信息有利于物流业务运作各环节间的衔接。

2．有利于对物流活动各环节进行有效计划、组织、控制

1）物流信息在物流计划阶段的作用

长期的物流战略计划和短期的物流战略计划的制订，关键在于有正确的内部信息和外部信息。如果缺乏必要的信息，或信息的准确性不高，就无法做出计划，甚至会做出脱离实际的计划决策。可以说信息不畅会造成物流活动的混乱，对于整个物流计划的决策来说，缺乏信息或信息不可靠将会造成全局性的失误。

物流信息在建立长期战略计划的模型和掌握本期实绩的计算中，以及计划和实绩的对比中发挥着重要作用。在物流预算方面，物流信息在预算的制订，以及通过预算和实绩的对比来控制预算等方面也起着重要作用。物流信息在订货、库存管理、进货、仓库管理、装卸、包装、运输、配送等具体物流环节的计划阶段，如安排物流据点，决定库存水平，确定运输手段，找出运输计划、发运计划的最佳搭配等方面都发挥着重要作用。

2）物流信息在物流实施阶段的作用

（1）物流信息是物流活动的基础。信息是商业企业组织物流活动的基础。商业物流系统中各子系统通过商品运输紧密联系在一起。一个子系统的输出就是另一个子系统的输入。要合理组织商业企业物流活动，使运输、储存、装卸、包装、配送等各个环节做到紧密衔接和协作配合，需要通过信息予以沟通，这样商业物流才能通达顺畅。在发运商品时，必须首先掌握货源的多少，了解运量、运能的大小，才能加强车船的衔接工作。离开了车船和运能的正确信息，就无法准确、及时地把商品发运出去。在安排商品储存时，也必须掌握进仓商品的数量、品种及商品的重量、体积等信息，同时要了解各仓库间的空余舱位的情况，才能做到合理使用仓容，发挥仓库的使用效能。在组织装卸活动时，只有了解到商品的品种、数量、到货方式及商品的包装状况，才能做到及时装卸。如果缺乏这些方面的信息，则不但不能做到及时装卸，还会因商品体积过大、装卸机构不能适应造成无法进仓、影响发运的被动局面。因此，为了使商业企业的物流活动正常而又有秩序地进行，必须保证物流信息畅通。物流信息的任何阻塞都将导致物流混乱，严重影响商业企业物流系统的效率。同时，信息也是物流控制的手段。在商业物流系统中，应该使商品库存保持适当的规模。规模过大，占压的流动资金过多，不利于资金周转；规模过小，既不能充分享受价格折扣，又不利于满足零售店的需要。为了使商品保持适当的水平，要利用市场信息、销售信息、库存信息、供应信息等信息控制物流规模，使物流系统对企业的供应保障及时，费用又低。因此，组织商业物流活动必须以物流信息为基础，一刻也离不开物流信息。为使商业物流活动正常而有规律地进行，必须时刻了解物流信息。物流信息的任何延误或阻塞，都将造成商业物流的混乱局面，严重影响商业物流系统的社会效益。

（2）物流信息是进行物流调度指挥的手段。对物流的管理是动态的管理，联系面广，情况多变，因此在物流活动中，必须加强正确而又灵活机动的调度和指挥。而正确的调度和指挥，又在于正确有效地运用信息，使物流活动进行得更为顺利。同时还必须利用信息的反馈作用，通过利用执行过程中产生的信息反馈，及时进行调度或做出新的决策。

3）物流信息在物流评价阶段的作用

物流信息在物流评价阶段的作用是很大的。物流评价就是对物流"实际效果"的把握。物流活动地域性广泛，活动内容也十分丰富多彩。为了使各种物流活动维持在合理的状态，就应该确定一个"范围"，即要形成系统和规定处理的标准。然而，只制定范围并不能保证维持其合理性，还需要经常检查计划和效果，对差距大的地方加以修正。正是这样反复循环，才能使物流进入更合理的状态。

然而，物流活动的地域范围广泛，活动内容繁多，对物流的效果也很难控制，因此，只有掌握物流活动的全部结构，才能做出正确的评价。这种结构，就是信息系统。比如订货处理系统，由于是以日或月为单位的，甚至隔一时期输出必要的数据，其日常控制使最终的评价活动得到提高。因此，必须以物流管理在所有方面发挥的作用为目标。可以说，充分认识到"信息支持物流"是非常重要的。

3．有利于提高物流管理和决策水平

通过移动通信、计算机信息网、电子数据交换（EDI）、全球定位系统（GPS）等技术实现物流活动的电子化，如货物实时跟踪、车辆实时跟踪、库存自动补货等，用信息化代替传统的手工作业，实现物流运行、服务质量和成本等多方面的管理控制。

物流信息随着物资、货币及物流当事人的行为等信息载体进入物流供应链中，同时信息的反馈也随着信息载体反馈给供应链上的各个环节，依靠物流信息及其反馈可以引导供应链结构的变动和物流布局的优化；协调物资结构，使供需之间平衡；协调人、财、物等物流资源的配置，促进物流资源的整合和合理使用等。

物流信息可以协助物流管理者鉴别、评估物流战略和策略的可选方案，如车辆调度、库存管理、设施选址、资源选择、流程设计及有关作业比较和安排的成本—收益分析等均是在物流信息的帮助下才能做出的科学决策。

（四）物流信息的分类

物流企业中的信息种类多、跨地域广、涉及面广、动态性强，尤其是运作过程中受自然的、社会的影响很大，而物流信息是物流系统的基础，因此，必须对物流信息有一个清晰的了解。不同的分类方法给出了对同一个问题不同侧面的认识，以下从不同的侧面对物流信息进行分类。

1. **按信息载体的类型分类**

物流信息可以通过不同的载体表现出来。按信息载体的类型不同，通常可将物流信息分为单据、台账、报表、计划、文件信息等多种类型。比如物流单据类：快递单证、采购订单等；物流报表类：仓储周、月、年报表等；物流计划类：运输车辆调度计划、货物配送计划等。

2. **按管理层次分类**

按组织管理层次的不同，物流系统可分为作业层、战术层、战略层3个层次。作业层的物流信息主要是与物品流转和物流操作相关的信息；战术层的信息主要是与物流管理活动相关的信息。这两个层次的物流信息都直接与物流活动相关，属于物流系统内部信息。战略层的信息主要是来自物流系统外部的数据、资料，与物流系统外部环境相关，属于物流系统外部信息。

作业层、战术层、战略层需要相应的信息和信息流实现协调与配合，以实现各自的功能。

3. **按信息来源分类**

按信息来源的不同，物流企业信息分为内部信息和外部信息，或者说物流系统内部信息和物流系统外部信息。

外部信息是指发生在物流活动以外，但是提供给物流活动使用的信息，包括供货人信息、客户信息、客户需求信息、订货合同信息、外部物流资源供给信息、交通运输信息、市场信息、政策信息等。

对于物流企业来说，自行配置足够的物流资源需要投入大量的资金，风险很大。根据我国现行的物流资源分布现状，大量的运输资源如运输工具、司机等零星地分散在社会中，如何有效利用这些社会物流资源对物流企业提高其经济性、灵活性、可扩展性等是非常重要的。因此需要掌握外部物流资源供给信息。

内部信息来自物流系统内部，主要包括物品流转信息、物流业务信息、物流控制信息等。

（1）物品流转信息：需要物流服务的物品的状态信息，如种类、数量、流向、地点、距离、时间等。

（2）物流业务信息：各种业务合同、作业计划、运单、客户、货源状况、车辆数目、车辆状态、人员状态、作业场所、所需设施、设备情况等。

（3）物流控制信息：货物跟踪信息、车辆跟踪信息、仓储与库存控制信息等。

（4）物流管理信息：经营计划、物流可用能力、平衡与利用、瓶颈资源、瓶颈部位识别、能力利用状况、合作伙伴、可利用的外部资源信息等。

4. **按信息的作用分类**

（1）计划信息。计划信息是尚未实现的且已当作目标确认的一类信息，如物流量计划、仓库吞吐量计划、车皮计划等。只要尚未进入具体业务操作的，都可以归入计划信息之中。它的特点是带有相对稳定性，信息更新速度较慢。计划信息对物流活动有非常重要的战略指导意义。

（2）控制及作业信息。控制及作业信息是物流活动过程中发生的信息，带有很强的动态性，是掌握物流现实活动状况不可缺少的信息，如库存种类、库存量、在运量、运输工具状况、物价、运费、投资在建情况、港口发到情况等。它的特点是：动态性非常强，更新速度很快，信息的时效性很强。其主要作用是用以控制和调整正在发生的物流活动和指导即将发生的物流活动，以实现对过程的控制和对业务活动的微调。

（3）统计信息。统计信息是物流活动结束后，对整个物流活动的一种终结性、归纳性的信息。这种信息是一种恒定不变的信息，有很强的资料性，如以前年度发生的物流量、物流种类、运输方式、运输工具等信息。它的特点是信息所反映的物流活动已经发生了，再也不能改变了。其主要作用是用于正确掌握过去的物流活动及规律，以指导物流战略发展和计划制订。

（4）支持信息。支持信息是指能对物流计划、业务、操作有影响或有关的文化、科技、产品、法律、教育、民俗等方面的信息，如物流技术革新、物流人才需求等。这些信息不仅对物流战略发展有价值，而且也能对控制、操作起到指导、启发的作用，可以从整体上提高物流水平。

5．按信息的加工程度分类

（1）原始信息。原始信息是指未加工的信息，是信息工作的基础，也是最有权威性的凭证性的信息。它是加工信息的来源和保障。

（2）加工信息。加工信息是指对原始信息进行处理之后的信息。它是原始信息的提炼、简化和综合，可大大缩小信息量，并将信息梳理成规律性的东西，便于使用。加工信息需要各种加工手段，如分类、汇编、汇总、精选、制档、制表、制音像资料、制文献资料、制数据库等，同时还要制成各种指导使用的资料。加工信息按加工程度的不同可以进一步分为一次信息、二次信息和三次信息等。

6．按稳定程度分类

按信息的稳定程度不同，物流信息可分为静态信息和动态信息。

静态信息通常具备相对稳定的特点，在一个较长的时期内很少发生变动，有如下两种：

（1）物流标准信息，即以指标定额为主体的信息。如各种物流业务活动的劳动定额、物资消耗定额、固定资产折旧等；国家和主要部门颁布的技术标准，物流企业内部的人事制度、工资制度、财务制度等。

（2）物流计划信息，即物流活动中在计划期内或已定任务下所反映的各项指标，如物资年计划吞吐量、计划运输量等。

相对于静态信息，动态信息是物流系统中经常发生变动的信息。这种信息以物流各作

业信息为基础，如物流合同的执行、某一时刻物流业务的实际进度、物流资源状态、计划
完成情况等。

二、物流信息化

对于企业信息化，目前没有一个统一的定义。本书采用的企业信息化的概念指企业将信息技术应用到企业的各种运营活动中，开发出一个企业信息系统，需要对信息技术的应用与企业战略发展、企业现状及企业的资金、信息化技术人员、企业员工信息化能力等综合考虑，即在进行信息系统开发前需要建立企业的信息化战略规划，从长远角度确定企业的信息化发展方向，使信息技术的应用紧跟企业的发展步伐。企业信息化的目标包含以下三方面的内容：一是通过应用信息技术，提高产品设计和生产过程的自动化程度；二是通过建立信息系统，优化企业决策，提高企业管理水平；三是应用信息技术开发和利用企业信息资源，提高企业竞争力。

视频知识点：
1-2-001
物流信息化
的发展

物流信息化是企业信息化的重要内容之一。根据企业信息化的定义，物流信息化是指企业运用物流信息技术，对物流过程中产生的信息进行集成和管理，通过分析、控制物流信息和信息流，指挥、控制、协调、实现物流、商流和资金流的有效流动，提高企业物流运作的自动化程度和物流决策的水平，达到合理配置物流资源、降低物流成本、提高物流服务水平、提高企业核心竞争力的目的。

物流信息化由低到高可分为 4 个层次：基础信息化、供应链物流信息化，辅助决策信息化、智能物流，如图 1-4 所示。

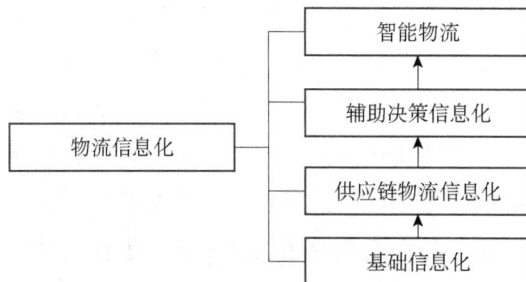

图 1-4 物流信息化的 4 个层次

1. 基础信息化

基础信息化是以内部资源整合为目的的信息采集和交换，其主要的目标是通畅、低成本、标准化。物流的基础信息化是用信息技术解决企业内部信息采集、传输、共享的标准和成本等问题，使信息成为控制、决策的依据和基础。物流信息技术基础的应用是确保物流运作过程中信息流的速度和质量，为决策提供及时、准确的信息。信息质量的缺陷会造成无数个作业上的问题：订单处理系统输出正确的订单信息，卫星定位系统即时采集车辆

运作过程的信息，以射频识别（Radio Frequency Identification，RFID）技术、条码技术为支持的库存管理系统提供准确的产品出入库与库存信息，交付凭证（Proof Of Delivery，POD）系统提供货物签收信息，电子数据交换技术将协作伙伴的信息直接传递等，这些信息系统确立了物流信息化的基础，即准确、及时地进行信息采集和传递。

基础信息化的第一步是要解决各业务流程的信息化问题，目标是建立决策依据信息、数据的机制，使业务系统和信息系统统一，即通过信息系统来管理物流业务数据，解决信息的采集问题。

例如，奥康鞋业是一家中国民营公司，它的信息系统将全国 1 000 多家分销点的销售、需求、供给等信息及时反馈到总部，保证总部对全国的经营有一个快速、有效的调控。在这个基础上，对仓库管理、货运管理有部分延伸。仅凭此一项，已使奥康鞋业的营业额和销售额获得了大幅度的增长。

基础信息化的第二步是用信息系统控制物流活动。物流运作过程往往涉及大量繁复的操作，例如，对于一个拥有数十万个库存单位（Stock Keeping Unit，SKU）、每天处理数万个订单的配送中心来说，简单直接的操作系统已经无法完成如此高密度的操作。因而需要仓储管理系统（Warehouse Management System，WMS）来管理工人、叉车、货位这样的资源，高效率地完成所需的操作。这样的信息系统不仅仅是记录物流信息，更重要的是指挥和控制，也就是管理具体的物流活动。

2．供应链物流信息化

供应链物流信息化通过与客户的信息系统对接，形成以供应链为基础的高效、快捷、便利的信息平台，使信息化成为提高整个供应链效率和竞争能力的关键工具。要提高整个供应链物流的效率和竞争力，必须通过对上下游企业的信息反馈服务来提高供应链的协调性和整体效益。物流信息系统不仅是供应链的血液循环系统，也是中枢神经系统。

供应链物流信息化的主要任务是利用网络技术，实现物流信息系统与客户信息系统的对接，建成供应链企业间共享的信息平台，为企业之间的信息快速传递和信息共享创造畅通的渠道。供应链物流信息化要实现三项功能：一是与客户的信息系统对接，实现供应链物流协作和运作；二是电子商务平台，消费者、客户企业、物流资源所有者（如海关、运输和仓储企业、国外物流商）与物流企业通过这个平台进行交易和协调；三是基于互联网的信息发布和在线查询系统，为客户提供可视化、"一站式"信息服务。

一个物流企业有时是无法提供客户所需要的全部物流资源的，为满足客户供应链运作的需求，物流企业也需要按供应链管理的方法，联合多个具有不同物流功能、不同物流资源的其他物流企业，形成物流供应链。

3．辅助决策信息化

辅助决策信息化是指以优化决策为目的的信息加工、挖掘，将信息变为知识，以提供决策依据。做好物流决策的优化，能够大大提高物流管理的效率。无论是流程的改造还是日常操作的优化，都会带来看得见的效益。物流决策信息化的主要手段是建立决策支持系统。

这一层次信息系统的作用表现在以下两方面：

一是开发、整合和固化新的流程或新的管理制度，如使用数据挖掘、人工智能功能进行物流体系的设计和评估，优化物流网络和流程等。流程的优化会涉及整个流程的再造，需要用数据来分析，所以要有前两层次信息化的基础。而且，一般来说流程的改造必然会涉及企业组织结构和制度的变革，难度比较大，需要一个个环节分步实施，逐步完善。要解决订单、补货、预测、计划等一系列流程的设计，并体现系统整合优化的要求，分步进行，解决好物流信息系统中数据管理的集中与分散的矛盾，最终达到降低库存总量、提高服务水平的目标。

二是在规定的流程中提供优化的操作方案，主要是预测和计划。如每天都有的仓储存取的优化方案、运输路径的优化方案等。高效的物流是计划的结果。绝大多数物流运作过程都是为了满足企业未来的业务需求，如现在的原材料出仓可能是为了 2 小时后生产的需求；晚上的配送是为了第二天的店面销售。此时信息系统的作用主要在于通过预测和计划来优化操作。基于信息系统的控制概念实现了利用信息来主动控制物流运作的目的。

4. 智能物流

随着物流管理的自动化、智能化水平和供应链企业之间物流协作紧密性的进一步提高，物流信息化进入了智能物流（intelligent logistics concepts，ILC）阶段。智能物流是物流管理的高度自动化和决策的智能化，是物流信息化的一种高层次应用。

ILC 是建立在 3 个基石之上的：连接（connectivity）、透明（transparency）、计划（planning）。连接是指实现各个公司信息系统中信息的电子交换。透明是指准确的信息交换和提供（不只限于合同信息，还要包括与今后发展有关的信息，如库存、预测及计划等信息）。计划是指使用信息的计划与协作过程。供应链中的协作包括协作需求计划（collaborative demand planning）、同步生产计划（synchronized production scheduling）、协同产品开发（collaborative product development）、协作性物流计划（collaborative logistics planning）。协作性物流计划包括运输服务和配送服务。

智能物流综合运用数据挖掘、人工智能、决策理论、知识管理及其他相关技术和方法，对物流系统的数据进行分析处理，为物流系统运行控制、日常决策和战略决策提供有效支持，使物流系统具有学习、推理判断、自动解决物流经营问题的智能化特征，能高效、安全地处理复杂问题，为客户提供方便、快捷的服务。物流智能化是知识经济和信息技术发展的必然结果。

物流信息化的 4 个层次是由浅入深的，后一阶段往往以前一阶段的基础为起点，即供应链物流信息化要以物流基础信息为起点，而流程改造和过程的决策优化控制则以各企业流程设计和运行优化为基础；物流自动化和信息化发展到一定阶段必然走向智能物流。因此，物流信息化必须进行统筹规划、循序渐进、分层建设。

三、物流信息管理

（一）物流信息管理的定义

物流信息管理就是对物流全过程的相关信息进行收集、整理、传输、存储和利用的信息活动过程。

物流信息管理不仅包括物资采购、销售、存储、运输等物流活动的信息管理和信息传送，还包括了对物流过程中的各种决策活动提供决策支持，并充分利用计算机的强大功能，汇总和分析物流数据，充分利用企业资源，增强企业竞争优势。

物流信息管理的任务就是要根据企业当前物流过程和可预见的发展对物流信息采集、处理、存储和流通的要求，选购和构筑由信息设备、通信网络、数据库和支持软件等组成的环境，充分利用物流系统内部、外部的物流数据资源，促进物流信息的数字化、网络化、市场化，改进现存的物流管理，选取、分析和发现新的机会，做出更好的物流决策。

（二）物流信息管理的内容

物流信息管理的实质是综合应用技术、经济和社会手段对物流活动中的信息流进行组织和控制，以提高物流信息利用的效率，最大限度地实现物流信息的效用。一般而言，不同的管理手段具有不同的管理内容。

从技术角度着手，物流信息管理侧重于通过技术创新和应用，降低物流信息采集、加工、整理、存储、分析、预测和提供利用的成本，改进物流信息活动的效率。以信息系统和信息网络技术为基础实施物流信息的技术管理，是当前及今后相当长一段时期科学规划、组织、协调和控制物流信息的重要手段。

在物流活动中，与物流信息管理相关的技术主要有信息组织技术、信息安全技术自动识别和采集技术、信息存储和处理技术、信息传递和交换技术、物流自动跟踪技术、系统仿真技术等。这些技术的创新和应用，可以有力地促进物流信息内容的有序性和安全性、物流信息采集和传输的高速性、物流信息检索利用的方便性、物流规划和决策的科学性及物流系统的可靠性和稳定性。

（三）物流信息管理的作用

现代物流信息在物流活动中起着神经系统的作用，具有计划、协调、控制功能，"牵一发而动全身"。现代物流信息的作用主要是通过以下几个方面来实现的。

1. 支持市场交易活动

交易活动主要记录订单和接货内容、安排储存任务、选择作业程序、制定价格和查询相关内容等。物流信息的交易作用就是记录物流活动的基本内容。其主要特征是程序化、规范化和交互式，强调整个信息系统的效率性和集成性。

2．支持业务控制

物流服务的水平和资源利用的管理需要有信息的反馈并做相关的控制，要通过建立完善的考核指标体系来对作业计划和绩效进行评价和鉴别。这里强调了信息作为控制工作和加强控制力度的工具作用。

3．支持工作协调

在物流运作中，物流系统各环节、各子系统加强信息的集成与流通，有利于提高工作的质量与效率，减小劳动强度。

4．支持决策和战略功能

物流信息管理有利于协调工作人员和管理层进行活动的评估和成本—收益分析，从而更好地进行决策。

从物流信息的作用中，可以看出对它进行有效管理的重要性。物流的信息管理就是对物流信息的收集、整理、存储、传播和利用的过程。也就是将物流信息从分散到集中，从无序到有序，从产生、传播到利用的过程。同时对涉及物流信息活动的各种要素，包括人员、技术、工具等进行管理，实现资源的合理配置。

信息的有效管理就是强调信息的准确性、有效性、及时性、集成性、共享性。所以，在信息的收集、整理的过程中要避免信息的缺损、失真和失效，要强化物流信息活动过程的组织和控制，建立有效的管理机制。同时要加强交流，信息只有经过传递和交流才会产生价值，所以要有信息交流和共享机制，以利于形成信息积累和优势转化。

视频知识点：
1-2-002
什么是物流信息
管理系统

四、物流信息管理系统的构成与功能

（一）物流信息管理系统的构成

现代物流信息管理系统可以划分成三大部分。

1．物流业务管理系统

物流业务管理系统主要对物流企业的内部运作实施管理，系统共由 11 个子系统组成，根据信息处理的内容及决策的层次，可分成以下 4 个层次。

（1）作业层。由仓储管理、运输管理、配送管理、货代管理等子系统组成，是对物流作业实施管理的系统。

（2）管理层。系统由结算管理、合同管理、财务管理、行政管理等子系统组成，是企业管理部门运行的系统。

（3）决策层。由统计管理、决策支持等子系统组成，是辅助企业高层领导决策的系统。

（4）客户层。由客户管理等系统组成，是为客户服务的系统。

2. 电子商务管理系统

物流企业需要把自己为客户提供服务的情况及时地向客户进行反馈；客户则需要及时了解和掌握物流企业为他们所提供的服务状况。

3. 客户服务管理系统

客户服务管理系统负责处理客户以各种方式提出的服务要求。

以上 3 个部分的有机结合，实现了企业物流供应链全过程的信息采集、交换和处理，从而构成了一个物流行业完整的信息管理系统的解决方案。

（二）物流信息管理系统的功能

物流信息管理系统所要解决的问题是：缩短从接受订货到发货的时间、库存适量化、提高装卸和搬运作业效率、提高运输效率、使接受订单和发出订单更为省力、提高订单处理的精度、防止发货及配送出现差错、调整需求和供给、物流信息查询和分析等。因此，物流信息管理系统具备以下主要功能。

1. 信息处理功能

物流信息管理系统能对各种形式的信息进行收集、加工整理、储存，以便向管理者及时、准确、全面地提供各种信息服务。

（1）数据的收集。数据收集方式包括手工方式和各种信息采集技术。采集好的数据经初步处理，按信息系统数据组织结构和形式输入系统中。

（2）信息的储存。数据进入系统之后，经过整理和加工，成为支持物流信息管理系统运行的物流信息，通过各种存储介质进行存储，并随时输出到其他各个子系统中。

（3）信息的传输。物流信息管理系统最基本的功能之一就是信息传输。信息传输需要具备相应的传输设备和传输技术，包括信息传输的安全、及时、完整，特别是物流过程的很多动态信息，应保证对动态信息的实时传输，以利于物流过程的有效控制。

（4）信息的处理。物流信息管理系统最基本的目标就是将输入数据加工成有用的物流信息。信息处理可以是简单的计算、汇总、查询和排序，也可以是复杂的模型求解和预测。

2. 事务处理功能

物流信息管理系统能够执行部分日常性事务管理工作，如账务处理、统计报表处理等，同时它能将部分员工和领导从烦琐、单调的事务中解脱出来，既节省了人力资源，又提高了管理效率。

3. 预测功能

物流信息管理系统不仅能记录物流活动的现状，而且能利用历史数据、运用适当的数学方法和科学的预测模型来预测物流的发展速度、发展规模、物流服务与区域经济状况（包括经济规模、经济结构、市场运作状况）。通过这些相关因素，可以对物流发展做出宏观和微观的预测，可以是对整个物流规模的预测，也可以是对库存量、运输量的预测。

4. 计划功能

物流信息管理系统针对不同管理层提出的不同要求，能为各部门提供不同的信息并对其工作进行合理的计划与安排，如库存补充计划、运输计划、配送计划等，从而有利于提高管理工作的效能。

5. 控制功能

物流信息管理系统能对物流系统各个环节的运行状况进行检测、检查，比较物流过程实际执行情况与其计划的差异，从而及时地发现问题。然后，再根据偏差分析其原因，采用适当的方法加以纠正，保证系统预期目标的实现。控制过程也是协调过程。

6. 辅助决策和决策优化功能

物流信息管理系统不但能为管理者提供相关的决策信息，达到辅助决策的目的，而且可以利用各种半结构化或者非结构化的决策模型及相关技术进行决策优化，为各级管理层提供各种最优解、次优解或满意解，以便提高物流管理决策的科学性，并合理利用企业的各项资源，提高企业的经济效益。与管理决策密切相关的数学方法和技术有运筹学、系统模拟、专家系统技术等。

【相关阅读】

工业和信息化部关于推进物流信息化工作的指导意见

2013 年 1 月 7 日，工业和信息部印发了《推进物流信息化工作的指导意见》（简称《意见》），为充分发挥信息化支撑和引领现代物流发展的重要作用，促进经济发展方式转变和产业结构优化升级，提出要深刻认识推进物流信息化工作的重要性和紧迫性。

《意见》提出，到"十二五"末期，初步建立起与国家现代物流体系相适应和协调发展的物流信息化体系，为信息化带动物流发展奠定基础。推进工作分两个阶段实施：第一阶段主要通过试点示范引导，初步探索建设物流信息化体系的有效途径；第二阶段在总结和推广前期经验的基础上，促进先进信息技术在物流领域广泛应用，使物流信息资源得到较为充分的开发利用，物流运作和管理水平得到明显提高，物流信息服务体系基本形成。具体发展目标如下：

①电子政务系统中的物流信息资源开发利用水平得到显著提高，铁路、公路、水运、邮政、航空、海关、检验检疫、食品药品、烟草、安全监管、工商、税务、公安、商务等政府部门的物流信息服务和监管能力全面加强。

②铁路、公路、水运、航空和邮政等重点物流行业的电子单证得到广泛应用，基本实现物流信息协同，促进多种运输方式的联动。

③物流企业和企业物流的信息化水平显著提高，供应链管理水平大幅度提升，物流全程可视化服务能力明显提高，社会化服务能力显著增强。

④物流设施、设备的自动化、智能化和网络化水平大幅度提高，物品全生命周期管理得到较为普遍的应用。

⑤物流信息化标准体系基本形成，关键的基础性标准、重点行业应用标准和服务规范的制定和宣贯成效显著。

⑥涌现一批成功运营的物流信息平台，初步形成覆盖全国的物流信息联动网络；专业化物流信息服务业实现规模化发展。

⑦物流信息化军民互促共建成效显著，在应急物流等领域形成较为成熟的军民合作模式和典型示范。

⑧信息技术在物流活动中的创新应用水平和支撑保障能力明显提高。

⑨物流信息化的法律法规体系和安全体系基本健全。

（资料整理来源：http://www.miigov.en/）

任务三　初识物流信息技术

一、现代物流的特点

1. 现代物流的信息化

现代物流是物资的物理性流通与信息流通的有机结合，信息是现代物流得以稳定运行的基础，没有准确及时的信息，现代物流系统的各个组成部分之间就无法实现有机的联系，现代物流的整体功能就不能发挥出来。因此，物流的信息化可实现信息共享，使信息的传递更加方便、快捷、准确，提高整个物流系统的经济效益。

课件 1-3-009
任务三　初识物流信息技术

2. 现代物流的网络化

为了对产品促销提供快速、全方位的物流支持，现代物流需要有完善、健全的物流网络体系，网络上点与点之间的物流活动保持系统性、一致性，这样可以支持整个物流网络有最优的库存总水平及库存分布，运输与配送快速、机动，既能铺开又能收拢。分散的物流单体只有形成网络才能满足现代生产与流通的需要。

3. 现代物流的自动化

物流自动化是充分利用各种机械和运输设备、计算机系统和综合作业协调等技术手段，通过对物流系统的整体规划及技术应用，使物流的相关作业和内容省力化、效率化、合理化，快速、精准、可靠地完成物流的过程。

4. 现代物流的智能化

智能化是物流自动化、信息化的一种高层次应用。物流作业过程中大量的运筹和决策，如库存水平的确定、运输（搬运）路径的选择、自动导引车的运行轨迹和作业控制、

自动分拣机的运行、物流配送中心经营管理的决策支持等问题都需要借助于智能化专家系统才能解决。物流的智能化已成为新经济时代物流发展的一个新趋势。

5. 现代物流的柔性化

物流反应的柔性化是指物流作业要以顾客的物流需求为中心，快速满足生产和消费多样化、个性化需要。随着经济的发展和人民生活水平的不断提高，生产与消费需求的多样化、个性化日益冲突，物流需求呈现出小批量、多品种、高频次的特点。订货周期变短、时间性增强、物流需求的不确定性提高，这就要求现代物流系统能根据顾客的需求变化，及时地调整物流作业，最大限度地满足顾客的需要。

视频知识点：
1-3-001
现代物流信息
技术应用

现代物流是指具有现代特征的物流，是与现代化社会大生产紧密联系在一起的，体现了现代企业经营和社会经济发展的需要。在现代物流管理和运作中，广泛采用了代表着当今生产力发展水平的管理技术、工程技术及信息技术等，借助物流信息管理系统、各种物流信息技术、各种物流设施，构建了一个纵横交错、四通八达的物流网络，使物流服务覆盖范围不断扩大，规模经济效益日益显现，社会物流成本不断下降。

二、信息技术

信息技术（information technology，IT）是指获取、传递、处理、再生和利用信息的技术，泛指能拓展人们处理信息能力的技术。通过信息技术的运用，可以替代或辅助人们完成对信息的检测、识别、变换、存储、传递、计算、提取、控制和利用。

信息技术提供了对物流中大量的、多变的数据进行快速、准确、及时的采集、分析和处理的功能，大大提高了物流管理能力和客户服务水平，提高了物流质量，有利于贸易伙伴间的协调。

三、物流信息技术

物流信息技术（logistics information technology，LIT）指运用于物流各环节中的信息技术。

物流信息技术是物流现代化的重要标志，也是物流技术中发展最快的领域，从数据采集的条形码系统，到办公自动化系统中的微机、互联网，各种终端设备等硬件及计算机软件都在日新月异地发展。同时，随着物流信息技术的不断发展，产生了一系列新的物流理念和新的物流经营方式，推进了物流的变革。在供应链管理方面，物流信息技术的发展也改变了企业应用供应链管理获得竞争优势的方式，成功的企业通过应用信息技术来支持它的经营战略并选择它的经营业务，通过利用信息技术来提高供应链活动的效率性，增强整个供应链的经营决策能力。

四、物流信息技术种类

（一）物流自动化设备

物流自动化设备技术的集成和应用的热门环节是配送中心，其特点是每天需要拣选的物品品种多、批次多、数量大，因此在国内超市、医药、邮包等行业的配送中心部分地引进了物流自动化拣选设备。一种是拣选设备的自动化应用，如北京市医药总公司配送中心，其拣选货架（盘）上配有可视的分拣提示设备，这种分拣货架与物流管理信息系统相连，动态地提示被拣选的物品和数量，指导着工作人员的拣选操作，提高了货物拣选的准确性和速度。另一种是一种物品拣选后的自动分拣设备，用条码或电子标签附在被识别的物体上（一般为组包后的运输单元），由传送带送入分拣口，然后由装有识读设备的分拣机分拣物品，使物品进入各自的组货通道，完成物品的自动分拣。分拣设备在国内大型配送中心有所使用，但这类设备及相应的配套软件基本上是由国外进口的，也有进口国外机械设备、国内配置软件。立体仓库和与之配合的巷道堆垛机在国内发展迅速，在机械制造、汽车、纺织、铁路、卷烟等行业中都有应用，例如，昆船集团生产的巷道堆垛机在红河卷烟厂等多家企业应用了多年。近年来，国产堆垛机在其行走速度、噪音、定位精度等技术指标上有了很大的改进，运行也比较稳定，但是与国外著名厂家相比，在堆垛机的一些精细指标如最低货位极限高度、高速（80 米/秒以上）运行时的噪音、电机减速性能等方面还存在不小差距。

视频知识点：
1-3-002
分拣流程

（二）物流动态信息采集技术

1. 条码技术

条码技术是在计算机的应用实践中产生和发展起来的一种自动识别技术，它为我们提供了一种对物流中的货物进行标示和描述的方法。条码是实现 POS 系统、EDI 电子商务、供应链管理的技术基础，是物流管理现代化、提高企业管理水平和竞争能力的重要技术手段。

（1）一维条码技术。一维条码是由一组规则排列的条和空及相应的数字组成的，这种用条、空组成的数据编码可以供机器识读，而且很容易译成二进制数和十进制数，因此此技术被广泛地应用于物品信息标注中。因为符合条码规范且无污损的条码的识读率很高，所以一维条码结合相应的扫描器可以明显地提高物品信息的采集速度，加之条码系统的成本较低，操作简便，又是国内应用最早的识读技术，所以在国内有很大的市场，国内大部分超市都在使用一维条码

视频知识点：
1-3-003
条码技术在
物流领域内的
应用

技术。但一维条码表示的数据有限，条码扫描器读取条码信息的距离也要求很近，而且条码损污后可读性极差，所以限制了它的进一步推广应用，同时一些其他信息存储容量更大、识读可靠性更好的识读技术开始出现。

（2）二维条码技术。由于一维条码的信息容量很小，如商品上的条码仅能容纳几位或者十几位阿拉伯数字或字母，商品的详细描述只能依赖数据库提供，离开了预先建立的数据库，一维条码的使用就受到了局限。基于这个原因，人们发明一种新的码制，除了具备一维条码的优点，同时还有信息容量大（根据不同的编码技术，容量是一维的几倍到几十倍，从而可以存放个人的自然情况及指纹、照片等信息）、可靠性高（在损污 50% 的情况下仍可读取完整信息）、保密防伪性强等优点，这就是在水平和垂直方向的二维空间存储信息的二维条码技术。二维条码继承了一维条码的特点，条码系统价格便宜，识读率高且使用方便，所以在国内银行、车辆等管理信息系统上开始应用。

2．磁条（卡）技术

磁条（卡）技术是指以涂料形式把一层薄薄的由定向排列的铁性氧化粒子用树脂黏合在一起并粘在诸如纸或塑料这样的非磁性基片上。磁条从本质意义上讲和计算机用的磁带或磁盘是一样的，它可以用来记载字母、字符及数字信息，优点是数据可多次读写，数据存储能满足大多数需求，由于具有黏附力强的特点，使之在很多领域得到广泛应用，如信用卡、银行 ATM 卡、机票、公共汽车票、自动售货卡、会员卡等。但磁条卡的防盗性能、存储量等性能比起一些新技术，如芯片类卡技术还有差距。

3．声音识别技术

声音识别技术是一种通过识别声音达到转换成文字信息的技术，其最大特点就是不用手工录入信息，这对那些采集数据的同时还要完成手脚并用动作的工作场合或键盘打字能力低的人尤为适用。但声音识别的最大问题是识别率，要想连续地高效应用有难度，目前更适合语音句子量集中且反复应用的场合。

4．视觉识别技术

视觉识别系统是一种通过对一些有特征的图像分析和识别的系统，能够对限定的标志、字符、数字等图像内容进行信息的采集。视觉识别技术的应用障碍是对于一些不规则或不够清晰图像的识别率低，而且数据格式有限，通常要用接触式扫描器扫描。随着自动化的发展，视觉识别技术会朝着更细致、更专业的方向发展，并且还会与其他自动识别技术结合起来应用。

5．接触式智能卡技术

智能卡是一种将具有处理能力、加密存储功能的集成电路芯版嵌装在一个与信用卡一样大小的基片中的信息存储技术，通过识读器接触芯片可以读取芯片中的信息。接触式智能卡的特点是具有独立的运算和存储功能，在无源情况下，数据也不会丢失，数据安全性和保密性都非常好，成本适中。智能卡与计算机系统相结合，可以方便地满足对各种各样信息的采集、传送、加密和管理的需要，它在国内外的许多领域如银行、公路收费、水表煤气收费等得到了广泛的应用。

6. 便携式数据终端

便携式数据终端一般包括一个扫描器、一个体积小但功能很强并有存储器的计算机、一个显示器和供人工输入的键盘。它是一种多功能的数据采集设备，PDT 是可编程的，允许编入一些应用软件。PDT 存储器中的数据可随时通过射频通信技术传送给主计算机。

7. 射频识别技术

射频识别技术（RFID）是一种非接触式的自动识别技术，它通过射频信号自动识别目标对象来获取相关数据。识别工作无须人工干预，可工作于各种恶劣环境。短距离射频产品不怕油渍、灰尘污染等恶劣的环境，可以替代条码，例如，用在工厂的流水线上跟踪物体。长距射频产品多用于交通上，识别距离可达几十米，如自动收费或识别车辆身份等。

视频知识点：
1-3-004
什么是 RFID

RFID 将成为未来物流领域的关键技术。专家分析认为，RFID 技术应用于物流行业，可大幅提高物流管理与运作效率，降低物流成本。另外，从全球发展趋势来看，随着 RFID 相关技术的不断完善和成熟，RFID 产业将成为一个新兴的高技术产业群，成为国民经济新的增长点。因此，RFID 技术有望成为推动现代物流加速发展的新品润滑剂。

（三）物流设备跟踪和控制技术

1. GIS 技术

GIS（Geographical Information System，地理信息系统）是多种学科交叉的产物，它以地理空间数据为基础，采用地理模型分析方法，适时地提供多种空间和动态的地理信息，是一种为地理研究和地理决策服务的计算机技术系统。其基本功能是将表格型数据（无论它来自数据库、电子表格文件或直接在程序中输入）转换为地理图形显示，然后对显示结果浏览、操作和分析。其显示范围可以从洲际地图到非常详细的街区地图，显示对象包括人口、销售情况、运输线路和其他内容。

视频知识点：
1-3-005
GIS 介绍

2. GPS 技术

GPS（Global Positioning System，地球定位系统）利用空中卫星对地面目标进行精确导航与定位，以达到全天候、高准确度地跟踪地面目标移动轨迹的目的，它具有在海、陆、空中进行全方位实时三维导航与定位能力。

GPS 在物流领域中可以应用于汽车自定位及跟踪调度、铁路运输管理、船舶跟踪及最佳航线的确定、空中运输管理和军事物流配送等领域。

视频知识点：
1-3-006
GPS 导航：
全球定位系统

物流动态信息采集技术将成为物流发展的突破点。在全球供应链管理趋势下，及时掌握货物的动态信息和品质信息已成为企业盈利的关键因素，但是由于受到自然、天气、通信、技术、法规等方面的影响，物流动态信息采集技术的发展一直受到很大制约，远远不能满足现代物流发展的需求。借助新的科技手段完善物

流动态信息采集技术，成为物流领域下一个技术突破点。目前，物流设备跟踪主要是指对物流的运输载体及物流活动中涉及的物品所在地进行跟踪。物流设备跟踪的手段有多种，可以用传统的通信手段如电话等进行被动跟踪，也可以用 RFID 手段进行阶段性的跟踪，但目前国内用得最多的还是利用 GPS 技术跟踪。GPS 技术跟踪利用 GPS 物流监控管理系统，它主要跟踪货运车辆与货物的运输情况，使货主及车主随时了解车辆与货物的位置与状态，保障整个物流过程的有效监控与快速运转。物流 GPS 监控管理系统的构成主要包括运输工具上的 GPS 定位设备、跟踪服务平台（含地理信息系统和相应的软件）、信息通信机制和其他设备（如货物上的电子标签或条码、报警装置等）。在国内，部分物流企业为了提高企业的管理水平和提升对客户的服务能力也应用这项技术。例如，2008 年年底，沈阳等地方政府要求下属交通部门对营运客车 GPS 设备工作进行部署，从而加强了对营运客车的监管。

（四）其他物流信息技术的应用

1．电子数据交换技术

电子数据交换（Electronic Data Interchange，EDI）是按照协议的标准结构格式，将标准的经济信息通过网络传输，在贸易伙伴的计算机系统之间进行交换和自动处理。由于使用 EDI 可以减少甚至消除贸易过程中的纸面文件，因此 EDI 又被人们通俗地称为"无纸贸易"。

EDI 的运用改善了贸易伙伴之间的联系，使物流企业或单位内部运作过程合理化，增加了贸易机会，改进了工作质量和服务质量，降低了成本，获得了竞争优势。

2．管理软件

物流管理软件包括运输管理系统（TMS）、仓储管理系统（WMS）、货代管理系统（FMS）、供应链管理系统（SCM）等。

3．物流信息安全技术

物流信息安全技术将日益受到重视，借助网络技术发展起来的物流信息技术，在享受网络快速发展带来巨大好处的同时，也时刻饱受着可能遭受的安全危机，如网络黑客无孔不入的恶意攻击、病毒的肆虐、信息的泄露等。应用安全防范技术，保障企业的物流信息系统或平台安全、稳定地运行，是企业长期将面临的一项重大挑战。

4．物联网

物联网的英文名称为"the Internet of things"，顾名思义，物联网就是"物物相连的互联网"，是通过射频识别（RFID）、红外感应器、全球定位系统、激光扫描器等信息传感设备，按约定的协议，把任何物品与互联网连接起来，进行信息交换和通信，以实现智能化识别、定位、跟踪、监控和管理的一种网络。物联网是"物物相连的互联网"有两层意思：第一，物联网的核心和基础仍然是互联网，是在互联网基础上的延伸和扩展的网

视频知识点：
1-3-007
什么是物联网

络；第二，其用户端延伸和扩展到了任何物品与物品之间，进行信息交换和通信。

基础知识测试

一、判断题

1. 物流信息化就是信息的电子化的过程。　　　　　　　　　　　　（　　）
2. 数据和信息没有区别。　　　　　　　　　　　　　　　　　　　（　　）
3. 信息是加工处理过的数据，数据通过信息表现出来。　　　　　　（　　）
4. 信息既不是能源也不是物质。　　　　　　　　　　　　　　　　（　　）
5. 物流信息是与物流活动有关的信息。　　　　　　　　　　　　　（　　）
6. 物流信息在物流管理过程中不可以被扩充和再生。　　　　　　　（　　）
7. 条码技术普遍作用于物流活动中，常用条码有一维条码和二维条码。（　　）
8. 物流系统由物流信息系统和物流作业系统组成，它们之间存在层次性关系。（　　）
9. 现代物流与传统物流最本质的区别之一在于应用了信息技术。　　（　　）
10. 没有物流信息化，任何现金的技术设备都不可能应用于物流领域。（　　）

二、单项选择题

1. 数据是对事物属性的客观记录，是（　　）的载体和具体的表现形式。

A. 数据　　　　　　　B. 信息　　　　　　　C. 知识　　　　　　　D. 智慧

2. 关于信息的描述，下列说法中不正确的是（　　）。

A. 信息是一种重要的资源

B. 电视机、电话机、声波、光波都是信息

C. 信息是我们行动决策的重要依据

D. 同一种信息可以用多种形式来表示

3. 下列属于信息的是（　　）。

A. 电脑　　　　　　　　　　　　　B. VCD 光盘

C. 报纸　　　　　　　　　　　　　D. CCTV1 播出的新闻

4. （　　）是反映物流各种活动内容的知识、资料、图像、数据、文件的总称。

A. 物流信息　　　B. 物流技术　　　C. 信息技术　　　D. 物流信息技术

5. （　　）是指物流活动中采用的自然科学与社会科学方面的理论、方法，以及设施、设备、装置与工艺的总称。

A. 物流信息　　　B. 物流技术　　　C. 信息技术　　　D. 物流信息技术

6. 物流信息化的作用不包括（   ）。

A. 提高企业物流运作的自动化程度和物流决策的水平

B. 提高企业核心竞争力

C. 降低物流成本

D. 降低对企业员工的职业要求

7. 物流信息化包括（   ）个层次。

A. 三　　　　　　　B. 四　　　　　　　C. 五　　　　　　　D. 六

8. 物流信息管理系统的构成不包括（   ）。

A. 物流业务管理系统　　　　　　　　B. 物流服务管理系统

C. 电子商务管理系统　　　　　　　　D. 客户服务管理系统

9. 物流信息管理系统的结构是指系统内部各组成要素之间的（   ）和相互作用方式。

A. 相互关系　　　B. 相互合作　　　C. 相互协作　　　D. 相互沟通

10. 天气预报、市场信息都会随着时间的推移而变化，这体现了信息的（   ）。

A. 载体依附性　　B. 时效性　　　　C. 共享性　　　　D. 传播性

三、多项选择题

1. 信息具有（   ）特征。

A. 时效性　　　　B. 价值性　　　　C. 不对称性　　　D. 滞后性

2. 物流信息技术主要由（   ）三大部分组成。

A. 通信　　　　　　　　　　　　　　B. 软件

C. 硬件　　　　　　　　　　　　　　D. 面向行业的业务管理系统

3. 以下是狭义的物流信息的有（   ）。

A. 运输管理信息　　　　　　　　　　B. 库存管理信息

C. 订单信息　　　　　　　　　　　　D. 仓库作业管理信息

4. 物流信息管理系统的功能包括（   ）。

A. 事务处理功能　　　　　　　　　　B. 自动化功能

C. 控制功能　　　　　　　　　　　　D. 辅助决策功能

5. 以下关于物流基础信息化的主要目标正确的是（   ）。

A. 标准化　　　B. 低成本　　　C. 及时性　　　D. 规范化

6. 物流信息的特点有（   ）。

A. 静态性　　　B. 集中性　　　C. 联系性　　　D. 多样性

7. 物流管理软件包括（   ）。

A. EDI　　　　B. WMS　　　　C. SCM　　　　D. TMS

8. 下列关于磁条技术描述正确的有（　　　）。

A. 磁条技术是指以涂料形式把一层薄薄的由定向排列的铁性氧化粒子用树脂黏合在一起并粘在诸如纸或塑料这样的非磁性基片上

B. 磁条可以用来记载字母、字符及数字信息

C. 磁条的优点是数据可多次改写

D. 磁条技术在很多领域得到广泛应用，如信用卡、银行 ATM 卡、自动售货卡、会员卡等

9. 物流信息技术的种类包括（　　　）。

A. 物流自动化设备

B. 物流动态信息采集技术

C. 物流设备跟踪和控制技术

D. 物流信息安全技术

10. 物联网是通过（　　　）等信息传感设备，按约定的协议，把任何物品与互联网连接起来进行信息交换和通信，以实现智能化识别、定位、跟踪、监控和管理的一种网络。

A. 射频识别　　　　B. 磁条技术　　　　C. 全球定位系统　　　D. 红外感应器

四、思考题

1. 什么是数据？列举几种表现形式。
2. 什么是信息？它有哪些特征？
3. 数据和信息的区别和联系有哪些？
4. 什么是物流信息？物流信息有哪些作用？
5. 物流信息系统有什么作用？

1-3-008
项目一　基础
知识测试
参考答案

技能项目实训

物流企业信息化调研

【实训目的】

本实训通过调查选定的企业，进行小组讨论分析，让学生结合企业物流信息化过程理解信息、物流信息、物流信息技术、物流信息系统的概念及掌握相关技术在企业中的应用情况，为以后的学习做铺垫，并认识到这门课程的重要性。

【实训要求】

选择一家物流企业或者物流经营有特色的制造企业、零售企业、电商企业等，采用不同的调研方法：线上线下查阅资料、问卷调查、电话调查或者走访等方法，了解它们的物流信息化应用的情况。

思考问题：

1. 企业在物流信息化过程中，应用了哪些信息技术？
2. 从操作与管理层面，企业是如何进行物流信息管理的？
3. 企业的物流信息管理解决了哪些问题？给我们哪些启示？

【考核方式】

本次实训以小组的形式完成，成绩由以下 3 个部分组成：

1. 调研实施、小组讨论（占 30%）；
2. PPT 报告（40%）；
3. 课堂汇报（30%）。

项目二　物流信息采集技术应用

学习目标

知识目标

1. 理解条码的概念、特点；
2. 了解不同类型的条码及其特点；
3. 掌握条码在物流领域的应用；
4. 理解 RFID 技术的概念、RFID 的技术特点、工作原理；
5. 了解 RFID 技术的产生、RFID 系统的基本组成、RFID 的种类；
6. 掌握 RFID 的应用；
7. 理解 EPC 的概念、特点；
8. 熟悉 EPC 的编码方式。

能力目标

1. 能区分各种条码类型及适用场景；
2. 能在物流领域区分 RFID 的适用场景，并正确使用；
3. 能区分 EPC 的适用场景。

知识结构图

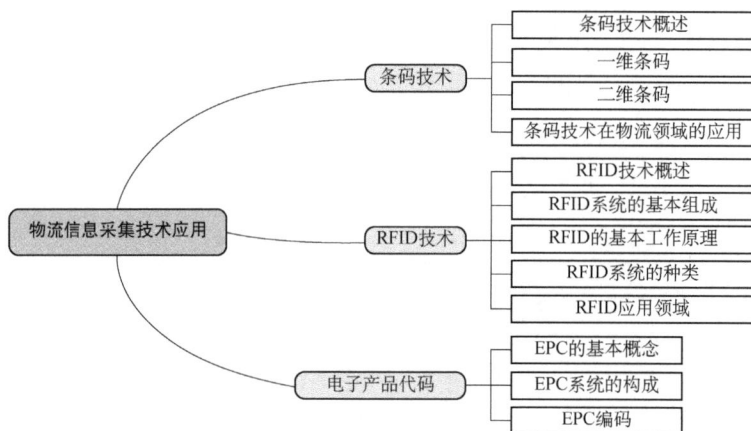

职业标准与岗位要求

职业功能	工作内容	技能要求	相关知识
物流条码 知识认知	物流条码知识的 把握及应用	熟知条码的概念与类型； 准确把握和理解条码工作的原理； 了解条码的识别设备	条码知识； 条码的原理
物流条码流程 设计及优化	物流条码知识	熟练掌握条码技术的应用； 熟练掌握条码的分类、构成与编码 方式； 了解物流单元条码的应用	条码技术； 物流单元条码
	RFID 技术的掌握	熟知 RFID 技术的含义与发展； 掌握 RFID 系统的基本组成与种类； 掌握 RFID 工作的方法； 准确把握 RFID 技术的应用	RFID 技术； RFID 工作原理； RFID 系统
EPC 知识的把握	EPC 的知识认知	能熟知 EPC 的基本概念与系统构成； 了解 EPC 编码与编码原则； 了解常用 EPC 格式与使用领域； 了解 EAN 编码和 EPC 编码互相转换	EPC 系统； EPC 技术； 常用 EPC 格式与编码

案例导入

沃尔玛的 RFID 革命在进入第 5 个年头之后，已经很清楚地表明，革命的进程要比最初的设想缓慢得多。沃尔玛 CIO Dillman 曾在 2003 年说过："我们的目标是要能够跟踪所有的货物。"

但是今天，在沃尔玛的 6 万家供货商（加上 750 家山姆会员店的供货商）当中，大约只有 600 家已部署了 RFID 技术。不过在沃尔玛的努力下，在美国的 4000 家沃尔玛和山姆会员店中已有大约 1000 家采用了 RFID 技术。

沃尔玛最初的目标还有：在其全球 120 个分销中心当中，至少应有 12 个中心到 2006 年须全部装备 RFID 技术。但是到目前为止，只有 5 个中心配备了 RFID。其余的不得不改为仅在仓库内部部署。对于推行新技术的行为，分析师们是叫好声不断。但是就沃尔玛自己的时间表——要求所有供货商在 2006 年年底之前实施来看，则显然是过于雄心勃勃了。

如今领导着沃尔玛 RFID 技术实施的 Simon Langford 认为，事情还在向好的方面发展。他说，沃尔玛在减少库存和改善库存数据管理等方面还是符合最初预期的。

"在我们扩展这项技术的每个地方，加入进来的供货商数量都在增加，我们实际上已经超越了先前的目标。有很多供货商说'我想要部署这项技术',我们已经看到了这项技术的价值,一旦他们也能看到的话,他们就会加入进来。"Langford 说。

他指出,在沃尔玛向其前 100 家大供货商发出了部署 RFID 的要求之后,又有 34 家供货商志愿加入。虽然已部署了 RFID 的 600 家供货商仅代表了全体供货商的小部分,但它们却占据了沃尔玛全部销售量的 3/4。

(资料整理来源:https://wenku.baidu.com/view/9fcdc621b84ae45c3a358c2d.html)

【项目任务】

任务 1:条码技术在物流管理中的优势有哪些?

任务 2:条码技术给传统物流业带来哪些优势?

知识学习

任务一　条码技术

一、条码技术概述

(一)条码的含义

条码(bar code)是由一组规则排列的条、空及其对应字符组成的标记,用以表示一定的信息。其中,条(bar)是条码中反射率较低的部分,一般表现为黑色;空(space)是条码中反射率较高的部分,一般表现为白色。条码通常用来标识物品,这个物品可以是具体的商品,如一袋饼干、一箱牛奶,也可以是物流单元,如托盘、集装箱。

课件 2-001
任务一　条码技术

(二)条码的编码规则

(1)唯一性。同种规格同种产品对应同一个产品代码,同种产品不同规格应对应不同的产品代码。根据产品的不同性质,如重量、包装、规格、气味、颜色、形状等,赋予不同的商品代码。

(2)永久性。产品代码一经分配,就不再更改,并且是终身的。当此种产品不再生产时,其对应的产品代码只能搁置起来,不得重复起用再分配给其他的商品。

微课视频
二维码链接
(2-1-001)
一分钟了解
商品条码

(3)无含义。为了保证代码有足够的容量以适应产品频繁更新换代的需要,最好采用

无含义的顺序码。

（三）条码的分类

1. 按码制分类

（1）UPC 码。UPC 码是美国统一代码委员会制定的一种商品用条码。

图 2-1　UPC-E 码

图 2-2　UPC-A 码

（2）EAN 码。EAN 码是国际物品编码协会制定的一种商品用条码，通用于全世界。EAN 码符号有标准版（EAN-13）和缩短版（EAN-8）两种，我国的通用商品条码与其等效。

图 2-3　EAN-13 码

图 2-4　EAN-8 码

（3）ITF25 条码（也称交叉 25 码）。交叉 25 码是一种条和空都表示信息的条码，是一种长度可变的连续型自校验数字式码制，其字符集为数字 0~9。

图 2-5　ITF25 条码

（4）39 码。39 码是一种可表示数字、字母等信息的条码，主要用于工业、图书及票证的自动化管理，目前使用极为广泛。

图 2-6　39 码

（5）Code93 码。它与 39 码具有相同的字符集，但它的密度要比 39 码高，所以在面积不足的情况下，可以用 93 码代替 39 码。

图 2-7　Code93 码

（6）库德巴码（code bar）。出现于 1972 年，库德巴码也可表示数字和字母信息，主要用于医疗卫生、图书情报、物资等领域的自动识别。

图 2-8　库德巴码

（7）128 码。它于 1981 年推出，是一种长度可变、连续性的字母数字条码。

起始码　　　　　　　　　　　　　　　终止码

图 2-9　128 码的结构

2．按维数分类

一维条码（linear bar code/one-dimensional bar code）是指只在一维方向上表示信息的条码符号。二维条码（two-dimensional bar code）是指在二维方向上都表示信息的条码符号。一维条码与二维条码的区别如图 2-10 所示。

一维条码　　　　　　　二维条码

不包含信息　　包含信息　　　　包含信息

包含信息

■ 一维条码　=　仅在1个方向上包含有信息
■ 二维条码　=　在2个方向上（水平·垂直）包含有信息

图 2-10　一维条码与二维条码的区别

一维条码与二维条码的优缺点如表 2-1 所示。

表 2-1　一维条码与二维条码的区别

种类	优点	缺点
一维条码	1）条码标签制作容易，扫描操作简单易行； 2）信息采集速度快、可靠性高； 3）灵活实用，可与其他设备组成自动识别系统； 4）设备结构简单，成本低	1）信息容量较小，只能存储字母和数字信息，容量在 30 个字符左右，一般需依赖数据库的支持； 2）条码遭到损坏后不能阅读
二维条码	1）具有一维条码的优点； 2）信息容量大，可存储汉字、数字和图片等信息，可作为"便携式数据文件"独立使用； 3）具有抗损毁能力，保密、防伪性高	1）对阅读器的要求较高； 2）设计较为复杂

（四）条码的工作原理

自动识读技术主要由条码扫描和译码两部分构成。工作原理如图 2-11 所示。

扫描是利用光束扫读条码符号，并将光信号转换为电信号，这部分功能由扫描器完成。不同颜色的物体对光的反射率不同，当条码扫描器光源发出的光经过光学系统照射到条码符号上面后，被反射回来的光经过光学系统成像在光电转换器上，光电转换器接收到与白条和黑条相应的强弱不同的反射光信号，并将其转换成相应的电信号，电信号通过电路放大后产生模拟电压，再经过滤波、整形，形成与模拟信号对应的方波信号，再经译码器译成计算机可接收的数字、字符信息。

微课视频
二维码链接
（2-1-002）
条码识别原理

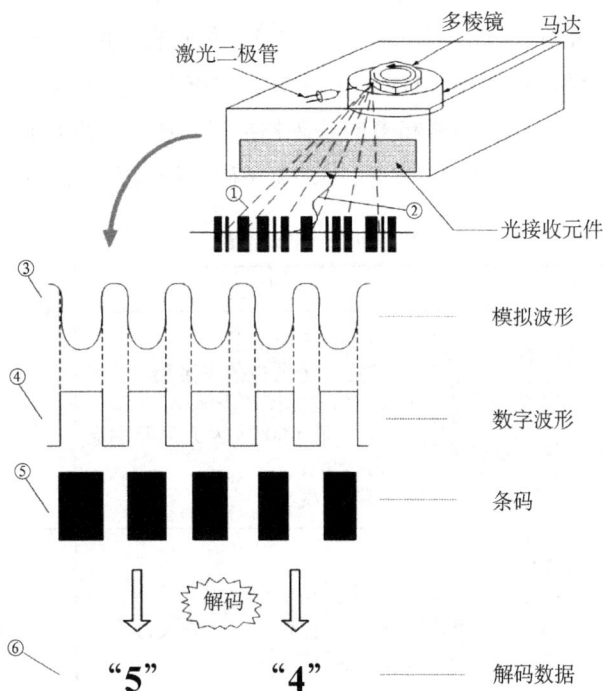

图 2-11　条形码的工作原理

译码是将扫描器获得的电信号按一定的规则翻译成相应的数据代码，然后输入计算机（或存储器）。译码器处理整形电路的脉冲数字信号时，首先通过识别起始、终止字符判别条码符号的码制及扫描方向，通过测量脉冲数字电信号 0、1 的数目来判别出条和空的数目，通过测量 0、1 信号持续的时间来判别条和空的宽度。由此便得到了被辨读的条码符号的条和空的数目及相应的宽度和所用码制，根据码制所对应的编码规则，便可将条码符号换成相应的数字、字符信息，通过接口电路传送给计算机系统进行数据处理与管理，这样便完成了条码辨读的全过程。

（五）条码的识别设备

条码技术主要研究的是如何将需要向计算机输入的信息用条码这种特殊的符号加以表示，以及如何将条码所表示的信息转变为计算机可自动识读的数据。因此，条码技术的研究对象主要包括编码规则、符号表示技术、识读技术、印刷技术和应用系统设计等五大部分。其中，条码的识别设备是其中关键的一步。

条码的识别设备主要是条码扫描器，又称为条码阅读器，俗称巴枪，其作用是读取条码所表示的内容，利用光学原理，把条码的内容解码后通过有线或者无线的方式传输到电脑或者其他终端的设备。条码扫描器通常由光源、接收器、光电转换部件、译码电路、计算机接口组成。

条码扫描器的分类方式较多，通常按照以下几种方式来分类。按照扫描方式不同可分为激光（分单线和全向多线）条码扫描器和影像条码扫描器。按照操作方式不同可分为手持式条码扫描器（hand-held scanner）和免持式条码扫描器（hand-free scanner）。按照条码类型不同可分为一维条码扫描器（1D scanner）和二维条码扫描器（2D scanner）。按照扫描方向不同可分为单向条码扫描器和多向条码扫描器。按照数据传输方式不同可分为有线条码扫描器和无线条码扫描（WiFi/蓝牙）。常见条码扫描器及其特点如表 2-2 所示。

表 2-2　常见条码扫描器及其特点

类型	描述	特征	图示
手持式条码扫描器	采用激光或 LED 光作为光源，从高密度一维条码到手机上显示的二维条码均可扫描，包括质量较差和损坏的条码	1）小型、方便使用； 2）扫描时无须与条码接触，符号缺损对扫描器识读影响小； 3）弯曲面（30°以内）商品的条码也能读取； 4）扫描速度快	
固定式条码扫描器	一般都固定安装在一个地方，常见于超市、生产线、仓库等场合，能迅速识别条码，适于采集大量数据	1）稳定，扫描速度快； 2）可全方位扫描，节省人力； 3）但灵活性差	

续表

类型	描述	特征	图示
便携式数据采集器	集扫描、显示、数据采集与处理、通信等功能为一体，相当于一台小型计算机，可用于订货、出入库、盘点等物流作业环节	1）具有一体性、机动性； 2）体积小、重量轻、性能强； 3）将条码扫描装置与数据终端一体化，并可与计算机无线连接用于接收或上传数据； 4）设备价格较高	

虽然条码扫描器的分类较复杂，但是其核心扫描方式只有激光和影像两种。激光条码扫描器发出的光束数量并不是固定的，有单线也有多线，通常多线激光条码扫描器的性能要优于单线激光条码扫描器。而影像条码扫描器扫描条码的全部，影像条码扫描器使用的是影像处理技术，当影像条码扫描器工作时，一个或多个 LED 同时发光，发出的光线覆盖整个条码，随后条码的图像被光电二极管采样，通过模拟数字转换电路解码传送回主机。

1. 影像条码扫描器及其主要参数

影像条码扫描器的优势在于扫描器内无转动部分，因此抗摔性好、寿命长，且价格比较便宜。其缺点是扫描距离较激光条码扫描器近，且穿透性和抗干扰性不如激光条码扫描器。影像条码扫描器的主要参数有扫描景深和分辨率。

（1）扫描景深，即在确保可靠阅读的前提下，扫描头允许离开条码表面的最远距离与扫描器可以接近条码表面的最近点距离之差，也就是条码扫描器的有效工作范围。有的条码扫描器在技术指标中以扫描距离（扫描头允许离开条码表面的最短距离）代替扫描景深。

（2）分辨率。对条码扫描系统而言，分辨率为正确检测读入的最窄条/空的宽度（可扫描的最小条码宽度）。低价影像扫描器的分辨率较低，一般为 512 像素，可以用来识读 EAN 码、UPC 码等商业码；中档影像条码扫描器的分辨率为 1024 像素，有些能达到 2048 像素，能分辨最窄条/空为 0.1mm 的条码。选择设备时，分辨率并不是越高越好，应根据具体应用中使用的条码密度来选取相应分辨率的扫描器，因为随着分辨率的提高，条码上的污点等对扫描器的影响会增强。

2. 激光条码扫描器及其主要参数

由于激光的特性，激光条码扫描器识读距离长，能透过一般保护膜如玻璃、透明胶纸等进行识读，户外强光下表现好；另外，激光扫描条码识读精度高、速度快、误码率（错误识别次数与识别总次数的比值）低，能实现全角度扫描，景深大。其缺点是价格相对较高，抗摔性差，容易损害。

在选择激光扫描器时，主要参数是扫描速度和分辨率，而扫描景深并不关键。因为当景深加大时，分辨率会明显降低。优秀的手持激光扫描器应当扫描速度高，并在固定景深范围内有很高的分辨率。全角度激光扫描器通过光学系统使激光二极管发出的激光折射成多条扫描线，以达到全角度扫描的目的，主要是为了提高采集效率，减轻操作员的劳动。

选择激光扫描器时需注意：在一个方向上有多条平行线，在某一点上有多条扫描线通过，在一定的空间范围内各点的解读概率趋于一致，能同时满足这三点的就是优秀扫描器。

二、一维条码

（一）一维条码的概述

EAN·UCC 系统是由全球第一贸易标准化组织（GS1）研究制定，并在全球广泛应用的一套物品、位置及服务关系标识系统和相应电子商务标准。GS1 由国际物品编码协会（EAN International，简称 EAN）和美国统一代码委员会（Uniform Code Council，UCC）合并而成。它将自身定位为全球第一商务标准化组织，其宗旨是推广"全球商务语言"——EAN·UCC 系统。

EAN·UCC 系统包含三部分内容：编码体系、可自动识别的数据载体和电子数据交换标准协议。这三部分之间互相支持，紧密联系。编码体系是整个系统的核心，它实现了对不同物品、位置及服务关系的全球唯一编码；数据载体的作用是将供肉眼识读的编码转化为可供机器自动识读的符号，如条码符号等；电子数据交换标准协议是通过自动数据采集技术（ADC）及电子数据交换（EDI&XML），以最少的人工介入，实现数据的自动采集、处理和传输。

EAN·UCC 系统主要包括三种不同的条码符号：①EAN/UPC 条码符号；②ITF-14 条码符号；③UCC/EAN-128 条码符号。

零售终端扫描时只能使用 EAN/UPC 条码符号，而仓储、运输等应用环节中主要采用 UCC/EAN-128 条码符号或 ITF-14 条码符号，有些情况下也可采用 EAN/UPC 条码符号。如图 2-12 所示为不同条码在供应链中的应用，显示每个环节可以用哪些代码编码，编好的物品代码又能用哪些条码符号表示。

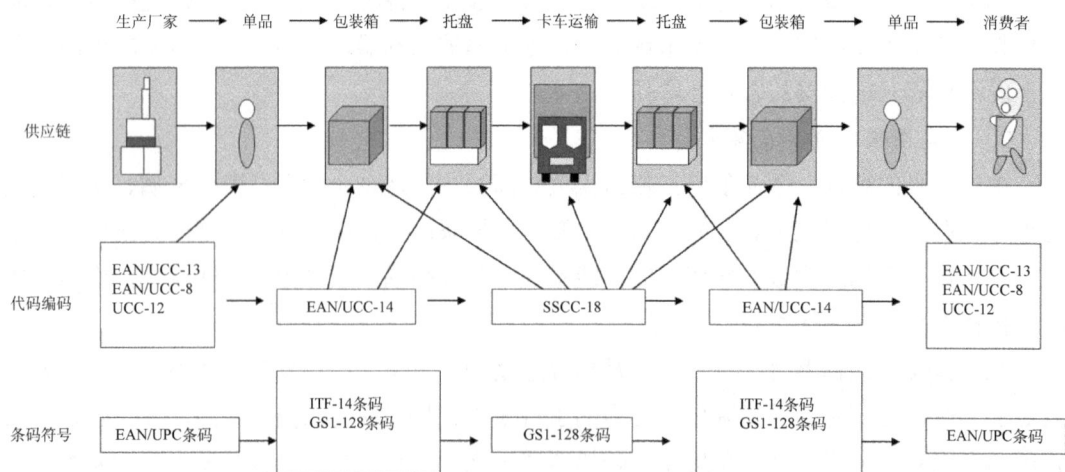

图 2-12 不同条码在供应链中的应用

（二）一维条码的结构与编码方式

一个完整的条码一般由左侧空白区、起始符、数据符、中间分隔符（可选）、校验符、终止符、右侧空白区及供人识别字符等组成。传统一维条码的结构如图 2-13 所示。

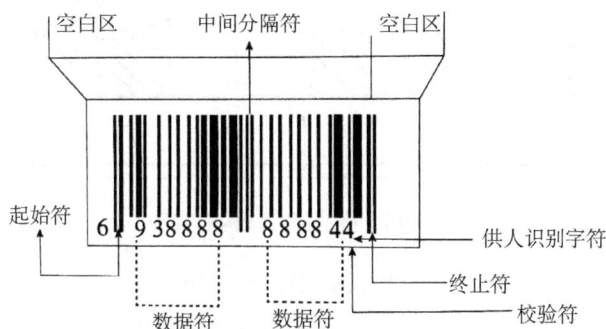

图 2-13　一维条码结构图

（1）空白区（clear area）：也称静区（quiet area），位于条码起始符、终止符两端外侧与空的反射率相同的限定区域。空白区是无任何符号及信息的白色区域，左右空白区分别提示识读设备开始识读和结束识读，其宽度对于条码能否正确识读有着重要意义，是衡量条码符号质量的重要参数之一，空白区宽度不够会导致条码符号误读或拒读。条码的类型不同，其宽度也不同。

（2）起始符（start character/start code）：位于条码起始位置的若干条与空，标志着一个条形码的开始，是判断条码种类的重要参数。

（3）数据符（data character）：位于起始符后面的字符，包含条码所要表达的信息内容，其结构异于起始符，可允许进行双向扫描。

（4）中间分隔符（central separating character）：位于条码中间位置用来分隔数据段的若干条与空，是个可选内容，主要用于左、右侧编码不同的条码。

（5）校验符（check character/check code）：表示校验码的条码字符，校验码的作用是检验条码识读的准确性。阅读器在对条码进行解码时，对读入的各字符进行规定的运算，如运算结果与校验字符相同，则判定此阅读有效，否则提示重新读入。

（6）终止符（stop character/stop code）：位于条码终止位置的若干条与空。

众所周知，计算机设备只能识读二进制数据（数据只有"0"和"1"两种逻辑表示）。条码符号作为一种为计算机信息处理而提供的光电扫描信息图形符号，也应满足计算机二进制的要求。条码的编码方法就是要通过设计条码中条与空的排列组合来表示不同的二进制数据。一般来说，条码的编码方法有两种，即模块组合法和宽度调节法。

（1）模块组合法。模块组合法是指条码符号中，条与空分别由若干个模块组合而成。一个标准模块的条表示二进制的"1"，一个标准宽度的空模块表示二进制的"0"。商品条码 EAN 码和 UPC 码均采用模块组配编码方法。

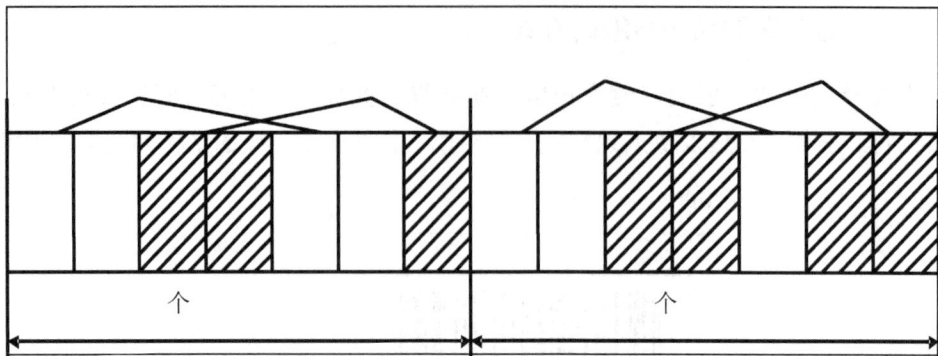

图 2-14　模块组合法构成实例

（2）宽度调节法。宽度调节法是指条码中，条（空）的宽窄设置不同，宽单元表示二进制的"1"，窄单元表示二进制的"0"，宽单元的宽度通常是窄单元宽度的 2～3 倍，如图 2-15 所示。

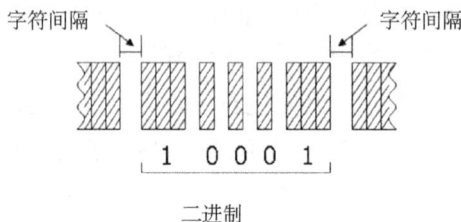

字符间隔　　　字符间隔

1 0001

二进制

图 2-15　宽度调节编码法构成实例

（三）商品条码

1. EAN 商品条码

EAN 码（European Article Number）是 GS1 制定的一种商品用条码，通用于全世界。常见的 EAN 码符号有标准版 EAN/UCC-13 代码、缩短版 EAN/UCC-8 代码和 UCC-12 代码。标准版表示 13 位数字，又称为 EAN-13 码，缩短版表示 8 位数字，又称 EAN-8 码。

EAN-13 码在零售业非常常见，拿起身边从超市买来的商品都可以从包装上看到。另外，图书和期刊作为特殊的商品也采用了 EAN-13 码表示 ISBN 和 ISSN。期刊号 ISSN 以 977 为前缀，图书号 ISBN 以 978 为前缀，我国被分配使用 7 开头的 ISBN，因此我国出版社出版的图书上的条码全部为 9787 开头。

微课视频
二维码链接
（2-1-003）
商品条码的
管理与编制

（1）EAN-13 商品条码。EAN-13 商品条码（以下简称 EAN-13 码）标准码共 13 位数，从右向左编号 1～13，由国家代码（3 位数）、厂商识别代码（4 位数）、商品项目代码（5 位数）及校验码（1 位数）构成。其排列如图 2-16 所示。

数位	13 12 11		10 09 08 07		06 05 04 03 02		01	
含义		国家代码	厂家代码		产品代码			
编制	左侧空白区 11	起始符 3	左侧数据字符（6位数字） 42	中间分隔符 5	右侧数据字符（5位数字） 35	校验字符 7	终止符 3	右侧空白区 7

图 2-16 EAN-13 条码组成示意图

国家代码由 GS1 统一分配给各个成员，代表有关厂商识别代码的国家（或地区）编码组织，例如，分配给中国物品编码中心的是 690～695；厂商识别代码表示全球范围内唯一标识厂商，中国物品编码中心负责分配和管理；商品项目代码由 2～5 位数字组成，一般由厂商编制。最后一位是自动生成的校验码，用于检验整个编码的正误。

EAN-13 码采用模块组配编码方法，总共由 113 个模块组成，由左侧空白区、起始符、左侧数据符、中间分隔符、右侧数据符、校验符、终止符、右侧空白区及供人识别字符组成，符号结构中的各部分所占模块分别为：左侧空白区（11 个模块）、起始符（3 个模块）、左侧数据符（42 个模块）、中间分隔符（5 个模块）、右侧数据符（42 个模块，包括校验符（7 个模块）、终止符（3 个模块）和右侧空白区（7 个模块），共 113 个模块。各部分模块数如图 2-17 所示。

图 2-17 EAN-13 商品条码结构模块示意图

EAN/UPC 条码的放大系数为 0.80～2.00，条码符号随放大系数的变化而放大或缩小，当放大系数为 1.00 时，EAN-13 码每个模块的宽度为 0.33mm，条码符号总长度为 113×0.33mm＝37.29mm，条码符号高度为 25.93mm，如图 2-18 所示。

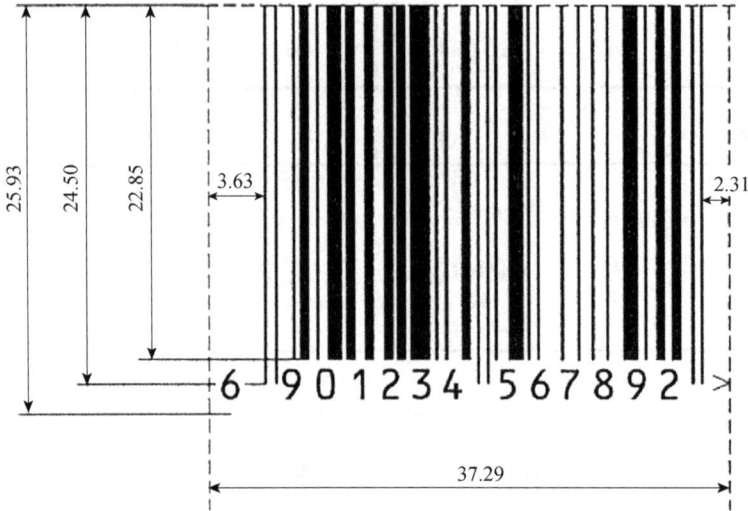

图 2-18 EAN-13 码符号尺寸示意图

（2）EAN-8 商品条码。EAN-8 商品条码（以下简称 EAN-8 码）由 8 位的 EAN/UCC-8 代码转换而来，是 EAN-13 码的压缩版。由于印刷面积较小，EAN-8 码一般适用在包装面积比较小的商品上。与 EAN-13 码相比，它没有厂商代码，只有国家代码、商品项目代码和校验码几个部分。EAN-8 码采用的是模块组配编码方法，EAN 缩短码共有 8 位数，当包装面积小于 120cm² 无法使用标准码时，可以申请使用缩短码。其结构与编码方式如图 2-19 所示。

图 2-19 EAN-8 条码组成示意图

2．UPC 商品条码

UPC 商品条码是统一代码委员会（UCC）制定的一种码制。在通常情况下，一般不选用 UPC 商品条码，但当产品出口到北美地区并且是客户指定使用时，厂商可向中国物品编码中心提出申请。UPC 商品条码包括 UPC-A 商品条码和 UPC-E 商品条码两种。

（1）UPC-A 码。UPC-A 码由 12 位的 UCC-12 代码转换而成，其符号结构基本与 EAN-13 码相同，也由左右空白区、起始符、数据字符、中间分隔符、检验字符、终止符和供人 UPC-E 码识读字符组成，如图 2-20 所示。

（2）UPC-E 码。UPC-E 码由 8 位字符转换而来，只有商品项目代码和校验码两个部分，如图 2-21 所示。

图 2-20 UPC-A 条码符号

图 2-21 UPC-E 条码符号

（四）物流单元条码

物流单元指为了运输和仓储而建立的商品组合项目，它是在供应链中需要管理的对象。比如，一箱有不同款式的 10 套童装和 20 条围巾的组合包装，一个盛放了 24 箱饮料的托盘（每箱 12 瓶装）等，都可作为一个物流单元。它可分为定量物流单元和变量物流单元。定量物流单元是指由定量消费单元组成的物流单元，如一箱肥皂、一盒感冒药等，这些物品的数量和价格是相对固定的。变量物流单元是指由变量消费单元组成的物流单元，如布匹、肉类等，这样的消费单元需要对实际物品进行称重才能得出相应的数量（重量）和价格。

物流单元条码是专门表示物流单元编码的条码，它的基本结构为原商品条码，但当同一商品的包装数量不同或同一包装中有不同商品组合时，就必须另外加上物流单元条码作为这个专属单元的标识。表示物流单元的条码符号有 UCC/EAN-128 条码、ITF-14 条码、交叉 25 条码等。

1. UCC/EAN-128 条码

UCC/EAN-128 条码是由国际物品编码协会（EAN）和美国统一代码委员会（UCC）共同提出的，用于标识商品项目和物流单元的条码符号。它是一种非定长、有含义的条码，即它所表示的字符代码位数不是固定的，而是根据实际信息变长变短，并且需要表示出物品的一些特定含义。其长度虽然可变，但是编码的数据字符不能超过 48 个，且整个符号的物理长度不能超过 165mm。

UCC/EAN-128 条码能表示的信息面非常广，包括项目标识、计量、数量、日期、交易参考信息、位置等，如图 2-22 所示。

2. 交叉 25 条码

交叉 25 条码被广泛应用于仓储和物流管理中。它是一种双向可读、非定长、具有自校验功能的连续型条码，其字符集为数字字符 0～9。交叉 25 条码的结构组成与 UPC-E 商品条码一样，但其数据的表示很有特点。它的条码符号从左到右，表示奇数位字符的数据字符由"条"组成，表示偶数位字符的数据字符由"空"组成，如图 2-23 所示 给出了表示"3185"的交叉 25 条码的结构。交叉 25 条码的每一个数据符由 5 个单元组成，其中 2 个是宽单元，其余是窄单元。它所表示的数据字符个数需为偶数，当字符个数为奇数时，应在字符串左端添"0"。

图 2-22　UCC/EAN-128 条码

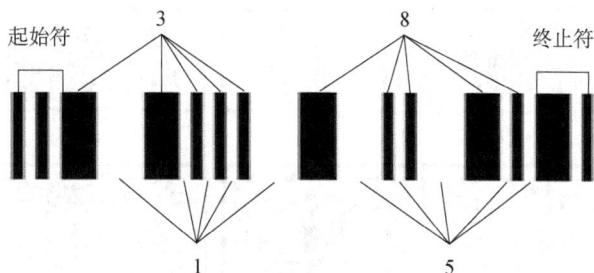

图 2-23 交叉 25 条码示意图

3．ITF-14 条码

ITF-14 码由 14 位数字组成，条码字符集为数字 0～9，与交叉 25 码编码规则一样，ITF-14 条码符号只用于标识非零售商品，其结构中包含有保护框。它是双向可读、定长、具有自校验功能的连续型条码。通常我们在用纸箱包装的、体积比较大的商品上可见到这种条码符号。保护框的目的和功能是在印制条码时，使印版对整个符号表面的压力均匀，同时帮助减少误读和当倾斜光束从条码顶端进入或从底边漏出而导致的不完全识读，提高识读可靠性。ITF-14 条码对印刷的精度要求不高，因此较适合印刷于表面光滑度一般、受力后尺寸易变形的包装材料上，如纤维板或瓦楞纸板。

图 2-24 ITF-14 条码的两种符号形式

三、二维条码

（一）二维条码的概述

二维条码（two-dimensional bar code）是用按一定规律在平面（二维方向上）上分布的黑白相间的图形记录数据、符号、信息的一种条码技术。常见的二维条码有 PDF417、Code 49、Code 16K、QR Code、Data Matrix、Maxi Code 等，如图 2-25 所示。

图 2-25　二维码图示

　　二维条码是一种比一维条码更高级的条码格式。一维条码是对物品的标识，它对商品信息如价格、产地等的描述必须依赖数据库的支持，因此在没有预先建立相关数据库或不便联网的地方，就无法使用一维条码标识物品或获得相应的信息；对于大信息容量的一维条码来说，常常受到标签尺寸的限制，这给产品包装和印刷带来一定困难；另外，在需要使用汉字和图像的场合，一维条码也不能很好地满足要求。

　　二维条码的出现解决了一维条码所不能解决的问题，二维条码在横向和纵向两个方向上同时表示信息，不仅能在较小面积内表示大量信息，而且能够表示汉字和图像。它能够脱离数据库，对物品进行现场描述。

　　作为一种信息容量大，可标识文字、声音、图片、网址等多种信息，成本低廉的自动识别技术，二维条码拓展了条码技术的应用领域，目前已经在我国众多行业取得规模化应用，比如自动化生产线、身份证件、珠宝玉石饰品管理及银行汇票等。

微课视频
二维码链接
（2-1-004）
二维码到底
从何而来？

（二）二维条码的结构与分类

1．行排式二维条码

　　又称为堆积式二维条码，其编码原理建立在一维条码基础上，按需要堆积成两行或多行，如图 2-26 所示。它继承了一维条码的一些特性，识读印刷设备与一维条码的技术兼容。行排式二维条码中具有代表性的码制有 PDF417 条码、Code 49 条码、Code 16K 条码等。

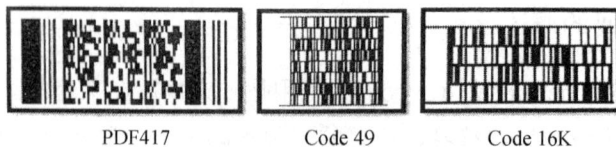

图 2-26　行排式二维条码

2．矩阵式二维条码

矩阵式二维条码又称棋盘式二维条码，它是在一个矩形空间范围内通过黑、白像素的不同分布来进行编码的。矩阵式二维条码是建立在计算机图像处理技术、组合编码原理等基础上的一种新型图形符号自动识读处理码制，如图 2-27 所示。有代表性的矩阵式二维条码有 QR Code 条码、Data Matrix 条码、Maxi Code 条码、龙贝码、Aztec 条码等。

QR Code　　　　Data Matrix　　　　Maxi Code

图 2-27　矩阵式二维条码

（三）常用的二维条码

1．PDF417 条码

PDF417 条码是行排式二维条码（见图 2-28），是目前应用得最为广泛的二维条码符号，主要应用在身份识别、货运代理及珠宝玉石管理等行业。

图 2-28　PDF417 条码

行排式二维条形码 DF417，是中国台湾赴美华人王寅君博士发明的。因为组成条码的每一符号字符都是由 4 个条和 4 个空构成的，如果将组成条码的最窄条或空称为一个模块，则上述的 4 个条和 4 个空的总模块数一定为 17，所以称为 417 码或 PDF417 码。

PDF417 条码是非定长、高容量、高纠错性能的二维条码，其纠错能力分为 0～8 共 9 个级别，级别越高，纠错能力越高，条码符号的尺寸也越大。当采用的纠错级别为 8 时，即使符号有 50%的面积被污损，也能将正确的信息还原出来。

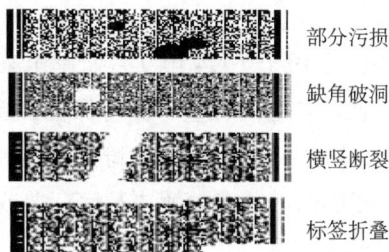

部分污损

缺角破洞

横竖断裂

标签折叠

图 2-29　破损的 PDF417 条码

2. Code49 条码

Code49 条码是一种多层、连续型、非定长的行排式二维条码，它的符号中层与层之间由一个层分隔条分开，每层包含一个层标识符，其基本特性如表 2-3 所示。

表 2-3　Code49 条码的基本特性

项目	特性
类型	连续，多层
符号尺寸	可变，高度 2～8 层，宽度 81 个模块（包括空白区）
层自校验功能	有
双向可读性	是，通过层
字符集	全部 ASCII 字符
数据容囊	2 层：9 个字母或 15 个数字；8 层：49 个字母或 81 个数字
其他特性	工业特定标志，字段分隔符，信息追加，序列符号连接

3.Data Matrix 条码

Data Matrix 条码是矩阵式二维条码，它分为 ECC000-140 和 ECC200 两种类型。这两种类型采用的纠错原理不同，ECC000-140 具有几种不同等级的卷积纠错功能，目前使用得很少，而 ECC200 采用 Reed-Solomon 纠错，在实际中的应用更多。如表 2-4 所示列出了 Data Matrix 条码的基本特性。

表 2-4　Data Matrix 条码的基本特性

项目	特性
字符集	全部为 ASCII 字符及扩展字符
最大数据容量	233 个文本字符，311 个数字或 1556 个字节
结构链接	可用 1～15 个符号连续表示
符号高度及宽度	ECC000-140：9～49 个模块；ECC200：10～144 个模块
识读方向	全方位（360º）
附加特性	反转映像，即符号图形及背景颜色可转换

4. QR Code 条码

QR Code 条码是由日本 Denso 公司于 1994 年 9 月研制出来的一种矩阵式二维条码。它可以表示汉字和图像等多种信息，具有高容量、高可靠性、超高速全方位 360°识读等特点，其基本特性如表 2-5 所示。在 QR Code 条码的符号中具有寻像图形和校正图形，它们使得识读器对于符号的识读简便快速，并有效解决基底弯曲或光学变形等情况的识读问题，使其适宜用于工业自动化生产线管理。

表 2-5   QR Code 条码的基本特性

项目	特性
字符集	数字 0~9，大写字母 A~Z，8 位字节数据，中国汉字，日本汉字，其他字符（空格$%*+—/:）
最大数据容量	7089 个数字，4296 个字母，2953 个 8 位字节或 1817 个中国汉字、日本汉字
纠错能力	分为 L、M、Q、H 四个级别，最大可纠错 30%的数据字符
独立定位功能	有
结构链接	可用 1~6 个符号连续表示
扩充特性	可以表示固定字符集以外的数据，如阿拉伯字符、希腊字母等，以及其他针对行业特点需要进行的编码

5．复合条码

复合条码是将一维条码和二维条码复合组份组合起来的一种码制，如图 2-30 所示。其中，一维条码部分是对项目的主要标识进行编码，二维条码部分对附加数据，如生产日期和批号等进行编码。

微课视频
二维码链接
（2-1-005）
二维码是什么
原理

复合条码中的一维条码可以采用 EAN/UPC 码制（EAN-13 码、EAN-8 码、UPC-A 码或 UPC-E 码）或者 UCC/EAN-128 条码，二维条码部分可以采用行排式或矩阵式二维条码的各种码制。

图 2-30   复合条码示意图

四、条码技术在物流领域的应用

条码技术在现代物流业中正确使用，能够大大提升物流作业的自动化程度，减少运作数据录入差错，提高企业物流管理效率。现代化生产中，物流过程中的不协调对于生产效率有重大影响，杂乱无章的物料仓库、复杂的生产备料及采购计划的执行几乎是所有企业所遇到的难题。物流信息管理系统的实施在一定程度上解决了这个问题，但是这样的系统仅仅提供了一种管理机制，在具体操作上仍然会存在很多困难。在物流管理上应用条码可以大大减少这种差错，同时提高物流管理效率。条码在物流企业中的应用前景也逐步显现，作为物流管理的工具，条码技术的应用主要体现在以下环节。

1. 生产管理中的条码应用

企业在生产作业中会产生大量对企业的决策起重要作用的数据，在这种情况下，条码软件在生产上的应用就应运而生，条码生产管理系统强调对生产作业现场的管理，应用条码技术实现对生产作业过程中产生的大量实时数据的自动化快速收集，并对实时事件及时处理。同时又与计划层（ERP/MRP）保持双向通信能力，从计划层接收相应数据并反馈处理结果和生产指令。生产管理条码解决方案有效地解决制造企业在对生产现场作业进行管理的难题，使企业更轻松地管理生产数据，实现对生产控制、产品质量追溯，以及后续的库存及销售追踪的有效管理，如图 2-31 所示。

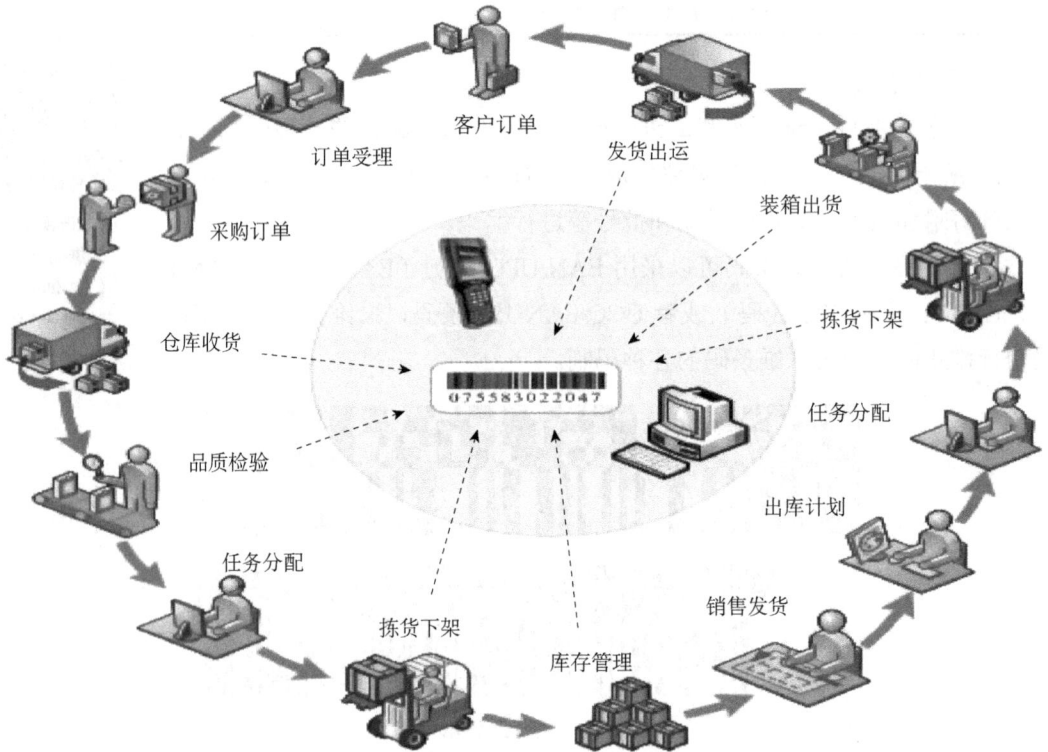

图 2-31　生产管理中的条码应用

2. 库存管理中的条码应用

将无线网络技术和条码自动识别技术嵌入企业产成品库存管理中去是条码技术在库存管理中的应用。它在每个流程点将人工操作完全电子化地在手持终端中实现，从而提高人工的效率，确保在库存管理、运输过程中的统一性和准确性。条码技术在库存管理应用中的运用能使物料出入库、物品存放地点等信息传递烦琐、滞后，导致库存量上升、发货日期无法保证难以估计、决策依据不准等一系列问题得到更好的解决。利用条码技术对仓库进行基本的进、销、存管理，可以有效地降低成本，形成质量检验报告，与采购订单挂钩，建立对供应商的评价体系，如图 3-32 所示。

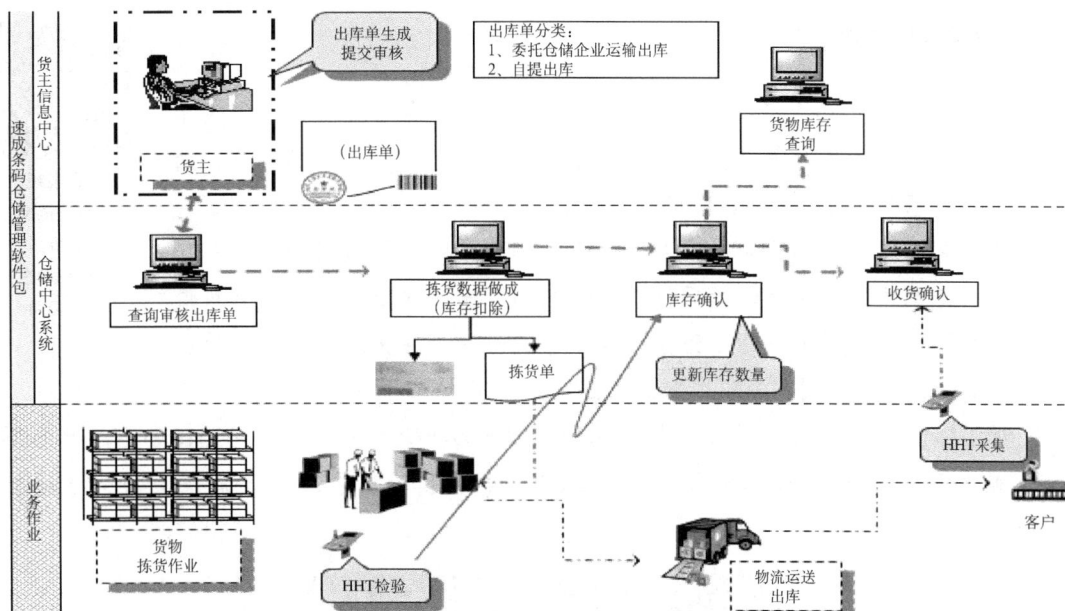

图 2-32　库存管理中的条码应用

3.配送管理中的条码应用

在现代化配送中心的管理中，条码已被广泛应用。在所用到的条码中，除了商品的条码，还有货位条码、装卸台条码、运输车条码等。条码应用几乎出现在整个配送中心作业流程中的所有环节。条码同样可用来做配送中心配货分析。通过统计分店要货情况，可按不同的时间段，合理分配商品库存数量，合理分配货品摆放空间，减少库存占用，更好地管理商品。条码和计算机的应用大大提高了信息的传递速度和数据的准确性，从而可以做到实时

微课视频
二维码链接
（2-1-006）
应用条码技术的
货物入库作业

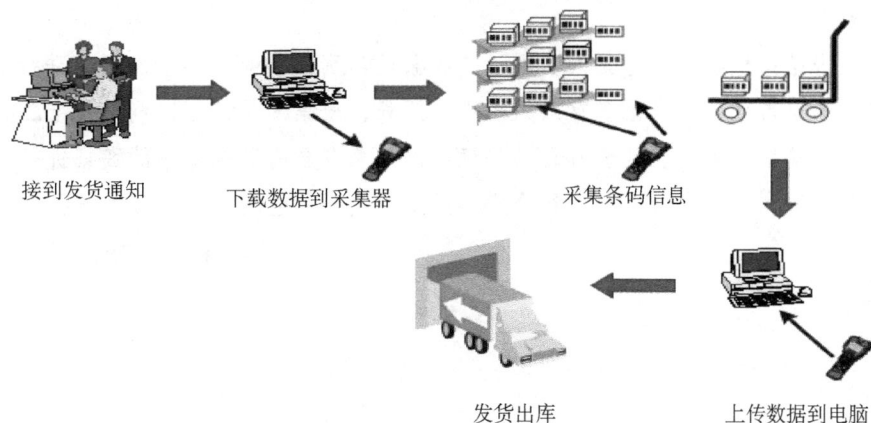

物流跟踪，实现仓库的进货、发货、运输中的装卸自动化管理，整个配送中心的运营状况、商品的库存量也会通过计算机及时反映到管理层和决策层。这样就可以进行有效的库存控制，缩短商品的流转周期，将库存量降到最低，如图 2-33 所示。

接到发货通知　下载数据到采集器　采集条码信息

发货出库　上传数据到电脑

图 2-33　配送管理中的条码应用

📚 【相关阅读】

微课视频
二维码链接
（2-1-007）
条码技术在
快递应用

1977 年，全国铁路系统开始实行计算机联网售票，启用第二代火车票，即粉红色软纸票。第二代火车票使用一维条码，由于其容量较小，所以只能起到标识作用，而不具备防伪功能。

为了有力打击假票泛滥的现象，当时的铁道部决定于 2009 年 12 月 10 日在全国范围内对火车票进行升级改版，启用第三代火车票。此次升级最大的变化就是将车票下方的一维条码变成了二维防伪图案。该二维防伪图案呈正方形，黑白相间，形似以前的"三位立体画"。

如图 2-34 所示的火车票条码为 10001030150609U075104，其中 1000103015 表示售票的车站和窗口，0609 表示售票日期，U075104 表示车票号，与车票左上角的号码相对应。

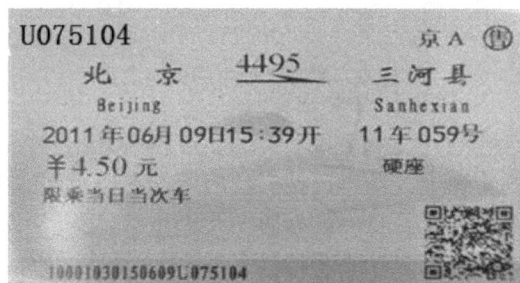

图 2-34　火车票

第三代火车票采用的是二维条码 QR Code 码，呈正方形，只有黑白两色，在 3 个角上引用较小的"回"字形的正方形图案，它是帮助解码软件定位的图案。近年来，二维条码成为国际上流行的携带和传递数据的高科技手段，具有存储量大、保密性高、追踪性强、抗毁性强等特点。采用二维条码防伪客票系统后，售票人员可以根据乘客的购票类型，将相应信息（如车次、价格、售出地等）利用软件加密后生成二维条码，将其打印在客票的票面上。

乘客在进站口检票时，检票人员通过二维条码识别设备对客票上的条码进行识别，系统自动辨别车票真伪，并将信息存入系统中。此外，检票人员还可以利用掌上二维条码识别设备在车上检票，掌上识别设备自动将读到的信息与自有数据库中的数据进行对比，辨别客票的真伪。利用二维码识别设备检票，提高了效率，也避免了人为的错误。

资料来源：《物流信息技术与应用》

任务二 RFID 技术

一、RFID 技术概述

为什么我们快递的物品可以准确无误地送到目的地？为什么图书馆里的海量图书可以管理得有条不紊？为什么有些不小心失窃的物品可以迅速追踪回来？这其中，RFID 技术的快速发展和应用是一大原因。在这个万物互联的时代，RFID 是数据连接、数据交流的关键技术之一。物联网离不开 RFID，它具有可以进行高速移动物体识别、多目标识别、非接触识别，以及不易受环境污染、穿透力强等优点，因而被广泛用于物联网系统中。物联网利用 RFID 技术借助广泛分布的传感器及信息收集器进行信息收集，通过大数据处理系统对物品特性进行归纳、归类及整合，然后将相关信息传输给所需的用户，以实现万物互联的目的。

课件 2-002
任务二　RFID 技术

1. RFID 技术的含义

RFID（radio frequency identification），即无线射频识别，也常被称为感应式电子晶片或近接卡、感应卡、非接触卡、电子标签、电子条码等。

它是一种非接触式的自动识别技术，通过射频信号自动识别目标对象并获取相关数据（见图 2-35）。自动识别技术是一系列技术的总称，包括条码技术、智能卡技术、语音识别技术、生物识别技术、射频识别技术（RFID）等。

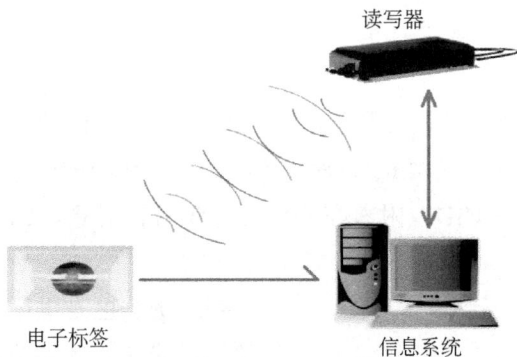

图 2-35　RFID 技术示意图

2. RFID 技术的产生与发展

通常认为，RFID 技术起源于英国。1935 年，英国科学家罗伯特·沃森·瓦特（Robert Watson-Watt）发明了世界上第一部雷达。很快，第二次世界大战爆发了，雷达虽然能侦察到飞机并预警，却无法区分哪些是敌机，哪些是本国飞机。于是，在罗伯特·沃森·瓦特的领导下，英国开发了第一个敌我主动识别（Identify Friend or Foe，IFF）系统。他们在每架英国飞机上都装了一个发射器，当它从地面上的雷达站接收到信号时，飞机就会回拨一个信号，以表明是自己人。RFID 的基本工作概念与此相同，信号被发送到应答器，唤醒并且反射回信号（无源系统）或广播信号（有源系统），它是无线电技术与雷达技术的结合。

1948 年，哈里·斯托克曼（Harry Stockman）发表的《利用反射功率的通信》奠定了 RFID 的理论基础。RFID 技术于 20 世纪 60 年代就开始商用，然而，直到 20 世纪 80 年代中期，随着大规模集成电路技术的成熟，射频识别系统的体积大大缩小，RFID 技术及产品才进入实用化的阶段，各种规模应用才开始出现。到了 21 世纪，RFID 产品得到广泛采用，逐渐成为人们生活中的一部分。如美国国防部规定，2005 年 1 月 1 日以后，所有军需物资都要使用 RFID 标签；美国食品与药品管理局（FDA）建议制药商从 2006 年起利用 RFID 跟踪经常造假的药品。沃尔玛（Walmart）、麦德龙（Metro）等零售巨头应用 RFID 技术的一系列行动更是推动了 RFID 在全世界的应用热潮。RFID 产品种类更加丰富，有源电子标签、无源电子标签及半无源电子标签均得到发展，电子标签成本不断降低，规模应用行业范围不断扩大。

近年来，物联网概念深入人心，这是继计算机、互联网和移动通信之后的又一次信息产业革命。而 RFID 技术在物联网革命的契机点上，焕发出新的技术价值，未来 RFID 技术将在物联网领域发展中具有举足轻重的地位。

二、RFID 系统的基本组成

RFID 系统由电子标签（tag）、天线（antenna）、阅读器（reader）和应用软件系统等部分组成。

1. 电子标签（tag）

电子标签又称为射频标签、应答器、数据载体等，相当于条码技术中的条码，用来储存需要识别的传输信息。它是由 IC 芯片和无线通信天线组成的超微型小标签，每个标签具有唯一的电子编码——UID，附着在物体上标识目标对象，UID 是在制作芯片时放在 ROM 中的，无法修改。

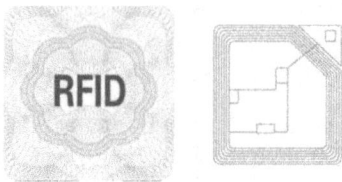

图 2-36 RFID 电子标签

用户数据区是供用户存放数据的，可以进行读写、覆盖、增加的操作。读写器对标签的操作有三类：识别（identify）——读取 UID；读取（read）——读取用户数据；写入（write）——写入用户数据。标签可以是只读的、读/写兼具的或写一个/读多个的形式；可以是"主动式"的，也可以是"被动式"的。

"主动式"标签需要专用电池支持其传输器及接收器的工作，但 RAM 区不一定大。为避免邻道干扰，主动式的标签要求能接收与转发多个频点的信号。卡的组成复杂，而且功耗也大。由此，"主动式"标签一般比"被动式"标签在外形上要大一些，且价格更昂贵。另外，"主动式"标签的使用寿命都与其电池寿命直接相关。"被动式"标签根据其应用的不同，也可以分为"有源"和"无源"工作模式。"被动式"标签将从读写器或传输接收机（transceiver）传来的射频信号反射，并可通过调制解码将相关信息加入其所反射的射频信号中。对于"被动式"标签而言，它无须电池来放大反向信号的载波能量，有的"被动式"标签使用电池仅用于支持标签中存储器的工作或支持标签中对反射信号进行调制解码的元件的工作。

电子标签根据不同的分类标准，可分为不同的类型，如表 2-6 所示。

表 2-6　电子标签的类型

分类标准	类型	说明
根据标签供电方式不同	有源电子标签	内部自带电池，工作可靠性高，信号传送的距离远；电池的寿命决定标签的使用时间和使用次数
	无源电子标签	内部不带电池，需靠天线与线圈产生感应电流工作；可支持长时间的数据传输和永久性的数据存储；价格便宜、体积小，可读写多次，但是数据传输的距离较短
	半无源电子标签	部分依靠电池工作，利用低频近距离精确定位，微波远距离识别和上传数据，具有单纯的有源 RFID 和无源 RFID 无法实现的功能
根据标签的工作频率不同	低频	工作频率为 3～300MHz，典型工作频率为 125～134kHz。一般采用电磁耦合原理，读取的距离近，存储数据量相对较少。低频标签比超高频标签便宜，节省能量，穿透力强，工作频率不受无线电频率管制约束，最适合用于含水量较高的物体，如水果等
	高频	工作频率一般为 3～30MHz，典型工作频率为 13.56MHz。基本特点与低频标准相似，但具有更高的传输速率，阅读距离一般情况下也小于 1m。典型应用包括电子车票、电子身份证等电子票证
	超高频与微波	超高频与微波频段的射频标签简称为微波射频标签；典型工作频率为 433MHz、860～960MHz、2.45GHz、5.8GHz。工作时，射频标签位于阅读器天线辐射场的远区场内，标签与阅读器之间的耦合方式为电磁耦合方式。阅读距离一般为 4～6m，最大可达 10m 以上，可多标签识读，数据存储容量一般限定在 2KB 以内。缺点是比较耗能，穿透力较弱，作业区域不能有太多干扰。典型应用包括移动车辆识别、仓储物流应用、电子闭锁防盗（电子遥控门锁控制器）等

2. 阅读器（reader）

RFID 阅读器，是读取（有时还可以写入）标签信息的设备，又称解读器、识读器，如图 2-37 所示。它的任务是控制射频收发器发射射频信号，通过射频收发器接收来自标签上的已编码射频信号，对标签的认证识别信息进行解码；将认证识别信息连带标签上其他相关信息传输到主机以供处理。

图 2-37　RFID 阅读器

3. 天线（antenna）

天线在标签和读取器间传递射频信号。

任一 RFID 系统至少应包含一根天线（不管是内置的还是外置的）以发射和接收射频信号。有些 RFID 系统是由一根天线来同时完成发射和接收的；而另一些 RFID 系统则是由一根天线来完成发射而另一根天线来承担接收的，所采用天线的形式及数量应视具体应用而定。RFID 天线如图 2-38 所示。

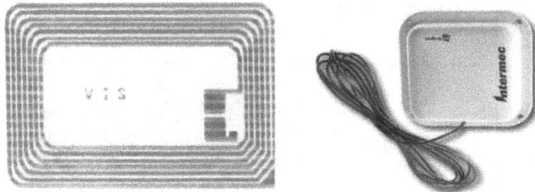

图 2-38　RFID 天线

三、RFID 的基本工作原理

标签进入磁场后，接收解读器发出的射频信号，凭借感应电流所获得的能量发送出存储在芯片中的产品信息（passive tag，无源标签或被动标签），或者主动发送某一频率的信号（active tag，有源标签或主动标签）；解读器读取信息并解码后，送至中央信息系统进行有关数据处理，如图 2-39 所示。

微课视频
二维码链接
（2-2-001）
RFID 工作原理

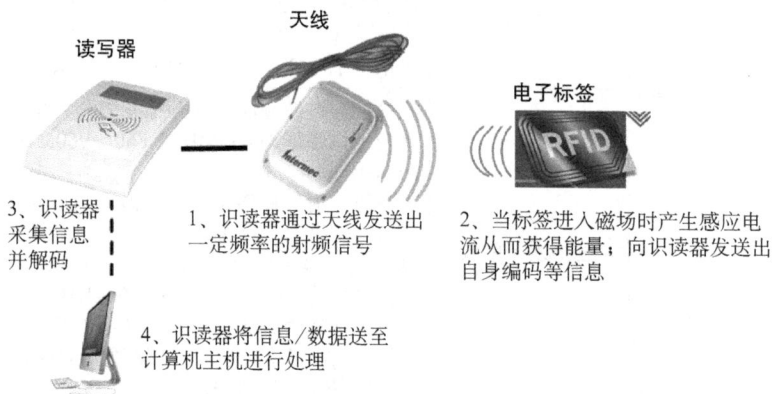

读写器　　天线　　电子标签

3、识读器采集信息并解码

1、识读器通过天线发送出一定频率的射频信号

2、当标签进入磁场时产生感应电流从而获得能量；向识读器发送出自身编码等信息

4、识读器将信息/数据送至计算机主机进行处理

图 2-39　RFID 技术的基本工作原理图

四、RFID 系统的种类

（一）EAS 技术

EAS 技术是一种设置在需要控制物品出入的门口的 RFID 技术，如图 2-40 所示。

图 2-40　EAS 技术

这种技术的典型应用场合是商店、图书馆、数据中心等地方，当未被授权的人从这些地方非法取走物品时，EAS 系统会发出警告。

1. EAS 系统的组成

（1）附着在商品上的电子标签，电子传感器。

（2）电子标签灭活装置，以便授权商品能正常出入。

（3）监视器，监视出口。

2. EAS 系统的工作原理

在监视区，发射器以一定的频率向接收器发射信号。发射器与接收器一般安装在零售店、图书馆的出入口，形成一定的监视空间。当具有特殊特征的标签进入该区域时，会对发射器发出的信号产生干扰，这种干扰信号也会被接收器接收，再经过微处理器的分析判断，就会控制警报器的鸣响。

（二）便携式数据采集系统

便携式数据采集系统是使用带有 RFID 阅读器的手持式数据采集器，用以采集 RFID 标签上的数据，如图 2-41 所示。

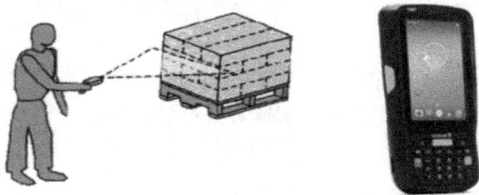

图 2-41　手持式数据采集器

（三）物流控制系统

在物流控制系统中，固定布置的 RFID 阅读器分散布置在给定的区域，并且阅读器直接与数据管理信息系统相连，如图 2-42 所示。

信号发射机是移动的，一般安装在移动的物体、人上面。当物体或人经过阅读器时，阅读器会自动扫描标签上的信息并把数据信息输入数据管理信息系统存储、分析、处理，达到控制物流的目的。

图 2-42　物流控制系统

（四）定位系统

定位系统用于自动化加工系统中的定位及对车辆、轮船、人等进行运行定位支持，如图 2-43 所示。

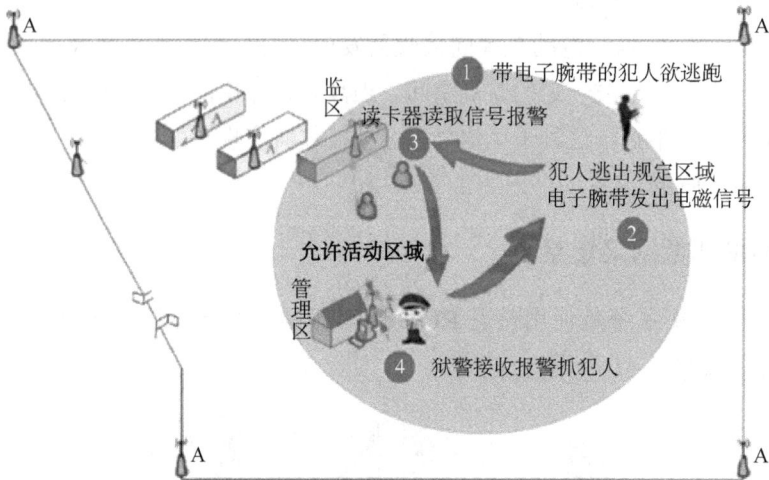

图 2-43　监狱采用的定位系统

五、RFID 技术的应用领域

（一）RFID 的应用场合

RFID 应用十分广泛，已经在金融支付、身份识别、交通管理、军事与安全、资产管理、防盗与防伪、金融、物流、工业控制等领域的应用中取得了突破性的进展，并在部分领域开始进入规模应用阶段。目前 RFID 典型的应用领域包括以下几个。

1. 交通

高速公路自动收费系统是射频识别技术最成功的应用之一。通过建立采用射频识别技术的自动车号识别系统，能够随时了解车辆的运行情况，可以对道路交通流量进行实时监控、统计、调度，还可以用于车辆闯红灯记录报警、被盗（可疑）车辆报警与跟踪、特殊车辆跟踪、肇事逃逸车辆排查等。

微课视频
二维码链接
（2-2-002）
射频在交通中
应用

2. 制造

RFID 技术因其具有抗恶劣环境能力强、非接触识别等特点，在生产过程控制中有很多应用。比如，在大型工厂的自动化流水作业线上使用 RFID 技术，可实现物料跟踪和生产过程自动控制、监视。

3. 物流

将射频识别系统用于智能仓库货物管理，可以有效地解决仓库里与货物流动相关的信息的管理，监控货物信息，实时了解出入库情况、库存情况，自动识别追踪货物，确定货物的位置。以射频识别技术为核心的集装箱自动识别，成为全球范围内最典型的货物跟踪管理应用。将记录有集装箱位置、物品类别和数量等数据的电子标签安装在集装箱上，借助射频识别技术，就可以确定集装箱在货场内的确切位置。系统还可以识别未被允许的集装箱移动，有利于管理和安全。射频识别技术还应用于邮件、包裹的自动分拣系统及铁路、航空旅客的行李管理中，大大提高了分拣效率，降低了出错率。

4. 零售

在零售领域，射频识别技术主要用于商品销售数据实时统计、补货、防盗、结账等环节。

5. 电子票证

使用电子标签来代替各种卡实现非现金结算，解决了现金交易不方便也不安全，以及以往的各种磁卡、IC 卡容易损坏等问题。同时电子标签用起来方便、快捷，还可以同时识别几张电子标签，并行收费。公共交通领域是电子标签应用潜力最大的领域之一，用电子标签作为电子车票，具有使用方便、缩短交易时间、降低运营成本等优势。

未来的门禁安保系统都可以应用电子标签，一卡可以多用，比如工作证、出入证、停车证、饭店住宿证，甚至旅游护照等。使用电子标签可以有效地识别人员身份，进行安全管理及高效收费，简化出入手续，提高工作效率，并且安全有效地进行安全保护。人员出入时该系统会自动识别身份，非法闯入时会有警报。安全级别要求高的地方，还可以结合

其他的识别方式，将指纹、掌纹或面部特征存入电子标签。

6. 动物跟踪和管理

射频识别技术可以用于动物跟踪与管理。将用小玻璃封装的电子标签植于动物皮下，可以标识牲畜，监测动物健康状况等重要信息，为牧场的管理现代化提供了可靠的技术手段。在大型养殖场，通过采用射频识别技术可以建立饲养档案、预防接种档案等，达到高效、自动化管理牲畜的目的，同时为食品安全提供保障。

在动物的跟踪及管理方面，许多发达国家采用射频识别技术，通过对牲畜个体的识别，保证牲畜疾病大规模爆发期间对感染者的有效跟踪及对未感染者的隔离控制。

另外，射频识别技术在防伪（贵重物品防伪、票证防伪）、医疗（医疗器械管理、病人身份识别、婴儿防盗）、军事（枪支、弹药、物资、人员、卡车等的识别与追踪）、图书（书店、图书馆、出版社等应用）、服装（自动化生产、仓储管理、品牌管理、单品管理、渠道管理、串货管理）、资产管理、运动计时、电子门锁等方面均有广泛应用。

（二）RFID 在物流中的具体应用

以 RFID 为基础的软硬件技术构建的物流信息系统，将使产品、仓储、采购、运输、销售及消费的全过程发生根本性的变化。目前，RFID 技术已经在物流的诸多环节中发挥着重要的作用。

1. 生产环节

RFID 技术应用于生产环节中的生产线上，能够实现生产线的自动化和原料、产品的识别定位，这将大大减少人工识读成本，降低出错率，同时也大大提高了生产的效率和质量。RFID 技术还能够对产品进行信息的收集、处理，帮助生产人员轻松掌握整个生产线的运作情况和产品的生产进度。

2. 仓储环节

在仓库里，射频识别技术广泛应用于存取货物与库存盘点，当贴有 RFID 标签的货物进入仓库时，入口的 RFID 读写器将自动识别标签并完成库存盘点。在整个仓库管理中，将系统制定的收货、取货、装运等实际功能与 RFID 技术相结合，能够高效地完成各种业务操作，如指定堆放区域、上架、取货与补货等。

微课视频
二维码链接
（2-2-003）
条码在仓储中应用

3. 运输环节

在运输环节，在运输的货物和车辆上贴上 RFID 标签，标签包含车辆信息（车牌号、车辆所属运输公司等）、运输信息（起讫点、运输线路等）及货物基本信息，在运输线的检查点安装上 RFID 读写器，当车辆经过线路上的检查点时，检查点的 RFID 读写器检测到 RFID 标签信息，将标签信息、地理位置等经由网络发送给运输调度中心，这样供应商和经销商就能够比较方便地查阅货物所处的位置和状态。

微课视频
二维码链接
（2-2-004）
RFID 在集装箱
管理的应用案例

4．配送环节

在配送环节，采用射频识别技术能大大加快配送的速度和提高拣选与分发过程的效率与准确率，并能减少人工、降低配送成本。如果到达中央配送中心的所有商品都贴有 RFID 标签，托盘通过安装在中央配送中心入口处的固定式 RFID 读写器时，读写器读取托盘上所有货箱上的标签内容并将信息传到后台计算机系统，系统将这些信息与发货记录进行核对，以检测出可能的错误，然后将 RFID 标签信息更新为最新的商品存放地点和状态。

5．销售环节

在销售环节，RFID 可以改进零售商的库存管理。当货物被顾客取走时，装有 RFID 读写器的货架能够实时地报告货架上的货物情况，并通知系统在适当的时候补货。同时对装有 RFID 标签的货物能够监控其移动、位置等。这些应用都能大大节约人工成本、减少出错、提高效率。

（三）基于 RFID 的仓储应用流程

下面以 RFID 在仓储中的应用为例，讲述具体的应用流程。基于 RFID 的仓库管理系统是指在现有仓库管理中引入 RFID 技术，在仓库入库、出序、移库移位、库存盘点等各个作业环节进行自动化的数据采集，保证仓库管理各个环节数据输入的速度和准确性，确保企业及时准确地掌握库存的真实数据，合理保持和控制企业库存。RFID 仓储系统框架如图 2-44 所示。

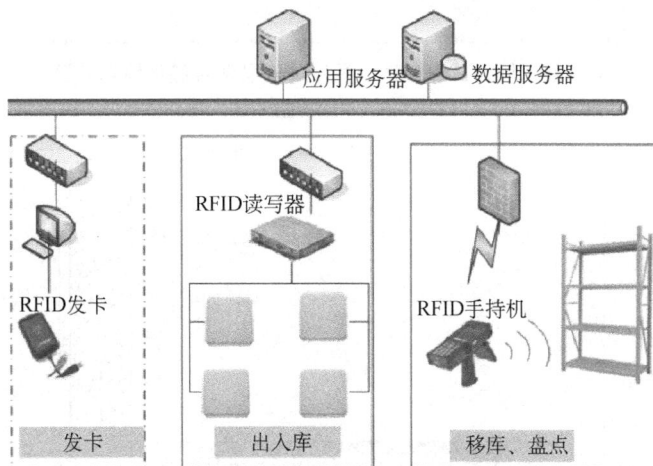

图 2-44　RFID 仓储系统框架

1．设备配置

需要的设备有 RFID 标签打印机，安装在仓库出入口的固定式 RFID 读写器，用于出、入库操作的 RFID 标签远距离自动识别；工作人员配备手持 RFID 读写设备，识别条

码与 RFID 标签，用于货品的拣货、盘点、移库等操作；后台管理系统需配备应用服务器、数据服务器、网络交换机等。

读写器和电源板集成装配在一个防雨箱内，信号指示灯装配在防雨箱的上面，形成一个整体，安装在进出货平台旁的墙面上（距地面大于 500mm 处）或出入口大门上方；天线安装在进出货平台中部地槽内（或平台墙面上）。读写器与计算机通过网络接口连接，并通过网络交换机或集线器接入企业网络中（由计算机控制读写器的读、写作业，计算机上安装 DEMO 软件或集成商开发的应用软件，对读写器进行 I/O 接口控制、参数设置、参数查询、通信模式选择以及射频标签的读取、ID 号扫描及显示等）。读写器和天线之间经管道通过射频电缆相连。固定式 RFED 读写器的安装与标签位置如图 2-45、图 2-46 所示。

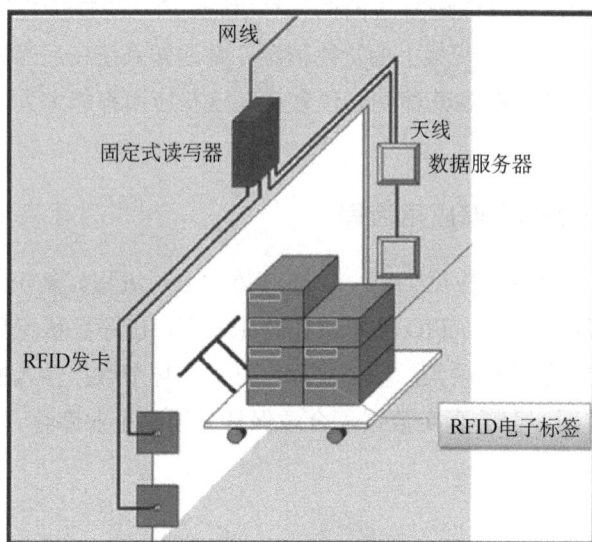

图 2-45　固定式 RFID 读写器的安装和标签位置示意图

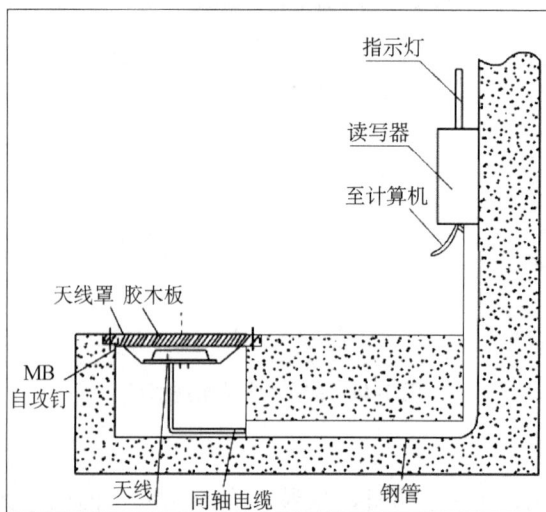

图 2-46　固定式 RFID 读写器的安装图

2．出入库及在库作业流程

1）标签初始化

对货物标签和库位标签进行初始化发卡，根据企业物料编码规则，对货物标签和库位标签进行编码，利用 RFID 标签打印机，将编码信息写入电子标签中。

在入库前，按照物品本身的特性，对生产线下线的产品或其他货物安装匹配的 RFID 货物标签，货物标签记录货物的信息，将标签的信息和物品在后台数据库进行关联。安装好货物标签后，将货物按照规则摆放，等待入库。

为每个库位安装一个标识牌，给每一标识牌贴上电子标签，该标签将作为库位标签。库位标签中存储能够唯一标识此货位的 ID 号，工作人员通过 RFID 手持机，读取标签上的 ID 号码，可调用后台系统数据库，获取其中的存储信息，包括物品的种类、名称、型号、单位、单价、生产日期、保质期、性能等。

2）出入库

入库作业：安装好货物标签的货物经过入库口，安装在入库口处的 RFID 读写器读取货物标签。RFID 读写器将批量读取此次入库的所有货物上的标签信息，并将标签信息上传到后台系统，后端的应用软件接收到标签信息后，跟后台的数据库进行关联查询，并标记该物品的入库记录。通过对每个 RFID 电子标签中货物的规格、型号、工艺等信息进行核对，以确定是否为同一类货物品种。当扫描正确时，系统通过入库扫描校对指示灯显示通行状态，同时系统自动分配库位信息并通过入库人机交互显示其位置；当扫描不正确时，系统通过入库扫描校对指示灯显示禁止通行状态，同时系统通过入库人机交互显示错误信息。

进入仓库后，仓管人员将货物放到货位上后，使用 RFID 手持机读取货位标签和货物标签，完成货物信息与入库库位信息的绑定，同时将绑定信息上传到后台，整个入库流程完成，如图 2-47 所示。

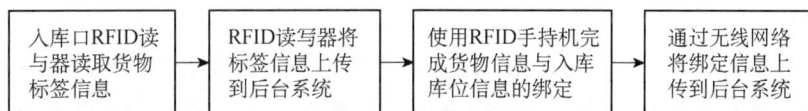

入库口RFID读写器读取货物标签信息	→	RFID读写器将标签信息上传到后台系统	→	使用RFID手持机完成货物信息与入库库位信息的绑定	→	通过无线网络将绑定信息上传到后台系统

图 2-47　入库作业流程

出库作业：出库是反向操作流程，货物从货位上被拣选出来并执行出库，出库口 RFID 读写器将会读取所有货物的标签信息，这些信息被上传到后台管理系统，后台管理系统将这些信息与出库单信息进行核对，如提示正确，就可以正常出库，完成货物的出库流程。

3）移库

当一批货物的出库配送工作接近尾声，库存不多时，又收到下一批大宗货物入库通知，此时就需要进行移库，腾出库位以备新的货物用。执行

微课视频
二维码链接
（2-2-006）
RFID 在出库作业的应用

移库操作需要使用 RFID 手持机。

首先用 RFID 手持机读取需要进行移库的货物所在库位的库位标签，然后将货物转移到目标库位，再使用 RFID 手持机读取新库位的库位标签，后台系统自动进行新库位信息的更新，完成移库操作，如图 2-48 所示。

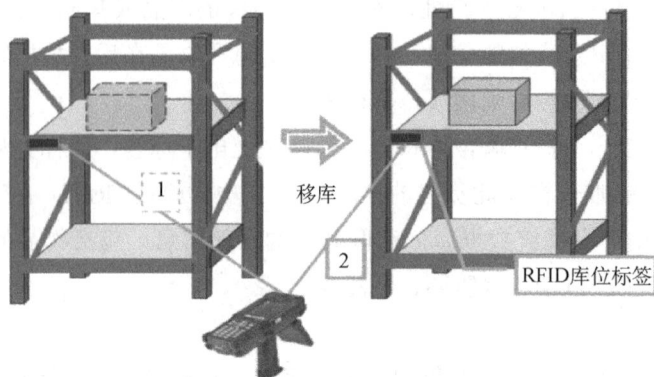

图 2-48　RFID 移库示意图

4）盘点

仓库盘点是指按照常规的要求进行周期性的仓库货物清理工作，以便及时掌握库存货物的现状。盘点时，系统将盘点任务下载到 RFID 手持机端，库管人员持手持机到任务给定仓库，读取仓库内所有库位标签，即可完成对在库货物信息的盘点。

【相关阅读】

从整体上来看，国内 RFID 应用的主要市场在身份识别、交通管理、军事与安全、资产管理和物流与仓储等领域。而 RFID 在国外的应用中，零售和运输物流占据绝对的主力。两者相加约为整个市场的 40%。沃尔玛、麦德龙和 Zara 等服装零售龙头企业已经全面部署 RFID 应用。

出于成本等方面的考虑，虽然 RFID 标签很多都是在国内生产，但其在消费领域的应用却多见于国外企业。典型的案例如迪卡侬，其在全球的门店及 85%以上产品都运用了 RFID 标签。在国内的消费领域，除了噱头满满的"无人零售店"，也有一些服装行业的公司开始尝试运用这项技术。

2014 年，海澜之家正式启动了 RFID 流水化读取系统的研发工作，并选定了 3 家企业作为海澜之家 RFID 流水化读取系统的标签供应商。海澜之家向选定的 RFID 标签供应商提供商品品号、色号、规格、数量等 SKU 信息，RFID 标签供应商负责将这些信息写入芯片并发往服装生产商，再由服装生产商将带有 RFID 标签的吊牌绑到服装上。2017 年，海澜之家召开 RFID 电子标签供应商招标会，电子标签采购项目规模达 1.5 亿片。

综上，在消费领域，目前 RFID 标签的运用还局限在物流、销售方面，生产环节应用较少；大公司、创业类公司的推进动力较强，中小公司、中间环节较多的公司推进意愿弱。

长期来看，随着 RFID 标签成本的下降、劳动力成本的上升、国际标准的统一，RFID标签可以在更多领域代替条码。同时，可以预测，最先行动的一定是行业内的领头企业（从开始测试到上量需要 3~5 年时间），并逐渐向行业内的中小企业普及。

相关供应商方面，初期，用户更倾向聘用规模较小的 RFID 研发公司做初步试验，但随着 RFID 应用愈来愈广泛，大公司会转投大型的、较有口碑的商业科技伙伴，因为它们早就有良好的软、硬件开发能力。ABI Research 预计，虽然 Avery Dennison、TI、菲利浦、斑马、Cisco、IBM、微软、甲骨文等大公司都不是以 RFID 为最主要业务的，但会是RFID 浪潮中的最大赢家，现有以 RFID 为主项的小公司难以是它们的对手。但由于这些大公司不是最精于 RFID，它们会与专营 RFID 的小公司结成伙伴，甚至并购以尽快获得更高技术。

短期来看，"无人零售店"还难成为 RFID 技术的下一个爆发点，但却是 RFID 技术在消费零售领域的一次新的尝试。当然，RFID 技术只是"无人零售店"吸引关注的众多原因之一，这种新零售形式的价值还在于对线下顾客消费大数据的搜集。整体来看，无人零售店仍处于技术探索的早期，做到真正的无人值守为时尚早。"全封闭玻璃"建设的缤果盒子体验店，在夏日普遍 35℃的高温情况下，室内温度竟高达 40℃，只能"由于技术调试，暂时停运"。因此，相比起"无人零售店"，RFID 芯片或许会率先出现在我们的衣橱里。

任务三　电子产品代码（EPC）

一、EPC 的基本概念

1. 什么是 EPC

EPC（Electronic Product Code）即电子产品代码，是一种编码系统。它建立在 EAN·UCC（全球统一标识系统）条形编码的基础之上，并对该条形编码系统做了一些扩充，用以实现对单品的标识。

课件 2-003
任务三　电子产品
代码（EPC）

2. EPC 编码体系

根据 EAN·UCC 体系，EPC 编码体系也分为如下 5 种。

（1）SGTIN：系列化全球贸易标识代码（Serialized Global Trade Identification Number）。

（2）SGLN：系列化全球位置码（Serialized Global Location Number）。

（3）SSCC：系列货运包装箱代码（Serial Shipping Container Code）。

（4）GRAI：全球可回收资产标识符（Global Returnable Asset Identifier）。

（5）GIAI：全球个人资产标识符（Global Individual Asset Identifier）。

二、EPC 系统的构成

EPC 系统是一个综合性的复杂的系统，它由全球产品电子代码（EPC）的编码体系、射频识别系统及信息网络系统三部分组成，主要包括 6 个方面，如表 2-7 和图 2-49 所示。

表 2-7　EPC 系统的构成

系统构成	名称	注释
全球电子产品代码（EPC）编码体系	EPC 编码标准	识别目标的特定代码
射频识别系统	EPC 标签	贴在物品之上或者内嵌在物品之中的标签
	读写器	识读 EPC 标签的设备
	Savant（神经网络软件）	EPC 系统的软件支持系统
信息网络系统	对象名称解析服务	物品及对象解析
	实体标记语言（Physical Markup Language，PML）	是一种通用的、标准的对物理实体进行描述的语言
	EPC 信息服务（EPCIS）	提供产品信息接口，采用可扩展标记语言（XML）进行信息描述

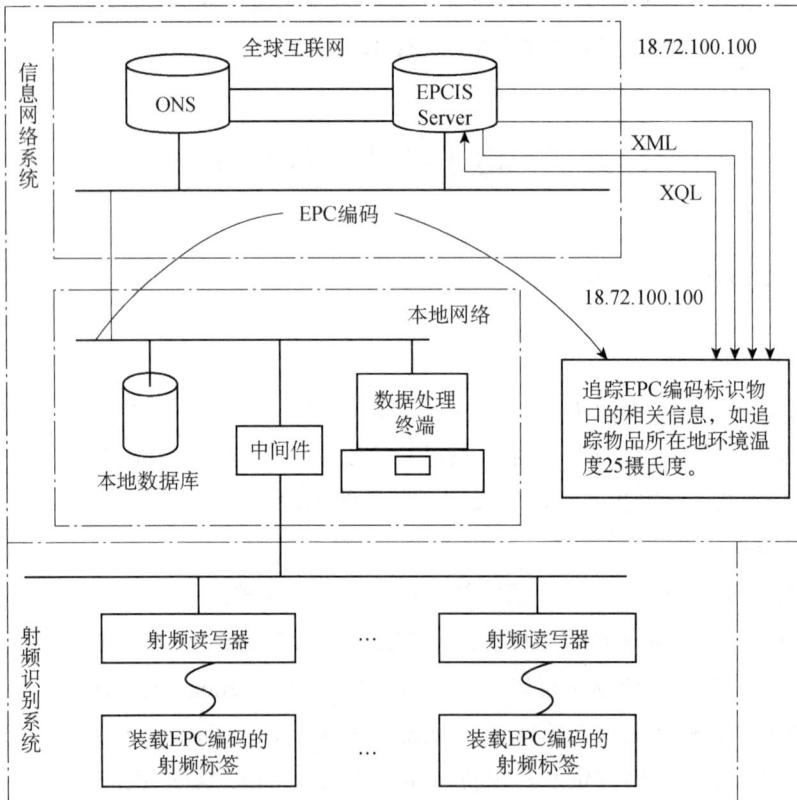

图 2-49　全球电子产品代码（EPC）编码体系

3．EPC 技术的特点

EPC 系统制定相关标准的目标主要包括如下几个方面。

（1）在贸易伙伴之间促进数据和实物的交换，鼓励使用 EPC 系统。

（2）所有的接口均按开放的标准来实现。

（3）该系统可以在不同软、硬件平台上实现。

（4）可以对用户的需求进行相应的配置；支持整个供应链；提供了一个数据类型和操作的核心，同时也提供了为某种目的而扩展核心的方法；标准是可以扩展的。

（5）该系统可以全方位地提升企业的操作安全性。

（6）该系统可以确保个人和企业数据的保密性。

（7）该系统被设计为符合工业结构和标准。

三、EPC 编码

EPC 编码是 EPC 系统的重要组成部分，它是指对实体及实体的相关信息进行代码化，通过统一且规范化的编码建立全球通用的信息交换语言。

EPC 编码是在原有全球统一编码体系基础上提出的，是新一代全球统一标识编码体系，是对现行编码体系的一个补充。它与 EAN·UCC 编码兼容。在 EPC 系统中，EPC 编码与现行 GTIN（全球贸易项目代码）相结合，因此 EPC 并没有取代现行的条码标准，而是由现行的条码标准逐渐过渡到 EPC 标准，或者是在未来的供应链中和 EAN·UCC 系统共存。

（一）EPC 技术的特点

1．EPC 技术的优势

EPC 网络实现了供应链中贸易项信息的真实可见性，让组织运作更具效率。确切地说，通过高效的、顾客驱动的运作，供应链中的诸如贸易项的位置、数目等即时信息会保证组织对顾客需求做出更灵敏的反应。EPC 标签实现了自动的、无须在视线范围内的识别。这一令人激动的技术有可能成为商品唯一识别的新标准，但它的实现必须靠市场和消费者的需求来推动。我们将长期生活在条码和 EPC 标签共存的世界中。

2．EPC 网络的开发是一项全球性行动

EPC 网络的开发是一项全球性行动。在开发 EPC 网络的过程中，已得到世界上 100 多家公司的赞助，这些公司代表了各行各业的不同需求和利益。

EPC Global 秉承了 EAN·UCC 的传统，而且 EAN·UCC 代表着世界范围内 100 多个成员组织，这些成员组织拥有遍布 102 个国家的 100 多万成员。

3．EPC 网络能够为快速消费品以外的行业提供解决方案

当今在大多数行业中，已经有很多在供应链中实施 EPC 网络的成功案例。纵观所有

的垂直行业，EPC 网络带来的前景是通过更加快速和准确的发货和收货流程来减少库存，降低分销成本，加快交货，并提高分拣和包装操作的效率。在政府部门中，EPC 网络能为不同机构提供资产管理平台。此外，还有很多潜在可以使用 EPC 网络的场合。

（二）EPC 编码的原则

1．唯一性

EPC 提供对实体对象的全球唯一标识，一个 EPC 编码只标识一个实体对象。为了确保实体对象具有唯一标识，EPC Global 采取了以下措施。

（1）足够的编码容量。EPC 编码元余度如表 2-8 所示。从世界人口总数（大约 76 亿）到大米总粒数（粗略估计为 1 亿亿粒），EPC 有足够大的地址空间来标识所有这些对象。

表 2-8　EPC 编码元余度

比特数	唯一编码数	对象
23	6.0×10^6/年	汽车
29	5.6×10^8/年，使用中	计算机
33	6.0×10^9/年	人口
34	2.0×10^{10}/年	剃刀刀片
54	1.3×10^{10}/年	大米

（2）组织保证。必须保证 EPC 编码分配的唯一性，并探求解决编码冲突的方法。EPC Global 通过全球各国编码组织来负责分配各国的 EPC 编码，并建立了相应的管理制度。

（3）使用周期。对于一般实体对象而言，EPC 编码的使用周期和实体对象的生命周期一致；对于特殊的产品而言，EPC 编码的使用周期是永久的。

2．简单性

EPC 的编码既简单，又能提供实体对象的唯一标识。以往的编码方案很少能被全球各国各行业广泛采用，原因之一是编码复杂。

3．可扩展性

EPC 编码留有备用空间，具有可扩展性，确保了 EPC 系统的升级和可持续发展。

4．保密性与安全性

EPC 编码与安全和加密技术相结合，具有高度的保密性和安全性。保密性和安全性是配置高效网络要解决的首要问题之一，安全的传输、存储是 EPC 被广泛采用的基础。

（三）EPC 编码关注的问题

1．生产厂商

目前世界上的公司估计超过 2500 万家，考虑今后的发展，10 年内世界上的公司有望达到 3900 万家，因此，EPC 编码中的厂商代码必须具有一定的容量。

2．内嵌信息

在 EPC 编码中不应嵌入有关产品的其他信息，如货品重量、尺寸、有效期、目的地等。

3．分类

分类是指对具有相同特征和属性的实体进行的管理和命名。这种管理和命名的依据不是实体的固有特征和属性，通常是管理者的行为。例如，一罐颜料在制造商那里可能被当成库存资产，在运输商那里则可能是"可堆登的容器"，而回收商则可能认为它是有毒废品。在各个领域，分类依据是具有的相同特点，而不是物品的固有属性。

4．批量产品编码

应给一个批次内的每一样产品都分配唯一的 EPC 编码，也可将该批次视为一个单体对象，分配一个批次的 EPC 编码。

5．载体

电子标签是 EPC 编码存储的物理媒介，对所有的载体来讲，其成本与数量成反比。EPC 要想被广泛采用，必须尽最大可能地降低成本。

（四）EPC 编码的格式

国际物品编码协会（GSI）的 EAN·UCC 规范为全球商品类别管理提供了配套的商品条码编码格式，GSI 的 EPC 规范为全球单品管理提供了配套的 EPC 编码格式。

下面归纳了当前全球应用于开放式、非开放式及军事领域的 EPC 编码格式，这些格式均符合编码标准的相关要求，其适用领域如表 2-9 所示。

表 2-9　常用的 EPC 编码格式及使用领域

编码方案	适用领域	参考标准	编码格式		标识对象
			符号	格式	
开放式	供应链管理（SCM）	物品电子编码基于射频识别的贸易项目代码编码规则	SGTIN	SGTIN-96	全球消费贸易单元（CPG）、全球配销贸易单元（SKU）、全球单一物流/零售单元
				SGTIN-198	
		物品电子编码基于射频识别的物流单元编码规则	SSCC	SSCC-96	全球物流单元（SPU）
		物品电子编码基于射频识别的参与方位置编码规则	SGLN	SGLN-96	全球参与方位置
				SGLN-195	
		物品电子编码基于射频识别的参与方位置编码规则	GRAI	GRAI-96	全球可回收资产
				GRAI-170	
			IVID	96-IVID	全球流动的单个资产
				GIAI-202	

续表

编码方案	适用领域	参考标准	编码格式		标识对象
			符号	格式	
非开放式	非SCM	EPC规范：射频识别标签数据规范1.4版（英文版）	自定义	自定义	非供应链管理项目的各种RFID标识对象
非与开放式	所有领域	EPC规范：射频识别标签数据规范1.5版（英文版）	GID	GID-96	泛指所有对象
专用方案	美国军方	美国国防部供应商RFID指南	DoD	DoD-64	供应美国国防部的军用物资
				DoD-96	

（1）供应链管理的信息标识编码。EPC规范与EAN·UCC规范同属于GSI的国际标准体系。EPC编码体系则是在21世纪初与物联网概念同时诞生的，为RFID配套的标签编码体系。EPC编码体系参照了EAN·UCC体系的编码格式，并包括了EAN·UCC数据的基本内容，所以EPC的数据来自EAN·UCC数据的转换顺理成章。

（2）通用的RFID信息标识编码。EPC规范定义了一种独有的不依据任何原有编码格式转换器的GID编码类型通用标识，原则上适用于所有的标识对象。但是由于EPC提供了已经普遍应用于供应链管理领域的全面的、成熟的编码格式，通用标识应该主要满足非供应链管理项目的非开放式RFID项目的应用需求。

（3）美国国防部专用的RFID信息标识编码。美国国防部可以说是全球RFID应用的鼻祖，其DoD标识是EPC体系标识类型的组成部分，美国国防部要求其供应链均使用DoD标识。美国国防部修改了供应链电子数据交换的EDI传输格式，供应商将DoD-64或DoD-96作为EDI的唯一编码，通过EDI系统发送一个提前发货通知。美国国防部在接收货物时使用DoD-64或DoD-96标签与发货通知信息关联，实现了EDI系统与RFID系统的互联。

在此只对编码格式进行一般性的介绍，供读者参考。下面将重点讨论适用于供应链管理的编码格式及其相互转换方法。

（五）EAN编码和EPC编码互相转换

根据前面几节的分析，可以看出条码和RFID数据之间存在对应关系。在条码和RFID数据将长期共存的现状下，不可避免地要在两者之间进行转换。常见的EAN编码（GTIN和SSCC）和其对应的EPC编码之间的转换关系如图2-50所示。

EAN编码主要由扩展位、国家代码、厂商代码、产品代码、校验位等几部分组成；而EPC编码主要由标头、滤值、分区、国家代码、厂商代码、产品代码、序列号等几部分组成。各代码之间只是组织形式不同而已。因此，它们之间互相转换的过程就是将源码的各部分分开，再按照目标码的规则变换、组合起来的过程。

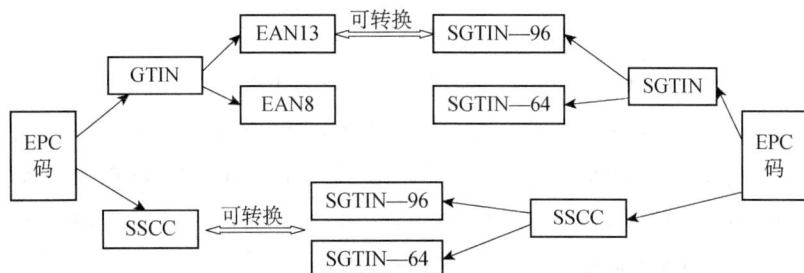

图 2-50 常见的 EAN 编码和其对应的 EPC 编码之间的转换

1. EAN 编码到 EPC 编码的转换及举例

EAN 编码到 EPC 编码的转换主要有以下几个步骤：①分类；②分段、赋值；③转换；④组合。下面以将 EAN 编码"6901010101098"转换成 96 位 EPC 编码为例，详述其转换过程。

步骤 1：分类。首先分清源码和目标码的类型。作为源码，EAN 编码的类型从代码长度上就可以看出，即 EAN-13 的长度为 13 位，EAN-8 的长度为 8 位，SSCC 的长度为 18 位。由图 2-50 可以看出它们可对应转换的目标 EPC 编码类型，然后根据实际需要确定目标码的长度。例如，EAN 编码"6901010101098"是一个 EAN13 码，相应的目标码是 SGTIN-96。

步骤 2：分段、赋值。按照不同 EAN 编码的编码规则，可以将扩展位、国家代码、厂商代码、产品代码、校验位等分离出来。同时，由于 EAN 编码中没有 EPC 编码的厂商识别码，所以应对照要求将这些代码的值表示并计算出来。另外，序列号是管理者，也就是厂家赋给每个产品的代码，在 EAN 编码中没有体现，因此将其转换为 EPC 编码时还要将这个代码调查清楚并体现在转换过程中。SSCC 编码的第一位为扩展位，分段后将其连接到序列号之后。

根据上述原则，下面来看 EAN-13 编码"6901010101098"的转换过程。首先它是 GTIN，没有扩展位，因此其前三位"690"就是国家代码，厂商代码为"1010"，则目标 EPC 编码的厂商识别码就是"6901010"，产品代码为"10109"，校验位为"8"。要想转换为 SGTIN-96，则标头就是"00110000"，滤值（也就是包装类型）需要根据实际情况选择，这里假设为包装箱（011）。在常用的 EAN-13 编码中，厂商识别码为 7 位，则目标码的分区值为 5（101）；EAN-13 编码中没有指示符数字（也就是扩展位），因此在产品代码前加"0"构成 6 位，作为 EPC 编码的产品代码；最后给序列号赋值，假设为"1234567"。

步骤 3：转换。转换的过程其实就是将各段代码由十进制数转化为二进制数的过程。这里不再赘述。注意，所得各段二进制数的位数不一定与 EPC 编码要求的位数相同，因此要在前面补零。"6901010101098"经过转换后，结果不足 24 位，因此应在前面补零，结果为"0110 1001 0100 1101 0001 0010"。产品代码"010109"在 EPC 编码中应为 20 位，加上补零后的转化结果为"0000 0010 0111 0111 1101"。同理，序列号转化为"00

0000 0000 0000 0001 0010 1101 0110 1000 0111"。

步骤4：组合。经过转换得到的二进制数就是符合 EPC 编码规则的编码了，最后将其按照 EPC 编码的组合顺序连接起来即可。EAN 编码 "6901010101096" 加上外包装类型和序列号，转化为 EPC 编码的结果为 0011 0000 0111 0101 0011 0100 0000 1001 1101 1111 0100 0000 0000 0000 0001 00101101 0110 1000 0111。为方便阅读，将其转化为十六进制数，即 3075A5344809DF400012D687。至此全部转换完成。

2．EPC 编码到 EAN 编码的转换及举例

EPC 编码转换为 EAN 编码与 EAN 编码转换为 EPC 编码的步骤也大致相同，下面简要分析。

步骤1：分类。首先由 EPC 编码的标头和代码长度可以看出其所属类型，如表 2-10 所示。然后由其所属类型可以确定目标码的类型，再根据实际需要确定目标码长度。

表2-10　EPC 编码的编码方案

标头值	长度（位）	EPC 编码类型
0011 0000	96	SGTIN-96
10	64	SGTIN-64
0011 0001	96	SSCC-96
0000 1000	64	SSCC-64

步骤2：分段、赋值。根据不同 EPC 编码的类型，按照其编码规则可以将标头、滤值、分区、公司前缀、项目参考代码、序列号逐一分开，如表 2-11 所示。

表2-11　EPC 编码转换为 EAN 编码举例

	标头	滤值	分区	公司前缀	项目参考代码	序列号
	8 位	3 位	3 位	24 位	20 位	38 位
SGTIN-96	00110000（二进制值）	3（十进制值）	5（十进制值）	0614141（十进制值）	100734（十进制值）	2（十进制值）

①（01）是 GTIN 的应用标识符，（21）是序列号的应用标识符。应用标识符用在一些条码上。标头在 EPC 上满足该功能（包括其他）。

②SGTIN-96 的标头是 00110000。

③此例选择滤值 3（单一货运/消费者贸易项目）。

④公司前缀为 7 个数位（0614141），分区值为 5，这表示公司前缀有 24 位，项目参考代码有 20 位。

⑤指示符数位 1 作为项目参考代码的第一个数位被重置。

⑥校检数位 6 被省略。

步骤3：转换。上述代码是二进制数，将它们分别转化为十进制数即可。

步骤4：组合。将上述所得的十进制数代码组合起来，就得到了目标 EAN 编码的基

本部分。这里只说明两点：

①校验码由 EAN 编码的基本部分计算得到。

②SSCC 码中存在扩展位，因此需要将步骤 3 中得到的十进制序列号的首位取出作为扩展位，连接到目标 EAN（SSCC）码的首位。

【相关阅读】

西班牙儿童服装生产商采用 EPC Gen 2 标签追踪单品服装

2008 年，西班牙儿童服装生产商和零售商 Boboli 开展了一项利用 RFID 识别单件服装并评估其商业价值的测试项目。公司希望通过该项目在提高货物接收速度的同时，也提高公司处理和发向零售店的货品量。

项目选定在 Boboli 巴塞罗那主配送中心，目标为提高货品接收和发出的效率、准确性，及加快配送中心将服装送往各零售店的速度。一家服装供应商加入了这个阶段的测试，负责供应配送中心 10%的货物。该供应商为每件物品附一张含 Tagsys Rapid TRAK RFID UHF 无源 EPC Gen 2 嵌体的使用标签，嵌体预编 EPC 码，包括服装的式样、尺寸信息及一个唯一的识别码。

在配送中心，装载贴标服装的货箱放在一个传送带上，经过一台通道式 Tagsys 阅读器。阅读器天线安装在传送带周围，当货箱经过通道时，天线从 3 个方向（顶部和两侧）读取货箱里的标签。阅读器将过滤和传送读取到的 EPC 数据至 Tagsys econnectware 软件，软件对比这些 EPC 码和配送中心提前收到的发货通知，确保收到货品的完整性。当所有货品标签被读取后，如果阅读器检测到短缺或过量的情况，Tagsys econnectware 软件将发送警报给配送中心的相关人员。

Boboli 通过利用 RFID 系统代替传统的条码扫描来自动化处理配送中心的货品接收，提高了盘点的精确性，加快产品运往零售店的速度，帮助零售店维持或提高销售额。

（资料整理来源：http://news.rfidworld.com.cn/2008_6/20086171130475428.html）

基础测试题

一、判断题

1. 一个完整的条码一般由左侧空白区（也称静区）、起始符、数据符、中间分隔符（可选）、校验符、终止符、右侧空白区及供人识别的字符等组成。 （ ）

2. EAN 条码是国际物品编码协会制定的一种条码。 （ ）

3. 条码扫描器，又称为条码阅读器，俗称巴枪，其作用是读取条码所表示的内容，利用光学原理，把条码的内容解码后通过有线或者无线的方式传输到计算机或者其他终端设备，条码扫描器通常由光源、接收器、译码电路、计算机接口组成。（　　）

4．条码扫描器按照扫描方式不同可分为激光（分单城和全向多缕）条码扫描器和影像条码扫描器。（　　）

5．EAN·UCC 系统是由全球第一贸易标准化组织（GS1）研究制定，并在全球广泛使用的一套全球通用的物品、位置及服务关系标识系统及相应电子商务标准。（　　）

6．当物体、人流经阅读器时，阅读器会自动扫描标签上的信息，并把数据信息输入数据管理信息系统存储、分析、处理，达到控制物流的目的。（　　）

7．Code 93 码的密度要比 39 码高，所以在面积不足的情况下，可以用 93 码代替 39 码。（　　）

8．空白区宽度会导致条码符号误读或拒读。（　　）

9．标签可以是只读的、读/写兼具的或写一个/读多个的形式；可以是"主动式"的，也可以是"被动式"的。（　　）

10．一个批次内的每一样产品都分配唯一的 EPC 编码，也可将该批次视为一个单体对象，分配一个批次的 EPC 编码。（　　）

二、单项选择题

1．与一维条码相比，以下哪一个是二维条码的特点？（　　）

A．信息密度低，信息容量较小　　　　B．信息密度高，信息容量大

C．信息密度低，信息容量大　　　　D．信息密度高，信息容量较小

2．下列条码属于二维条码的是（　　）。

A．EAN-128　　　B．ITF-14　　　C．EAN-13　　　D．PDF417

3．条码的编码方法指条码中条和空的编排规则及符号表示方法，一般有（　　）和模块组配编码法两种方法。

A．长度调节编码法　　　　B．宽度调节编码法

C．单元组配编码法　　　　D．模块调节编码法

4．（　　）码是由美国统一代码委员会制定的一种条码。

A．EAN　　　　B．UPC　　　　C．Code 128　　　D．交叉 25

5．EPC 是指（　　）。

A．电子数据交换技术　　　　B．射频识别技术

C．产品电子代码　　　　D．地理信息系统

6．商品条码 EAN-13 的前缀码是用来表示（　　）的代码。

A．商品项目　　　　B．厂商

C．各编码组织所在国家地区　　　　D．国际编码组织。

7．商品条码 EAN-13 的校验码由（　　）位数字组成，用以校验条码的正误。

A．1　　　　　　　B．2　　　　　　　C．3　　　　　　　D．4

8．国际上通用的和公认的三种物流条码中，一般企业最常用的是（　　）。

A．ITF-14　　　　　　　　　　　B．UCC/EAN-128

C．EAN-13 条码　　　　　　　　D．EAN-8 条码

9．条码识读器通常由光源、接收装置、（　　）、译码电路和计算机接口组成。

A．发射装置　　　　　　　　　　B．数据库

C．光电转换部件　　　　　　　　D．天线

10．一维条码和二维条码最大的区别在于（　　）。

A．一维条码容量小，二维条码容量大

B．一维条码本身没意义，使用时借助后台数据库，而二维条码本身可存储丰富的信息

C．一维条码是线性的，而二维条码是线性堆叠式的，或矩阵式的

D．一维条码编码范围小，二维条码编码范围广

三、多项选择题

1．条码扫描器按照操作方式不同可以分为（　　）和（　　）。

A．免持式条码扫描器　　　　　　B．手持式条码扫描器

C．激光条码扫描器　　　　　　　D．影像条码扫描器

2．GS1（全球第一贸易标准化组织）由（　　）和（　　）合并而成。

A．中国物品编码协会　　　　　　B．欧洲物品编码协会

C．国际物品编码协会　　　　　　D．美国统一代码委员会

3．二维条码可以分为（　　）和（　　）。

A．堆叠式　　　　　　　　　　　B．平衡式

C．矩阵式　　　　　　　　　　　D．交叉式

4．矩阵式二维条码有：（　　）、（　　）、（　　）和 CodeOne 等。

A．QR Code　　　　　　　　　　B．Data Matrix

C．PDF417　　　　　　　　　　 D．Maxi Code

5．RFID 根据标签供电方式不同可分为（　　）、（　　）、（　　）。

A．有源电子标签　　　　　　　　B．无源电子标签

C．半无源电子标签　　　　　　　D．高频电子标签

6．EPC 编码原则有（　　）。

A．唯一性　　　　　　　　　　　B．简单性

C．可扩展性　　　　　　　　　　D．保密性与安全性

7．EPC 研究的主要内容包括（　　）。

A．电子代码编码体系   B．代码分析系统

C．代码射频识别系   D．代码信息网络系统

8．码技术的研究对象主要包括（   ）。

A．编码规则   B．符号表示技术

C．识读技术   D．印刷技术

E．应用系统设计

9．图书号 ISBN 以（   ）为前缀。

A．975   B．987

C．978   D．868

10．行排式二维条码中具有代表性的码制有（   ）。

A．PDF417 条码   B．Code 49 条码

C．Code 16K 条码   D．QR Code 条码

2-004
项目二 基础
知识测试
参考答案

四、思考题

1．一维条码和二维条码的区别在哪里？

2．简述 RFID 的基本原理。

3．二维条码有何特点？其应用在哪些方面？

技能项目实训

条码/RFID 技术的使用

【实训目的】

了解条码技术和 RFID 技术在生产实际与物流活动中的应用，熟练操作条码与 RFID 设备和系统完成实训项目。

【实训要求】

1．条码

（1）根据要求安装相应的条码编制软件。

（2）根据商品的性质并按照条码规范对条码进行设置。

（3）按照要求打印出条码。

（4）在条码数据库中查找条码和商品对照表，并能进行修改。

（5）使用条码扫描系统对条码进行扫描和识别。

2．RFID 技术

（1）根据 RFID 设备特点进行设置。

（2）使用 RFID 扫描设备扫描商品获取信息。

（3）根据使用情况总结 RFID 和条码的区别。

（4）查找相关资料，撰写 RFID 目前的发展状况及未来的发展趋势报告。

【考核方式】

（1）将全班学生分成几组，每组 3~4 人。

（2）项目小组在进行项目之前，查阅或学习相关的理论知识点。

（3）教师准备好计算机、打印机等硬件和相关软件。

（4）扫描枪根据学校情况进行选择。

项目三　物流信息储存与传输技术应用

学习目标

知识目标

1. 掌握数据库、大数据、云计算的定义及特点;
2. 掌握 EDI 系统的构成及工作流程;
3. 掌握计算机网络的构成及种类;
4. 掌握移动互联网的定义和特点。

能力目标

1. 掌握常见的数据库、大数据技术、云计算技术的使用方法;
2. 能熟练使用物流 EDI、计算机网络、移动互联网;
3. 提升新技术的学习能力、使用能力以及团队合作能力。

知识结构图

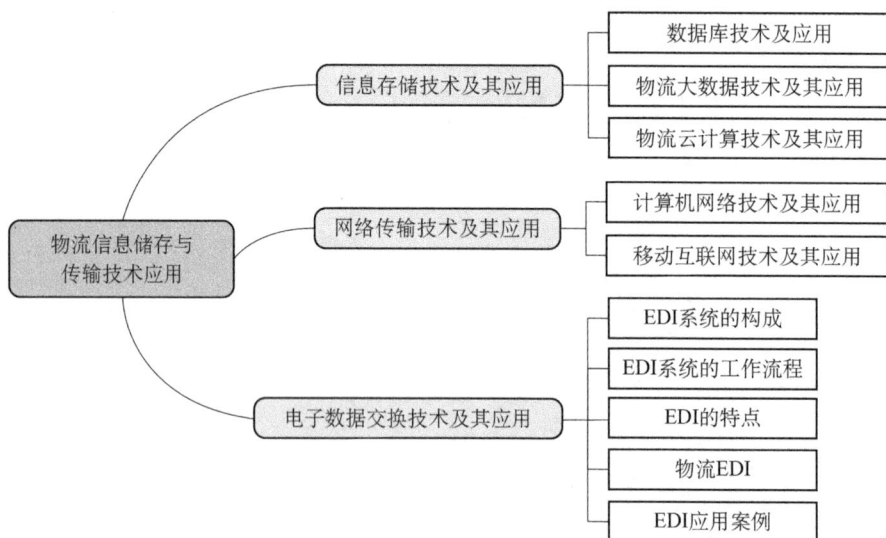

职业标准和岗位要求

职业功能	工作内容	技能要求	相关知识
信息存储技术知识	信息存储三种技术的把握与应用	熟练掌握信息存储的概念与应用；掌握数据库技术；熟练掌握大数据技术；熟练掌握物流云计算；了解以上三种技术的应用	数据库在物流行业的应用；大数据的分类及应用；云计算的特点；云物流与云计算的关系及其应用领域
网络传输技术与应用	计算机与互联网技术的应用	掌握计算机网络概念及构成；掌握计算机网络分类与应用；了解互联网技术定义和特点	计算机网络概念、构成、结构和分类；移动互联网的定义与特点；计算机网络与移动互联网的应用；移动互联网的发展趋势
EDI 的知识认知	EDI 的基础知识应用	熟知 EDI 的概念与构成；了解 EDI 的特点；熟练掌握 EDI 工作流程；能准确把握 EDI 技术的应用	EDI 知识；EDI 系统；EDI 工作原理
	物流 EDI 的知识的把握	熟知物流 EDI 的定义与优点；把握物流 EDI 的结构与工作流程	EDI 技术；EDI 数据处理

案例导入

　　创立于 1968 年的美的集团，是一家以家电业为主，涉足房产、物流等领域的大型综合性现代化企业集团，旗下拥有四家上市公司、四大产业集团，是中国最具规模的白色家电生产基地和出口基地之一。美的在全球设有 60 多个海外分支机构，产品销往 200 多个国家和地区，年均增长速度超过 30%。2010 年，美的集团整体实现销售收入达 1150 亿元，其中出口额 50.8 亿美元，名列中国企业 100 强。

　　随着自身业务在全球范围内的不断扩大，美的已经形成了一个覆盖全球，从生产制造、供应商、物流、渠道到客户的庞大企业供应链群。2010 年，美的制订"十二五"发展规划，定下了 5 年内进入世界 500 强，成为全球白色家电前三位的具备全球竞争力的国际化企业集团的发展目标。美的意识到，当前的市场竞争已经由企业与企业之间的竞争变为供应链与供应链之间的竞争，要实现既定目标，成为一个屹立于全球市场的企业，就必须进一步联合上下游的业务伙伴，紧密合作关系，加强供应链一体化管理，共同增强整条供应链的竞争力，实现"敏捷供应链"。

　　敏捷供应链的第一步，便是提升供应链成员在业务合作中大量信息交换的速度和准确性，这将直接影响到整个供应链的运作效率。美的的供应链伙伴群体十分庞大，上下游企业和合作伙伴众多，每年需要交换大量的单据，美的与业务伙伴之间典型的信息交互如图 3-1 所示。

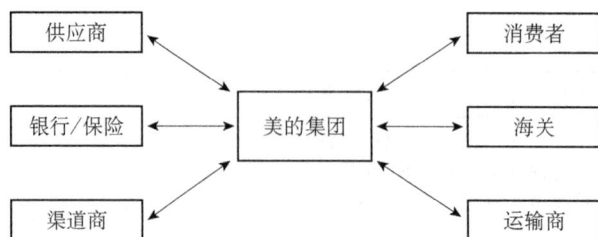

图 3-1　业务伙伴关系图

之前，美的采用人工的方式实现对大量业务单据的接收、处理和发送，需要花费较长时间来完成单据的处理；同时，人工处理方式难免发生错误。为了满足美的与供应链合作伙伴之间的实时、安全、高效和准确的业务单据交互，提高供应链的运作效率，降低运营成本，美的迫切需要利用提供企业级（B2B）数据自动化交互和传输技术，即 EDI（电子数据交换）方案来解决这个问题。

（资料整理来源 https://www.midea.com/cn/）

【项目任务】

任务 1：美的迫切需要信息传输技术的原因是什么？

任务 2：信息传输技术能为美的集团带来哪些好处？

任务 3：分析物流信息化管理的重要性，以及百世物流是如何实现物流信息化管理的？

任务 4：除了 EDI 技术，你还能说出哪些信息传输技术？

知识学习

任务一　信息存储技术及其应用

如今，数据库已和我们的日常生活和工作密不可分，它的应用可以说是深入各个领域当中。例如，企业有自己的经营数据库、人力资源数据库；国家有各种经济数据库、人口数据库等。同样，物流管理的信息化也离不开数据库的支撑。数据库技术主要是研究如何存储、使用和管理数据，已成为现代计算机信息系统和应用系统开发的核心技术和组成核心，是计算机技术中发展最快、应用最广的技术之一，更是未来"信息高速公

课件：3-1
信息存储技术
及其应用

路"的支撑技术之一。

一、数据库技术及应用

（一）数据库概念

数据库技术是现代信息科学与技术的重要组成部分，是计算机数据处理与信息管理系统的核心。数据库技术研究和解决了计算机信息处理过程中大量数据如何有效地组织和存储的问题，在数据库系统中减少数据存储冗余、实现数据共享、保障数据安全及高效地检索数据和处理数据。

数据库技术研究和管理的对象是数据，所以数据库技术所涉及的具体内容主要包括：通过对数据的统一组织和管理，按照指定的结构建立相应的数据库和数据仓库；利用数据库管理系统和数据挖掘系统，设计出能够实现对数据库中的数据进行添加、修改、删除、处理、分析、理解、形成报表和打印等多种功能的数据管理和数据挖掘应用系统；并利用应用管理系统最终实现对数据的处理、分析和理解。

数据库（Database，DB），这个名词起源于 20 世纪 50 年代，顾名思义，就是存放数据的仓库，其实这样的理解是不确切的，实际上数据仓库已经成为数据库技术中的另一个专用名词，是数据库技术的一个新的应用领域。数据库的一般定义为：存储在计算机内的、有组织的、可共享的数据集合。其作用主要是共享数据库中的资源信息。

视频知识点：
3-1-001
数据库的定义
和特点

（二）数据库管理系统与数据库系统

数据库管理系统（Database Management System，DBMS）是一种操纵和管理数据库的大型软件，用于建立、使用和维护数据库。它对数据库进行统一的管理和控制，以保证数据库的安全性和完整性。用户通过 DBMS 访问数据库中的数据，数据库管理员也通过 DBMS 进行数据库的维护工作。它可使多个应用程序和用户用不同的方法在同时或不同时刻去建立、修改和询问数据库。数据库管理系统建立在计算机操作系统之上，位于操作系统和用户之间，将用户应用程序和数据库数据相互隔离，并负责对数据库中的数据进行统一管理和控制，是管理数据库的核心软件。

视频知识点：
3-1-002
数据库系统
视频介绍

数据库系统（Database System，DBS）通常由软件、数据库和数据管理员组成。其软件主要包括操作系统、各种实用程序及数据库管理系统。数据库由数据库管理系统统一管理，数据的插入、修改和检索均要通过数据库管理系统进行。数据管理员负责创建、监控和维护整个数据库，使数据能被任何有权使用的人有效使用。数据库管理员一般是由业务水平较高、资历较深的人员担任。数据库、数据库管理系统和数据库系统的关系如

图 3-2 所示。

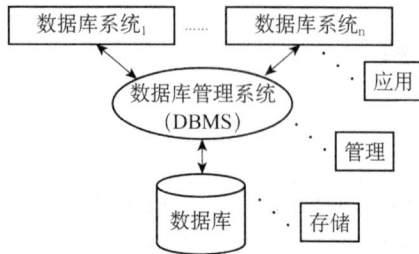

图 3-2　数据库、数据库管理系统和数据库系统关系图

（三）数据库系统的模式结构

数据库系统的模型结构是指数据库系统内部的系统结构。数据库系统的模式结构由概念模式、外模式和内模式三级抽象模式构成。

视频知识点：
3-1-003
数据库系统讲解

1．概念模式

概念模式也称逻辑模式，是数据库中全体数据的逻辑结构和特征的描述，是所有用户的公共数据视图。概念实际上是数据库数据在逻辑级上的视图。一个数据库只有一个概念模式。定义概念模式时不仅要定义数据的逻辑结构，而且要定义数据之间的联系，定义与数据有关的安全性、完整性要求。一个数据库系统只存在一个概念模式。一个概念模式可以支持若干个外模式，但一个外模式只能属于一个概念模式。

2．外模式

外模式也称用户模式，它是数据库用户能够看见和使用的局部数据的逻辑结构和特征的描述，是数据库用户的数据视图，是与某一应用有关的数据的逻辑表示。外模式通常是概念模式的子集。一个数据库可以有多个外模式，应用程序都是和外模式打交道的。外模式是保证数据库安全性的一个有力措施。每个用户只能看见和访问所对应的外模式中的数据，数据库中的其余数据对他们是不可见的。

3．内模式

内模式也称存储模式，一个数据库只有一个内模式。它是数据物理结构和存储方式的描述，是数据在数据库内部的表示方式。例如，记录的存储方式是顺序结构存储还是树结构存储；索引按什么方式组织；数据是否压缩，是否加密；数据的存储记录结构有何规定等。

数据库系统的三级模式之间的关系如下：概念模式是数据库的中心与关键；内模式依赖于概念模式，但独立于外模式和存储设备；外模式面向具体的应用，独立于内模式和存储设备，应用程序依赖于概念模式。

数据库系统的三级模式是靠两层映像联结起来的。所谓映像，是指将数据库的三级模式进行相互转换的规则。数据库系统的三级模式的两层映像具体是指外模式到概念模式的

映像和概念模式到内模式的映像。用户根据外模式进行操作，通过外模式到概念模式的映像进行外模式到概念模式的转换，又通过概念模式到内模式的映像进行概念模式到内模式的转换。数据库系统的三级数据之间的转换是依靠数据库管理系统来完成的，如图 3-3 所示。

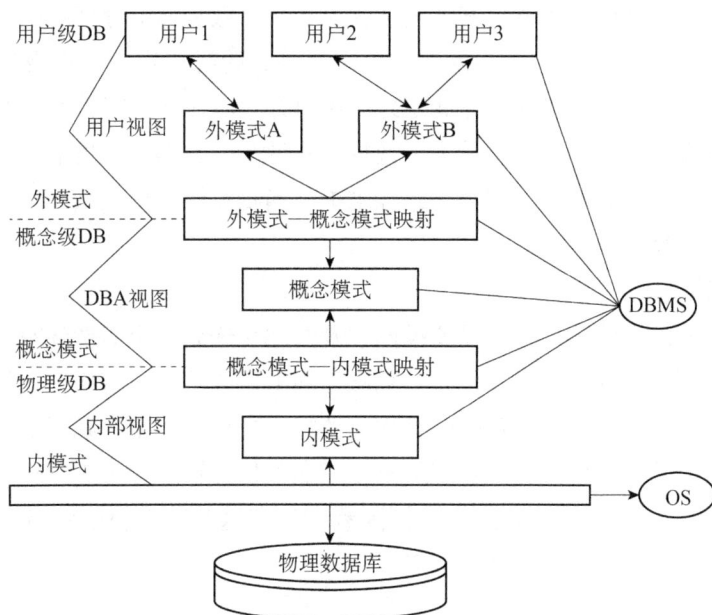

图 3-3　数据库系统的模式结构图

（四）数据库技术在物流行业的应用

数据库在物流管理信息系统中主要应用在数据收集、数据存储、数据传输、数据加工、信息输出 5 个方面。

1. 数据收集

数据收集是指数据库根据物流管理信息系统自身的需求和用户的需要收集相关的数据。数据库中需要收集物料情况、车辆情况、人员情况、客户资料、运输计划等各方面的数据，这些数据为物流计划、报关报检、电子商务、仓储管理、运输调度、配送网络优化、简单加工及业务集成等物流活动提供支撑。

数据收集的方法有手工输入和数据采集终端输入两种。手工输入法是利用人工输入物流数据的传统方法。此法的最大优点是灵活，最大缺点是速度慢、错误率高、可靠性差。数据采集终端包括条码扫描仪、RF 读写器、GPS 货物跟踪终端、手机、PDA 信息发送终端、支付终端等。此法的最大优点是输入速度快、数据准确率高，缺点是对设备的要求比较高，早期投入较大。

高效的数据采集是数据库其他功能得以发挥的前提和基础。如果采集和输入的信息不完全或不正确，在接下来的过程中得到的结果就可能与实际情况相左，会导致严重的后果。因此，在衡量一个物流管理信息系统性能时，应注意它采集数据的完善性、准确性、校验能力及预防和抵抗破坏的能力等。

2．数据存储

数据存储是数据库最主要的功能。在收集到大量的物流数据后，要将这些数据存储到数据库中，供物流管理信息系统的其他功能模块调用。数据库的存储功能就是要保证已得到的物流数据不丢失、不出错、不外泄、整理得当、随时可用。在涉及数据的存储问题时，要考虑到存储量、信息格式、存储方式、使用方式、存储时间、安全保密等问题。

数据库存储数据具有存储数据量大、数据共享性高、数据冗余度低、数据独立性高等优点，便于实现对数据的集中控制和一致性维护。当物流管理信息系统出现故障时，数据库能对数据进行恢复。

3．数据传输

在物流管理信息系统中，数据需要准确、及时地传输到各个职能环节，否则就会失去其价值。这就需要物流管理信息系统具有克服空间障碍的功能，将所有的物流数据都存储到数据库中，当各职能模块需要数据时直接从数据库中调用数据，既保证了调用数据的速度，又保持了数据的一致性。物流管理信息系统在数据传输过程中必须充分考虑所要传输的数据种类、数量、频率、可靠性要求等因素。只有这些因素符合物流系统的实际需要时，物流管理信息系统才有实际使用价值。

4．数据加工

物流管理信息系统收集到大量的物流基础数据并把它们存储到数据库中，这些基础数据往往不能直接利用，需要通过一定的方法把它们加工成可以直接利用的数据，即信息。数据库可以进行一些简单的数据加工，如排序、查询、筛选等。数据加工后获取的信息也可以新的数据形式存储到数据库中。

5．信息输出

信息输出是指数据经加工后获得的信息要通过物流管理信息系统的界面显示出来。信息输出的形式力求易读易懂、直观醒目，这样信息的需求者便可获得需要的信息，然后用这些信息去指导物流活动。

二、物流大数据技术及其应用

（一）大数据技术概述

1．大数据的定义

最早提出"大数据"的是全球知名咨询公司麦肯锡，但截至目前并无统一定义，以下给出几个有代表性的定义供读者参考。

百度百科中大数据的定义为：无法在一定时间范围内用常规软件工具进行捕捉、管理和处理的数据集合，是需要新处理模式才能具有更强的决策力、洞察发现力和流程优化能力的海量、高增长率和多样化的信息资产。

麦肯锡全球研究所给出的定义是：一种规模大到在获取、存储、管理、分析方面大大超出了传统数据库软件工具能力范围的数据集合。

维基百科中大数据的定义为：所涉及的资料规模大到无法通过目前主流的软件工具，在合理时间获取、管理、处理，并整理成帮助企业达到经营决策等更积极目的的资讯。

美国国家标准技术研究院（NIST）对大数据的定义为：数据量大、获取速度快或形态多样的数据，难以用传统关系型数据分析方法进行有效的分析，或者需要大规模的水平扩展才能高效处理。

2. 大数据的特征

首先要从"大"入手，"大"是指数据规模，大数据一般指在10TB（1TB=1024GB）规模以上的数据量。大数据同过去的海量数据有所区别，其基本特征可以用4个V来总结（Variety、Volume、Velocity和Value，即多样性、体量大、速度快和价值密度低）。

第一个V是Variety，数据类别多，海量数据有不同格式。数据来自多种数据源，数据种类和格式日渐丰富，已冲破了以前所限定的结构化数据范畴，囊括了半结构化和非结构化数据。现在的数据类型不仅是文本形式，更多的是图片、视频、音频、地理位置信息等多类型的数据，个性化数据占绝对多数。

第二个V是Volume，数据体量大，指大型数据集，一般在10TB规模左右。但在实际应用中，很多企业用户把多个数据集放在一起，已经形成了PB级的数据量。百度资料表明，其首页导航每天需要提供的数据超过1.5PB（1PB=1024TB），这些数据如果打印出来将超过5000亿张A4纸。有资料证实，到目前为止，人类生产的所有印刷材料的数据量仅为200PB。

第三个V是Velocity，数据化会存在时效性，需要快速处理，并得到结果。在数据处理速度方面，有一个著名的"1秒定律"，即要在秒级时间范围内给出分析结果，超出这个时间，数据就失去了价值。例如，IBM有一则广告，讲的是"1秒能做什么"。1秒，能检测出中国台湾的铁道故障并发布预警；也能发现得克萨斯州的电力中断，避免电网瘫痪；还能帮助一家全球性金融公司锁定行业欺诈，保障客户利益。英特尔中国研究院首席工程师吴甘沙认为，速度快是大数据处理技术和传统的数据挖掘技术最大的区别。大数据是一种以实时数据处理、实时结果导向为特征的解决方案，它的"快"包含数据产生得快和数据处理得快两个层面。

第四个V是Value，数据价值真实性高，但价值密度低。数据的重要性就在于对决策的支持，数据的真实性和质量才是获得真知和思路的最重要因素，是做出成功决策最坚实的基础。大数据来源于企业日常运营中发生的实时数据，因而真实度较高。但是在大数据的采集过程中，大量不相关的信息会同时存在，故大数据的整体价值密度低。以视频为例，连续不间断的监控过程中，有用的数据可能仅有一两秒。

总的来说，多样化（Variety）、大量化（Volume）、快速化（Velocity）、价值真实性高密度低（Value）就是"大数据"的显著特征，如图 3-4 所示，具有这些特点的数据才是大数据。

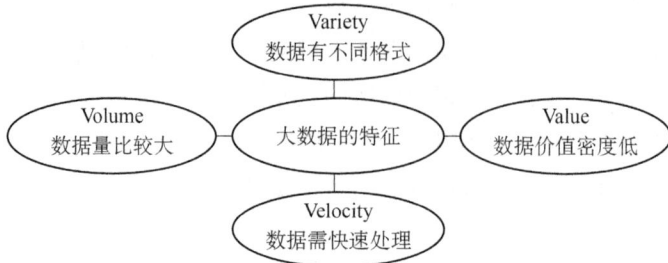

图 3-4　大数据的特征

3．大数据技术

大数据技术是指从各种各样类型的巨量数据中，快速获得有价值信息的技术。解决大数据问题的核心是大数据技术。大数据技术主要有数据采集技术、数据存储技术、数据管理技术、数据分析技术与数据挖掘技术等。

（1）数据采集技术。ETL 工具负责将分布的、异构数据源中的数据，如关系数据、平面数据文件等抽取到临时中间层后进行清洗、转换、集成，最后加载到数据仓库或数据集市中，成为联机分析处理、数据挖掘的基础。

（2）数据存储技术。关系数据库、NoSQL、SQL 等。

（3）数据处理技术。自然语言处理技术。

（4）数据分析技术。假设检验、显著性检验、差异分析、相关分析、多元回归分析、逐步回归、回归预测与残差分析等。

（5）数据挖掘技术。分类（Classification）、估计（Estimation）、预测（Prediction）、相关性分组或关联规则（Affinity Grouping or Association Rules）、聚类（Clustering）、描述和可视化（Description and Visualization）、复杂数据类型挖掘（Text、Web、图形图像、视频、音频等）。

（6）模型预测技术。预测模型、机器学习、建模仿真。

（7）结果呈现技术。云计算、标签云、关系图等。

（二）物流大数据技术的定义

物流大数据技术，简单来说就是通过对海量的物流数据（比如运单里面的收件地址、收件人信息）处理，挖掘新的增值价值。

具体地说，物流大数据即运输、仓储、搬运装卸、包装及流通加工等物流环节中涉及的数据、信息等。

通过物流大数据技术分析这些数据，并制定科学合理的决策，可以提高运输与配送效率，减少物流成本，更有效地满足客户服务要求，将所有

文档：3-1-004
国家关于物流大数据技术的相关政策

货物流通的数据、物流快递公司信息、供求双方信息有效结合，形成一个巨大的即时信息平台，从而实现快速、高效、经济的物流过程。

（三）物流大数据技术的应用情况

大数据技术在物流企业中的应用贯穿了整个物流企业的各个环节，主要表现在物流决策、物流企业行政管理、物流客户管理及物流智能预警等过程中。

1. 大数据技术在物流决策中的应用

在物流决策中，大数据技术应用涉及竞争环境的分析与决策、物流供给与需求匹配、物流资源优化与配置等。

在竞争环境分析中，为了达到利益的最大化，需要与合适的物流或电商等企业合作，对竞争对手进行全面的分析，预测其行为和动向，从而了解在某个区域或是在某个特殊时期应该选择的合作伙伴。

在物流的供给与需求匹配方面，需要分析特定时期、特定区域的物流供给与需求情况，从而进行合理的配送管理。供需情况也需要采用大数据技术，从大量的半结构化网络数据，或企业已有的结构化数据，即二维表类型的数据中获得。

在物流资源的配置与优化方面，主要涉及运输资源、存储资源等。物流市场有很强的动态性和随机性，需要实时分析市场变化情况，从海量的数据中提取当前的物流需求信息，同时对已配置和将要配置的资源进行优化，从而实现对物流资源的合理利用。

2. 大数据技术在物流企业行政管理中的应用

在企业行政管理中也同样可以应用大数据相关技术。例如，在人力资源方面，在招聘人才时，需要选择合适的人才，对人才进行个性分析、行为分析、岗位匹配度分析；对在职人员同样也需要进行忠诚度、工作满意度等分析。

3. 大数据技术在物流客户管理中的应用

大数据在物流客户管理中的应用主要表现在客户对物流服务的满意度分析、老客户的忠诚度分析、客户的需求分析、潜在客户分析、客户的评价与反馈分析等方面。

4. 大数据技术在物流智能预警中的应用

物流业务具有突发性、随机性、不均衡性等特点，通过大数据分析，可以有效了解消费者偏好，预判消费者的消费可能，提前做好货品调配，合理规划物流路线方案等，从而提高物流高峰期间物流的运送效率。

视频知识点：
3-1-005
物流大数据技术
的应用案例

三、物流云计算技术及其应用

（一）云计算技术概述

云计算技术是近年来快速发展的一种新计算技术，可以让普通用户体验到每秒10万亿次的超强运算能力。用户通过计算机、笔记本、手机等方式接入数据中心，按自己的需求进行运算，可以模拟核爆炸、预测气候变化和市场发展趋势等复杂问题。

文档: 3-1-006
云计算技术的
演化

1. 云计算的定义

对云计算的定义有多种说法。对于到底什么是云计算，至少可以找到100种解释。现阶段广为接受的是美国国家标准与技术研究院（NIST）所下的定义：云计算采用按使用量付费的模式，这种模式提供可用的、便捷的、按需的网络访问，进入可配置的计算资源共享池（资源包括网络、服务器、存储、应用软件、服务），这些资源能够被快速提供，只需投入很少的管理工作，或与服务供应商进行很少的交互。

2. 云计算的特点

云计算使计算分布在大量的分布式计算机上，而非本地计算机或远程服务器中，企业数据中心的运行将与互联网更相似。这使得企业能够将资源切换到需要的应用上，根据需求访问计算机和存储系统，如同从古老的单台发电机模式转向了电厂集中供电的模式。它意味着计算能力也可以作为一种商品进行流通，就像煤气、水电一样，取用方便，费用低廉。最大的不同在于，它是通过互联网进行传输的。

（1）超大规模。"云"具有相当的规模，Google 云计算已经拥有 100 多万台服务器，Amazon、IBM、微软、Yahoo 等的"云"均拥有几十万台服务器。企业私有"云"一般拥有数百上千台服务器。"云"能赋予用户前所未有的计算能力。

（2）虚拟化。云计算支持用户在任意位置、使用各种终端获取应用服务。所请求的资源来自"云"，而不是固定的有形的实体。应用在"云"中某处运行，但实际上用户无须了解，也不用担心应用运行的具体位置。只需要一台笔记本或者一个手机，就可以通过网络服务来实现我们需要的一切，甚至包括超级计算这样的任务。

（3）高可靠性。"云"使用了数据多副本容错、计算节点同构可互换等措施来保障服务的高可靠性，使用云计算比使用本地计算机更可靠。

（4）通用性。云计算不针对特定的应用，在"云"的支撑下可以构造出千变万化的应用，同一个"云"可以同时支撑不同的应用运行。

（5）高可扩展性。"云"的规模可以动态伸缩，满足应用和用户规模增长的需要。

（6）按需服务。"云"是一个庞大的资源池，可按需购买；云可以像自来水、电、煤气那样计费。

（7）极其廉价。由于"云"的特殊容错措施可以采用极其廉价的节点来构成"云"，"云"的自动化集中式管理使大量企业无须负担日益高昂的数据中心管理成本，"云"的通用性使资源的利用率较之传统系统大幅提升，因此用户可以充分享受"云"的低成本优势，经常只要花费几百美元、几天时间就能完成以前需要数万美元、数月时间才能完成的任务。云计算可以彻底改变人们未来的生活，但同时也要重视环境问题，这样才能真正为

人类进步做贡献，而不是简单的技术提升。

（8）潜在的危险性。云计算服务除了提供计算服务，还提供了存储服务。但是云计算服务当前垄断在私人机构（企业）手中，而它们仅仅能够提供商业信用。政府机构、商业机构（特别像银行这样持有敏感数据的商业机构）对于选择云计算服务应保持足够的警惕。一旦商业用户大规模使用私人机构提供的云计算服务，无论其技术优势有多强，都不可避免地让这些私人机构以"数据（信息）"的重要性挟持整个社会。对于信息社会而言，"信息"是至关重要的。另外，云计算中的数据对于数据所有者以外的其他云计算用户是保密的，但是对于提供云计算的商业机构而言，确实毫无秘密可言。所有这些潜在的危险，是商业机构和政府机构选择云计算服务，特别是国外机构提供的云计算服务时，不得不考虑的一个重要的前提。

3．云计算的关键技术

云计算作为一种新的超级计算方式和服务模式，以数据为中心，是一种数据密集型的超级计算。它运用了多种计算机技术，其中以编程模型、海量数据分布存储技术、海量数据管理技术、虚拟化技术和云计算平台管理技术等最为关键。

（1）编程模型。云计算是一种更加灵活、高效、低成本、节能的信息运作的全新方式，云计算技术通过网络将庞大的计算处理程序自动拆分成无数个较小的子程序，再由多部服务器所组成的庞大系统搜索、计算分析之后将处理结果回传给用户。通过这项技术，远程的服务供应商可以在数秒之内，达成处理数以千万计甚至亿计的信息，完成和"超级计算机"同样强大性能的网络服务。

（2）海量数据分布存储技术。云计算系统采用分布式存储的方式存储数据，用冗余存储的方式保证数据的可靠性。云计算系统中广泛使用的数据存储系统是 Google 的 GFS 和 Hadoop 团队开发的 GFS 的开源实现 HDFS。GFS 即 Google 文件系统（Google File System），是个可扩展的分布式文件系统，用于大型的、分布式的、对大量数据进行访问的应用。

（3）海量数据管理技术。海量数据管理是指对大规模数据的计算、分析和处理，如各种搜索引擎。以互联网为计算平台的云计算能够对分布的海量的数据进行有效可靠的处理和分析。因此，海量数据管理技术必须能够高效地管理大量的数据，通常数据规模达 TB 级甚至 PB 级。

（4）虚拟化技术。虚拟化（virtualization）技术是云计算系统的核心组成部分之一，是将各种计算及存储资源充分整合和高效利用的关键技术。云计算的特征主要体现在虚拟化、分布式和动态可扩展，而虚拟化作为云计算最主要的特点，为云计算环境的搭建起着决定性作用。虚拟化技术是伴随着计算机技术的产生而出现的，作为云计算的核心技术，扮演着十分重要的角色，提供了全新的数据中心部署和管理方式，为数据中心管理员带来了高效和可靠的管理体验，还可以提高数据中心的资源利用率，绿色环保。通过虚拟化技术，云计算中每一个应用部署的环境与物理平台是没有关系的，通过虚拟平台进行管理、扩展、迁移、备份，种种操作都通过虚拟化层次完成。虚拟化技术的实质是实现软件应用与底层硬件相隔离，把物理资源转变为逻辑可管理资源。

（5）云计算平台管理技术。云计算资源规模庞大，一个系统服务器数量众多（可能高达 10 万台）、结构不同，并且分布在不同物理地点的数据中心，同时还运行着成千上万种应用。如何有效地管理云环境中的这些服务器，保证整个系统提供不间断服务必然是一个巨大的挑战。云计算平台管理系统可以看作是云计算的"指挥中心"，通过云计算系统的平台管理技术，能够使大量的服务器协同工作，方便地进行业务部署和开通，快速发现和恢复系统故障，通过自动化、智能化的手段实现大规模系统的可靠运营和管理。

（二）云计算技术的应用

从 1983 年太阳计算机（Sun Microsystems）提出"网络是计算机"，到 2006 年 3 月亚马逊（Amazon）推出弹性计算云（Elastic Compute Cloud，EC2）服务，再到今天，云计算技术的发展也不过只有短短 30 多年，而应用服务仅有 15 年时间。尽管如此，云计算技术依然显示出广阔的应用前景。

1. 计算能力的汇集

云计算最主要的应用，也是它最初提出的概念应用就是计算能力的汇集，比如你需要计算一个特别大的数据，但是自己的计算机配置不够，那么你就可以向云计算平台发出申请，通过这个平台调度各种空闲的运算资源，通过云平台调度后得到结果再反馈给你，你再根据所用的计算资源付费。

2. 数据检索服务

人们在互联网上进行检索的时候，实际上使用了互联网上的检索服务，这样的服务由网络服务器收集了海量的网络信息，并通过多台检索计算机用特定的算法析出所需要的信息，但使用这一检索的人，不知道也不需要知道其检索的过程。

3. 信息系统软件能力的交付

管理信息系统的使用，在网络出现以前是需要购买全部的系统软硬件的，在云计算时代，企业可以不去购置软件，只需找到云计算服务公司，由这些专业公司来提供相关服务，同样达到管理好企业的目的。在这一应用中，企业获得的不仅仅是软件能力，相关的硬件平台也通过购买其工作能力而获得。

4. 云安全

云安全（Cloud Security）是一个从云计算演变而来的新名词。云安全的策略构想是：使用者越多，每个使用者就越安全。因为如此庞大的用户群足以覆盖互联网的每个角落，只要某个网站被挂马或某个新木马病毒一出现，就会立刻被截获。云安全通过网状的大量客户端对网络中软件行为异常的监测，获取互联网中木马、恶意程序的最新信息，推送到服务端进行自动分析和处理，再把病毒和木马的解决方案分发到每一个客户端。

5．云存储

云存储（Cloud Storage）是在云计算基础上延伸和发展出来的一个新概念，是指通过集群应用、网格技术或分布式文件系统等功能，将网络中大量各种不同类型的存储设备通过应用软件集合起来协同工作，共同对外提供数据存储和业务访问功能的一个系统。当云计算系统运算和处理的核心是大量数据的存储和管理时，云计算系统中就需要配置大量的存储设备，那么云计算系统就转变成为一个云存储系统。所以，云存储是一个以数据存储和管理为核心的云计算系统。值得指出的是，云计算在物联网中的应用已经得到市场关注。随着物联网业务量的增加，对数据存储和计算量的需求会对云计算能力提出新的、更高的要求。

（三）云物流

随着物流业的快速发展，物流市场规模与日俱增，物流业对信息的处理要求不断提升，云计算技术逐渐应用到物流领域。

1．云物流的定义

云物流是云计算在物流行业的应用服务，即云计算派生出云物流。云物流利用云计算的强大通信能力、运算能力和匹配能力，集成众多的物流用户的需求，形成物流需求信息集成平台（见图3-5）。用户可以利用这一平台，最大限度地简化应用过程，实现所有信息的交换、处理、传递，用户只需专心管理物流业务。同时，云物流还可以整合零散的物流资源，实现物流效益最大化。而传统的物流管理信息系统（见图3-6）中，用户要管理复杂的资金、时间、人员、能源等信息，无法只专注于物流业务。

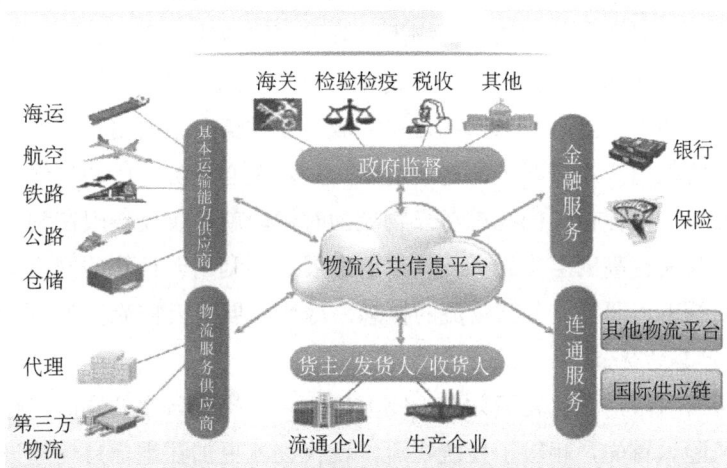

图3-5 物流公共信息集成模型

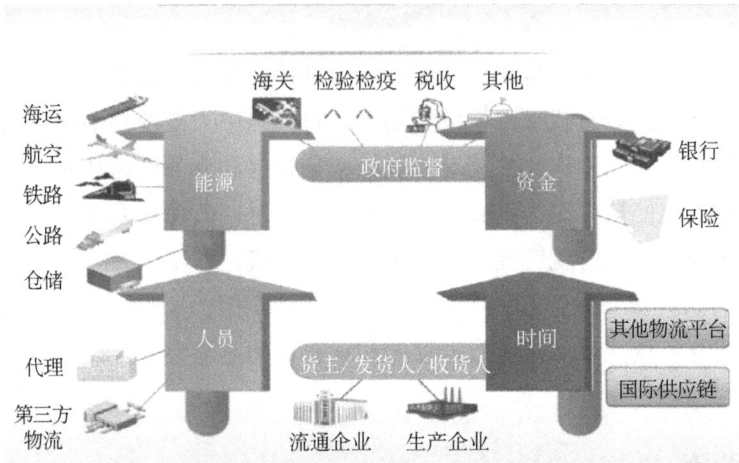

图 3-6　传统物流管理信息系统

2．云物流与云计算的关系

物流业提出云物流概念的本质是利用了云计算数据共享的特性，把物流行业的数据进行集合、整理，并用整理后的数据指导、控制物流公司的业务运作，最终提高物流的运输效率。

从云计算的特点看，所谓云计算，就是作为终端用户，只需使用终端设备得到所需要的最终结果，而这一切往往是普通用户的终端设备力所不及的。因为这样的结果可能经过多种方式进行处理，甚至多个云计算供应商都对数据进行整合。在这一过程中，终端用户只使用而不过问，这正是云计算的魅力所在。

云物流与云计算相仿，是实践在前，提出概念在后。物流领域中常常见到的第三方物流、第四方物流，从概念上说应该是云物流的雏形，物流终端用户并不直接管理物流的中间过程，而是交由专业的物流公司运作。这些专业的物流公司所承揽的业务，特别是大型复杂的物流业务，并不一定由一家物流公司完成，多数情况下要由几家不同的专业物流公司配合完成，而终端用户不需要了解这些情况，只需关心业务完成的最终结果。这与云计算的特征非常相似。这促使人们在思考云物流的时候，就不仅仅局限在利用云计算技术开展物流运作，而是在更高的层次思考云物流的发展。如利用云计算的网络与成果，物流行业在云计算的支持下，研究完善云物流的概念，尽快发展与云物流相关的实体经济。

3．物流云计算的优点

（1）降低运营风险，优化物流效益。物流信息化在提升效率的同时，也给物流企业带来了多方面的风险。首先，相较于传统物流，现代物流更加注重信息化建设投入，因而增加了物流企业成本。此外，一旦建设失败，硬件还可以转作他用，但是软件却很难转变用途，这无形当中就增加了企业的投资风险。其次，信息化环境建设完成以后，由于硬件与软件方面的漏洞及管理维护当中的不完善，在系统运行的过程中可能会给企业带来信息安全问题。此外，由于技术标准和接口协议的不同，企业的信息化平台的扩展性是有限的，不可能与每一个平台进行无缝连接与交互，这就有可能导致信息不对等，降低物流运行效率。云计算平台通过云端计算将数据进行整合，解决了最关键的数据接口、标准、共享等问题，从而为企业提供了可靠性高、拓展性强、交互性好的数据服务。企业只需花少量的资金购买云计算运营商提供的服务即可，从而避免了高昂的基础设施投入及烦琐的系统维护管理。

（2）协同物流节点，实现数据共享，降低安全风险。在传统的分布式环境下，无论是信息中心，还是 PC，物流信息都分散存储在各个节点当中，在对数据进行存取、传输、应用等操作过程中就会引发信息安全问题。云计算可以通过云端实时信息，利用自身强大的计算能力，随时感知物流动态，向物流节点和企业提供用户导向、需求导向、任务导向的计算服务，并且能够根据物流环境的变化，自主协调各个业务模块共同完成任务，真正做到面向任务、按需分配，从而有效保障了各个物流环节之间、物流企业之间的协同作业。这样一来，企业只需将任务提交给云计算中心，由云计算中心全权处理一切数据协同、共享与安全事宜，并最终能够从中心获取一整套有效的解决方案。

（3）提高物流企业应对突发事件的快速反应能力。随着物流运营环境的复杂化，如果企业不能够及时全面地掌握各种基本信息和动态信息，就会影响其对突发事件的快速响应能力，从而导致无法应对突如其来的各种

文档：3-1-007
物流云计算的
优点

变化，最终给企业造成无法挽回的损失。云计算通过将计算、存储、协同等任务交给云端，可有效降低终端系统、传感器及信息采集设备的计算任务。通过这种方式，可以提高企业信息采集渠道的快捷性、多样性、灵活性，有效提高企业获取动态实时信息的能力和效率，使其能够在较复杂的环境下探知各种安全威胁，以实现对突发事件做出快速响应。

（四）物流云计算技术的应用情况

物流与云计算的关系紧密。云物流属于云计算中"行业云"的范畴，是应用维度上的一个范例。如何更好地把云计算应用到物流生产活动中，让云计算在物流领域，乃至更大范围的流通领域发挥作用，是当务之急。

1. 云计算技术在快递行业的应用

从快递业应用云物流的实例看，云物流的作用主要体现在物流信息方面。在实际运作中，快递行业中的某个企业首先搭建一个"行业云"的平台，集中行业中的私有数据，即集中来自全球发货公司的海量货单；其次，对海量货单和货单的目的路径进行整理；再次，指定运输公司发送到快递公司，最后送达收件人。在这一过程中，云物流对快递行业的收货、运输、终端配送的运作模式进行了整合，实现了批量运输，部分解决了我国运输行业长期存在的空驶（或是半载）问题，提高了运输公司的效率，降低了成本。但是，快递行业只是物流行业中的一小部分。

2．云计算技术在整个物流行业的应用

物流从经济层面上可以分为宏观物流和微观物流。宏观物流通常是指物流范围较广、工程量较大、具有带动经济作用的物流活动。宏观物流方式会影响社会流通方式，也会影响国民经济。相对于宏观物流而言，微观物流主要是指局部的、小范围的物流作业。除此之外，还有社会物流、企业物流、国际物流、区域物流、特殊物流等不同的分类。

物流活动是由包装、装卸、运输、存储、流通加工、配送和物流信息等活动构成的。提高物流效率就是提高上述各个活动的效率。

当一个企业承担物流的全部功能时，实际上是承担了所有的物流活动。第三方或第四方物流出现以后，通过对物流活动进行细分，实现物流作业专业化，提高物流活动效率。第三方或第四方物流能够提高物流效率，实际上是对物流活动进行重新组合，即业务重构，实现了业务活动的专业化。所以，与快递行业一样，业务重构对提升效率起到了巨大的作用。

在业务重构过程中，云计算是可以利用的工具。目前在物流领域，有些运作已经有了"云"的身影，如车辆配载、运输过程监控等。借助云计算中的"行业云"，多方收集货源和车辆信息，并使物流配载信息在实际物流运输与需求发生以前得以发布，加快了物流配载的速度，提高了配载的成功率。

"云存储"也是可以发展的方向之一，利用移动设备将在途物资作为虚拟库存，即时进行物资信息交换和交易，将物资直接出入库，并直接将货物运送到终端用户手中。

受益于云物流的还有供应链，零售业在云物流的影响下也将发生变化。如果说，云计算为快递行业降低生产成本发挥了很大作用，那么，云计算为物流行业应用带来的直接效果就是降低物流成本，这将大大提高物流业的社会效益。仅凭此一点就可以断定，云计算在物流业将有巨大的发展空间。

【相关阅读】

信息存储技术及其发展趋势

随着现代信息技术的不断发展，我国开始逐步进入互联网信息时代。大量信息的产生带来的是信息存储技术的发展，但也面对着很多需要克服的问题，如随着信息的不断增加，数据中的异构问题也开始增多，规模也越来越大，严重影响着系统对不同数据的管理。而由此带来的人文问题和管理成本也日渐增高，传统的存储方式也不能满足当前数据发展的需要。对此，如何加强对现代信息的存储，成为当前思考和解决的重点。

1．信息存储技术现状

在现代社会的发展中，信息化已经成为不可抵挡的趋势，信息存储也成为社会应用的必然。在信息化的社会中，人们的生活与信息的联系越来越紧密。在信息的社会里，人们通过 Internet 网络即可实现对信息的查询、传播等。而作为网络发展的驱动因素，信息正在成为当前网络应用的核心。高效、安全的信息存储成为当前网络发展的根本，并开始日益受到人们的关注。因此，加强对信息的存储成为当前做好信息服务的基础，也是关键。而随着用户需求的不断变化，信息的存储量也越来越大，同时对信息存储的有效管理要求也更高。在传统的信息存储当中，大部分都是通过磁存储和光存储设备对数据进行存储的，这些设备在计算机当中具有存储量大、运行速度快等特点，从而成为当前信息存储的主流技术。通过利用这些技术，大大节省了人们的时间，并提高了对各种不同信息存储的效率。但是，随着互联网的发展，信息异构问题成为非常突出的问题，严重影响着信息的利用和数据的调配。对此，为满足当前人们对不同数据的需求，应该加强当前的信息存储技术，并进行创新。

2. 当前主流的存储技术

（1）磁存储技术。该技术主要利用磁盘存储系统，从而对磁盘当中的数据进行存储。而在传统的存储方式中，主要的存储设备包括磁带、录像带等。此后随着计算机技术的不断发展，开始出现计算机磁盘存储的方式。而所谓的磁存储就是通过改变磁粒子的极性的方式，从而在磁性的介质上对数据进行记录。而在对磁盘中数据进行读取的时候，磁头直接将存储介质上的磁性粒子的极性转换为相应的电脉冲信号，从而转换为可让计算机进行识别的数据。

（2）光存储技术。该技术利用激光对介质进行照射，从而让激光与介质相互作用，以此导致介质发生变化，最终将信息存储起来。而在对信息进行存储的过程之中，光存储技术主要是以二进制的方式对收集的信息进行存储的，并通过二进制数据的转化，将数据输入计算机中，最后利用光调制器的方式，散发出不同的光束，并将记录在磁盘中的信息读取出来。对光存储技术来讲，其典型的优势在于存储的寿命非常长，同时通常采用非接触式读写方式，另外在信噪比和加工方面都具有很大的优势。对此，光存储技术被广泛地应用，如以往应用的高品质的 CD 光盘，具体包括 CD-ROM、CD-R、CD-RW 等类型。

3. 存储技术的未来发展趋势

随着现代信息技术的发展，未来是一个典型的信息社会，并且不断地改变着人们的生活和工作。人们获取信息、存储信息的方式，也开始逐步由原来的纸张转变为现在的磁存储技术，由此使得当前信息技术的存储越来越成熟和先进。而随着现代 IT 技术、电子技术的发展，信息存储成为当前互联网革命的核心，越来越多的数据存储开始逐步以数字化的形式存储，使得当前的数字信息呈现出井喷式的发展趋势，并促进信息技术的不断发展。

而在新一代的互联网发展背景之下，当前的信息存储开始逐步地进入智能化、数字化、自动化时代。而它确实对存储和传输有着很高的要求。但是，当前我国在计算机信息存储系统的 I/O 率和传输速度还不能满足当前高端的存储需求。

（资料整理来源：https://kns.cnki.net/kcms/detail/detail.aspx?dbcode=CJFD&dbname=CJFDLAST2016&filename=WDZC201605042&v=PQtdfIK0T1dZbr5sNR2ebO0iJI12jKDtMVQFcp22hYJjnH%25mmd2F1CHNVLJBKjplf01ZJ）

任务二　网络传输技术及其应用

一、计算机网络技术及其应用

（一）计算机网络的概念

计算机网络是指将地理位置不同的具有独立功能的多台计算机及其外部设备，通过通信线路连接起来，在网络操作系统、网络管理软件及网络通信协议的管理和协调下，实现资源共享和信息传递的计算机系统。从逻辑功能上看，计算机网络是以传输信息为基本目的，用通信线路将多个计算机连接起来的计算机系统的集合。一个计算机网络组成包括传输介质和通信设备。从用户角度看，计算机网络是这样定义的：存在着一个能为用户自动管理的网络操作系统，由它调用用户所需要调用的资源，而整个网络像一个大的计算机系统一样，对用户是透明的。

课件：3-2
网络传输技术
及其应用

文档：3-2-001
中国计算机网络
的发展现状

（二）计算机网络的构成

一般来说，计算机网络由网络硬件、网络软件和传输介质三部分构成。

1. 网络硬件

网络硬件是计算机网络的物质基础，一般由服务器、工作站、网卡、调制解调器和路由器等组成。

2. 网络软件

网络软件一般是指系统的网络操作系统和网络通信协议。网络操作系统是用于管理网络软、硬件资源，提供简单网络管理的系统软件。常见的网络操作系统有 UNIX、Windows NT、Linux 等。网络通信协议是网络中计算机交换信息时的约定，它规定了计算机在网络中互通信息的规则。互联网采用的协议是 TCP/IP，该协议是目前为止应用最广泛的协议，其他常见的协议还有 Novell 公司的 IPX/SPX 等。

3. 传输介质

传输介质承担网络中节点之间的物理通信，决定网络数据通信的质量。常用的传输介质有双绞线、同轴电缆、光缆等。

（三）计算机网络的结构

1．总线型拓扑结构

总线型拓扑结构中所有联网设备共用一条物理传输线路，所有的节点都通过相应的接口连接在总线上，所有数据都在一条线路上传输，并能够被连接在线路上的所有设备感知。总线型拓扑结构如图 3-7 所示，图中所有的联网设备通过网络主线连接并传递信息。

图 3-7　总线型拓扑结构

2．星形拓扑结构

星形拓扑结构中，如图 3-8 所示，每个节点都有一条点到点链路与公共中心节点相连，任意两个节点之间的通信都必须通过中心节点，并且只能通过中心节点进行通信。

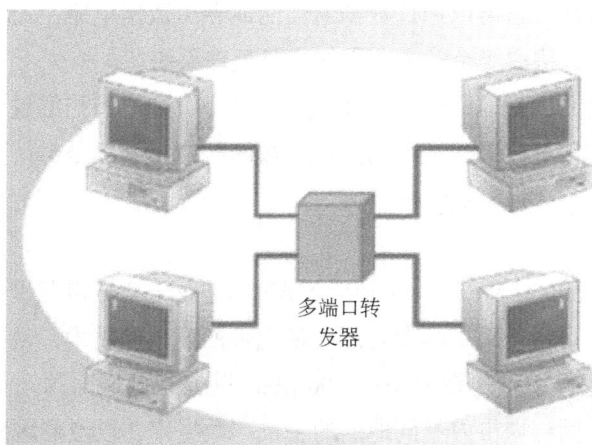

图 3-8　星形拓扑结构

3．环形拓扑结构

在环形拓扑结构中，每个网络节点通过环节点连接在一条首尾相连的闭合环路中。环路中各节点地位相同，任何节点在取得令牌（Token）后均可发送信息。环形拓扑结构如图 3-9 所示。

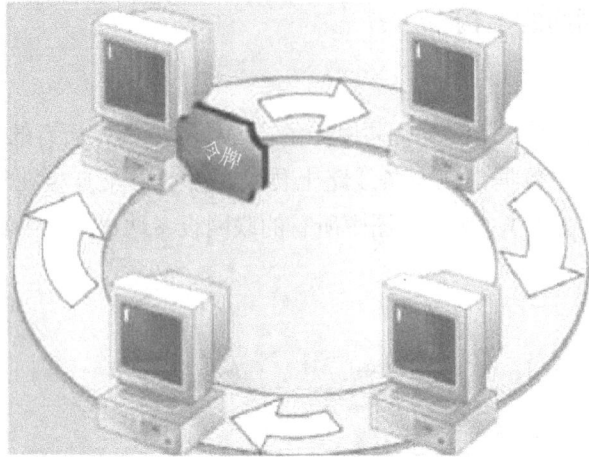

图 3-9 环形拓扑结构

（四）计算机网络的分类

根据覆盖范围，计算机网络可以分为局域网、城域网和广域网。

1．局域网

局域网（Local Area Network，LAN）是在一个局部的地理范围内（如一个学校、工厂和机关内），一般是方圆几千米以内，将各种计算机、外部设备和数据库等互相连接起来组成的计算机通信网。它可以通过数据通信网或专用数据电路，与远方的局域网、数据库或处理中心相连接，构成一个较大范围的信息处理系统。

局域网可以实现文件管理、应用软件共享、打印机共享、扫描仪共享、工作组内的日程安排、电子邮件和传真通信服务等功能。局域网严格意义上是封闭型的。它可以由办公室内几台甚至上千上万台计算机组成。

2．城域网

城域网（Metropolitan Area Network，MAN）是在一个城市范围内所建立的计算机通信网，属宽带局域网。由于采用具有有源交换元件的局域网技术，网中传输时延较小，它的传输媒介主要采用光缆，传输速率在 100Mbps 以上。城域网的一个重要用途是用作骨干网，通过它将位于同一城市内不同地点的主机、数据库，以及局域网等互相连接起来。

3．广域网

广域网（Wide Area Network，WAN）也称远程网（Long Haul Network），通常跨接很大的物理范围，所覆盖的范围从几十千米到几千千米，它能连接多个城市或国家，或横跨几个洲并能提供远距离通信，形成国际性的远程网络。广域网的通信子网主要使用分组交换技术。广域网的通信子网可以利用公用分组交换网、卫星通信网和无线分组交换网，它将分布在不同地区的局域网或计算机系统互连起来，达到资源共享的目的。如因特网（Internet）是世界范围内最大的广域网。上述三种网络的层次关系如图 3-10 所示。

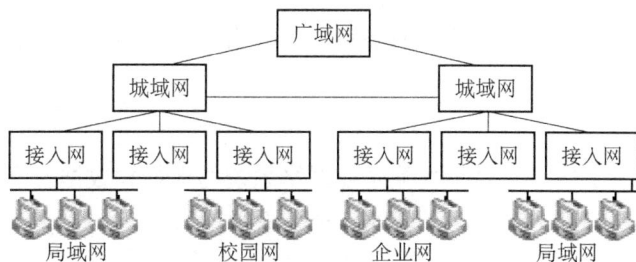

图 3-10　三种网络层次关系图

（五）计算机网络技术在物流中的应用

当前，随着计算机网络信息技术的飞速发展，将计算机网络信息技术融入企业生产经营的各项活动中，是升级改造企业信息设施、提高企业信息化程度的一种重要手段，也是加强企业核心竞争力的一项重要措施。物流企业只有充分地认识到信息的重要性，并主动、积极地将计算机网络信息技术应用于物流的各个领域，才能使物流信息在物流管理信息系统中及时准确地实时流动，进而促进物流企业提高物流效率、降低物流成本，使物流企业获得更大的发展。

1．通信

物流企业属于商贸领域，需要与供应商、生产商、分销商、零售商甚至消费者有信息交流，涉及大量的单据信息传递。在计算机网络出现之前，这些信息的交流主要是通过信函、邮件、电话和传真等方式进行的，信息传输速度慢、出错率高，企业之间贸易效率低。计算机网络出现以后，物流企业与客户通过计算机网络交换信息的速度大幅提升，差错率明显降低。

在物流企业内部各部门之间也可以利用计算机网络进行高效的信息传输。例如，有关资料、图纸或从外部网络发来的传真、电子邮件可以通过网络传递；领导可以在网络上审批文件；在外工作人员可以通过此功能与企业总部实现信息交流，实现无纸化办公，节省了用于复印、传真和邮寄的费用，提高了办公效率。

2．数据共享

物流企业业务相关部门（如财务、仓储、运输、调度等）之间可以共享有关数据。对于重要的数据，要通过权限的设置，只有赋予一定权限的单位或部门才能使用和访问，不能超越权限使用。

3．决策信息支持

通过计算机网络可以随时查询国际、国内市场及相关信息。企业内的中心信息库可以保存和管理公司各方面的资料和信息，供企业决策层决策参考。

4．实时控制与监督

物流企业通过对车辆或者货物安装 GPS 定位系统、摄像监控装置、物联网设备等，再将这些设备与计算机网络相连接，便可以实时监控车辆和货物的运行情况，出现问题及时通报更正。客户也可以通过计算机网络实时了解物流车辆和货物的运行情况，提高了客户对物流服务的满意度。

5．网络安全与管理

专业的网络管理工作人员负责物流企业网络系统的运行和数据安全、备份等工作，对业务应用人员进行权限设定和网络设备的管理、维护工作。

6．现场咨询

在物流企业的日常业务中，总会有各种非常规问题发生，企业员工的工作经验和处理问题的能力也不同，若遇到问题时能通过访问计算机网络获得专业的咨询服务，将问题顺利解决，既保证了公司服务的质量，又提高了客户的满意度。

上述物流企业网络的功能如图3-11所示。

图3-11　物流企业网络的功能

二、移动互联网技术及其应用

（一）移动互联网的定义

移动互联网，就是将移动通信和互联网结合起来，成为一体，是互联网的技术、平台、商业模式和应用与移动通信技术结合并实践的活动的总称。它包含移动终端、移动软件和移动应用3个层面。移动终端层包括智能手机、平板计算机、电子书、移动互联网设备（Mobile Internet Device，MID）等；移动软件层包括操作系统、中间件、数据库和安全软件等；移动应用层包括休闲娱乐类、工具媒体类、商务财经类等不同应用与服务。

当前，人们对移动互联网概念有4种理解：第一，人们手机等终端通过无线网络进行数据交换；第二，移动互联的内涵主要有3个层级，即移动终端、移动软件与业务应用；第三，用户使用各种可移动的便携式终端，通过各种无线网络的连接，随时随地地获取应用和服务；第四，移动互联网是一个以用户为核心，融合终端、网络和内容的有机体。

（二）移动互联网的特点

与传统的桌面互联网相比较，移动互联网具有几个鲜明的特点。

1．便捷性

移动互联网的基础网络是一张立体的网络，GPRS、EDGE、3G、4G、5G和WLAN

或 WIFI 构成的无缝覆盖，使得移动终端具有通过上述任何形式方便联通网络的特性。

2．便携性

移动互联网的基本载体是移动终端。顾名思义，这些移动终端不仅仅是智能手机、平板电脑，还有可能是智能眼镜、手表、服装、饰品等各类随身物品。它们属于人体穿戴的一部分，随时随地都可使用。

3．即时性

由于有了上述便捷性和便携性，人们可以充分利用生活中、工作中的碎片化时间，接受和处理互联网的各类信息，不再担心重要信息、时效信息被错过了。

4．定向性

基于 LBS 的位置服务，不仅能够定位移动终端所在的位置，甚至可以根据移动终端的趋向性，确定下一步可能去往的位置，使得相关服务具有可靠的定位性和定向性。

5．精准性

无论是什么样的移动终端，其个性化程度都相当高，尤其是智能手机，每一个电话号码都精确地指向了一个明确的个体。移动互联网能够针对不同的个体，提供更为精准的个性化服务。

6．感触性

这一点不仅仅是体现在移动终端屏幕的感触层面，更重要的是体现在照相、摄像、二维码扫描，以及重力感应、磁场感应、移动感应、温湿度感应，甚至人体心电感应、血压感应、脉搏感应等无所不及的感触功能上。

视频知识点：
3-2-002
移动互联网的
特点

（三）移动互联网的发展趋势

1．移动互联网超越 PC 互联网，引领发展新潮流

有线互联网是互联网的早期形态，移动互联网（无线互联网）是互联网的未来。PC 只是互联网的终端之一，智能手机、平板计算机、电子阅读器（电纸书）已经成为重要终端，电视机、车载设备正在成为终端，冰箱、微波炉、抽油烟机、照相机，甚至眼镜、手表等穿戴之物，都可能成为泛终端。

2．移动互联网和传统行业融合，催生新的应用模式

在移动互联网、云计算、物联网等新技术的推动下，传统行业与互联网的融合正在呈现出新的特点，平台和模式都发生了改变。这一方面可以作为业务推广的一种手段，如食品、餐饮、娱乐、航空、汽车、金融、家电等传统行业的 App 和企业推广平台；另一方面也重构了移动端的业务模式，如医疗、教育、旅游、交通、传媒等领域的业务改造。

3．不同终端的用户体验更受重视

终端的支持是业务推广的生命线，随着移动互联网业务逐渐升温，移动终端解决方案也不断增多。2011 年，主流的智能手机屏幕是 3.5～4.3 英寸，2012 年发展到 4.7～5.0 英

寸，而平板电脑却以 mini 型为时髦。但是，不同大小屏幕的移动终端，其用户体验是不一样的，适应小屏幕的智能手机的网页应该轻便、轻质化，它承载的广告也必须适应这一要求。而目前，大量互联网业务迁移到手机上，为适应平板电脑、智能手机及不同操作系统，开发了不同的 App，HTML5 的自适应较好地解决了阅读体验问题，但是，还远未实现轻便、轻质、人性化，缺乏良好的用户体验。

4．移动互联网商业模式多样化

成功的业务需要成功的商业模式来支持，移动互联网业务的新特点为商业模式创新提供了空间。随着移动互联网发展进入快车道，网络、终端、用户等方面已经打好了坚实的基础，不盈利的情况已开始改变，移动互联网已融入主流生活与商业社会，货币化浪潮即将到来。移动游戏、移动广告、移动电子商务、移动视频等业务模式盈利能力快速提升。

5．用户期盼跨平台互通互联

目前形成的 iOS、Android、Windows Phone 三大系统各自独立，相对封闭、割裂，应用服务开发者需要进行多个平台的适配开发，这种隔绝有违互联网互通互联之精神。不同品牌的智能手机，甚至不同品牌、类型的移动终端都能互联互通，是用户的期待，也是发展趋势。移动互联网时代是融合的时代，是设备与服务融合的时代，是产业间互相融合的时代，在这个时代，移动互联网业务参与主体的多样性是一个显著的特征。技术的发展降低了产业间及产业链各个环节之间的技术和资金门槛，推动了传统电信业向电信、互联网、媒体、娱乐等产业融合的大 ICT 产业的演进，原有的产业运作模式和竞争结构在新的形势下已经显得不合时宜。在产业融合和演进的过程中，不同产业原有的运作机制和资源配置方式都在改变，产生了更多新的市场空间和发展机遇。

6．大数据挖掘成蓝海，精准营销潜力凸显

随着移动宽带技术的迅速提升，更多的传感设备、移动终端可以随时随地地接入网络，加之云计算、物联网等技术的带动，中国移动互联网也逐渐步入"大数据"时代。目前的移动互联网领域，仍然是以基于位置的精准营销为主，但未来随着大数据相关技术的发展，人们对数据挖掘的不断深入，针对用户个性化定制的应用服务和营销方式将成为发展趋势，它将是移动互联网的另一片蓝海。

（四）移动互联网在物流行业中的应用

物流企业为提高工作效率和服务水平，对信息化在物流行业中的应用进行了探索，移动互联网作为物流信息化建设的一部分，已经在物流行业中开始应用。

文档：3-2-003
移动互联网
物流业务应用

1．掌上配货

掌上配货实现了移动终端（手机）和物流信息平台的连接，为配货站、车主和货运司机提供移动终端（手机）的找货和车辆管理应用功能，满足车找货、货找车的物流配货需求及车主对司机、车辆的监管需求，主要功能包括以

下两种。

（1）找货。解决车主的配货问题，用户可通过多功能地址选项查询最适合的货源信息，系统实现选择拨号功能，可在系统内直接选择用户拨打电话或发送短信。

（2）空车发布。根据货运司机需要，手机在线发布实时空车信息，操作简单。

2．车辆和货物跟踪监控

移动定位技术分为 GPS 定位和手机定位技术，移动定位技术结合 GIS 系统、移动通信网络和物联网技术，实现对物流车辆、货物、人员的定位和跟踪监控，主要用于物流监管部门、货主、物流公司或车队对物流车辆的定位和跟踪监控，主要包括单点定位、连续跟踪、历史轨迹回放、超速报警、区域报警、行驶线路报警等功能。车辆和货物跟踪监控服务既可应用于对普通货物运输的定位跟踪，又能进一步满足危险品等特种运输中对行驶路线、区域及速度的全程管控需求。

进一步结合这些功能，可以为物流企业提供车辆管理的整体解决方案，包括对行驶轨迹的设计、监控、报警，对行驶里程、行车时间、停车时间、行车油耗等信息进行统计分析。此外还可以根据位置信息向客户提供综合信息服务，比如为司机提供所在地的物流配货信息、餐饮住宿信息、汽修汽配信息及紧急情况下的在途救援等。

3．呼叫中心调度

电信运营商能够为不同种类的物流企业提供多样化的呼叫中心调度服务。一方面提供对物流企业员工和车辆的集中运营调度，另一方面为用户提供电话发布和查询配货信息、交通导航信息等功能。

（1）手机对讲。为运输企业客户提供基于集群通信的对讲业务，实现单呼、组呼、广播呼叫、紧急呼叫等功能，提供便捷、高效和低成本的集中调度。

（2）短信调度。比如为运输企业提供基于语音或文本短信的调度，可以实现单条发送和群发等，也可以预定发送的时间或只针对部分特定的接收者。

（3）呼叫中心租用。为物流企业客户提供呼叫中心租用服务，一方面可以为客户快速提供高效的呼叫中心功能，另一方面可以降低物流企业客户的运营成本。

4．视频监控

视频监控是物流行业典型的通信应用，不限于仓库、堆场、码头、停车场等固定场所，随着移动通信的发展，高速率的移动传输得到实现和应用，视频监控也应用于移动状态下的运输环节，比如危险品运输、贵重物品运输等。电信运营商目前已开展的移动视频监控支持多路视频并发，可同时监控司机、货物、车辆周边状况等，并能够实现云台控制、镜头缩放、报警识别、本地存储、实时传输、多路分发等功能。对普通货物运输可起到监督司机行为、保障货物安全等作用，对危险品和特种物品的运输，还可以和应急联动系统对接，做到全程监控、统一指挥。

【相关阅读】

《中国移动互联网发展报告（2020）》

一、2019 年中国移动互联网发展概况

2019 年是中国 5G 商用元年。党的十九届四中全会召开，大力推进国家治理体系和治理能力现代化。5G 的增强移动宽带、高可靠低时延、广覆盖大连接特性，扩展了移动互联网面向消费、产业和社会治理的广阔应用前景。这一年的发展我们从 5 个方面来总结和梳理。

（一）移动互联网基础设施不断完善

1. 5G 商用全面推进，位于全球第一梯队。2019 年 1 月，广东联通打通了全球第一个 5G 手机外场通话；6 月 6 日，工信部正式向中国电信、中国移动、中国联通、中国广电发放 5G 商用牌照，标志着我国正式进入 5G 商用元年……

2. 移动宽带网络高质量发展步伐加快。截至 2019 年 12 月底，我国 4G 用户总数达到 12.8 亿户，占移动电话用户总数的 80.1%，远高于全球的平均水平（不足 60%），成为全球覆盖最完善的 4G 网络。到 2020 年 3 月底，全国已建成 5G 基站 19.8 万个，套餐用户规模超过 5000 万。

3. 移动物联网/工业互联网/车联网/IPv6 发展成果丰硕。2019 年，"工业互联网"一词首次被写入政府工作报告，我国工业互联网产业市场规模达 4800 亿元，同比增长 6.64%，占全球工业互联网产业市场规模的 59.6%。截至 2019 年 9 月，中国车联网领域专利申请约 28647 件，占全球车联网领域专利申请总数的 25%，居第二位。截至 2020 年 3 月，中国 IPv6 地址数量较 2018 年年底增长 15.7%。丰富的 IP 地址资源为移动互联网、物联网等快速发展提供了良好的支撑。

（二）移动互联网用户继续保持低速增长，而流量消费则增长较快。

截至 2020 年 3 月，中国手机网民规模达 8.97 亿，较 2018 年年底增长 7992 万。移动互联网月活跃用户规模同比增长率下降。与此同时，2019 年我国移动互联网接入流量消费达 1220 亿 GB，同比 2018 年增长 71.6%；月户均流量（DOU）达 7.82GB/户/月，是上年的 1.69 倍；短视频应用更成为流量增长的主要拉动力，移动用户 2019 年使用抖音、快手等短视频应用消耗的流量占比超过了 30%。

（三）移动智能终端市场从手机独霸到"一超多强"

2019 年我国手机出货量累计 3.89 亿部，同比 2018 年下降 6.2%。我国 5G 手机出货量累计 1376.9 万部，占全球 5G 手机出货量总数的 73.6%。我国国产品牌手机出货量 3.52 亿部，出货量及销售量虽有所下降，但折叠屏、AI 算法、夜景拍摄等技术升级引发关注；华为（包括荣耀）、小米、OPPO、VIVO、联想、Realme 和传音都进入 2019 年全球智能手机出货量排名 Top10 榜单。

2019 年，智能音箱、智慧屏、车载设备等智能终端呈现高速发展趋势，5G、人工智能等新兴技术为智能终端形成新的信息入口、应用场景、交互方式提供了核心技术支撑，智能终端设备从手机、计算机等传统类别发展到无处不在。2019 年，国内可穿戴设备出货量为 9924 万台，同比增长 37.1%；智能家居市场规模达 1530 亿元，产品出货量 8.4 亿台，其中视频娱乐产品最多（达 3.47 亿台）。

（四）移动 App 数量下降，5G 应用相继亮相

截至 2019 年 12 月末，我国国内市场上监测到的 App 数量为 367 万款，比上年减少 85 万款，下降 18.8%，规模排在前 4 位的移动应用种类分别是游戏、日常工具、电子商务、生活服务类，4 类 App 数量占比达 57.9%，其中游戏类 App 数量继续领先，达 90.9 万款，占全部 App 比重为 24.7%。

与此同时，一系列基于 5G 技术项目的落地，实现了 5G 技术在个人消费市场和垂直行业领域的应用，能够极大地提升医疗、金融、生活、房产、交通、教育、农业等领域的生产效率，创造出新的生产方式。

（五）移动互联网企业投融资规模继续下滑

2019 年我国互联网投融资规模为 326.8 亿美元，较 2018 年同比下降 53%。除因国内外经济下行压力加大、资本环境趋紧，也受到投资回报有限的影响。不过，在 2019 年整体下跌的背景下，企业服务、电子商务、互联网金融、在线教育这 4 个领域成为互联网领域全年投融资重点领域。

（资料来源：https://baijiahao.baidu.com/s?id=1672266519774999688&wfr=spider&for=pc）

任务三　电子数据交换技术及其应用

EDI 技术在港、澳及海外华人地区被称作"电子资料通技术"。EDI 是指将商业或行政事务按一个公认的标准，形成结构化的事务处理或文档数据格式，从计算机到计算机的电子传输方法。简单地说，EDI 技术就是按照商定的协议，将商业文件标准化和格式化，并通过计算机网络，在贸易伙伴的计算机网络系统之间进行数据交换和自动处理的技术，俗称"无纸化贸易技术"。

课件：3-3 电子数据交换技术及其应用

视频知识点：3-3-001 新科技三分钟《EDI 无纸贸易的通行证》

一、EDI 系统的构成

一般来说，EDI 系统由数据标准、EDI 软件及硬件和通信网络三部分组成。

（一）数据标准

EDI 标准是由各企业、各地区代表共同讨论、制定的电子数据交换共同标准，可以使各组织之间的不同文件格式，通过共同的标准达到彼此之间文件交换的目的。20 世纪 60 年代起国际上就开始研究 EDI 标准。1987 年，欧洲经济委员会综合了经过 10 多年实践的美国 ANSIX.12 系列标准和欧洲流行的贸易数据交换（TDI）标准，制定了用于行政、商业和运输的电子数据交换标准（EDIFACT）。

（二）EDI 软件及硬件

实现 EDI 需要配备相应的 EDI 软件和硬件。EDI 软件主要有转换软件、翻译软件、通信软件。EDI 软件能将用户数据库系统中的信息译成 EDI 的标准格式文件以供传输交换的需要。EDI 硬件设备主要有计算机、调制解调器（modem）及电话线。由于使用 EDI 进行电子数据交换需通过通信网络，目前采用电话网络进行通信是很普遍的方法，因此调制解调器是必备的硬件设备。此外，如果对资料传输时效及传输量有较高要求，可以考虑租用专线。

（三）通信网络

通信网络是实现 EDI 的手段。EDI 通信方式有多种，其中点对点方式只在贸易伙伴数量较少的情况下使用。随着贸易伙伴数量的增多，当多家企业直接进行计算机通信时，会由于计算机厂家不同、通信协议相异及工作时间不易配合等而出现问题。为了克服这些问题，许多公司逐渐采用第三方网络，即增值网络（VAN）方式。它类似于邮局，为发送者与接收者维护邮箱并提供存储转送、记忆保管、格式转换、安全管制等功能。因此通过增值网络传送 EDI 文件，可以大幅度降低相互传送资料的复杂度和困难度，并提高 EDI 效率。如图 3-12 所示为 EDI 系统模型图，图中 EDI 服务器之间通过通信网络传递数据。

图 3-12　EDI 系统模型图

二、EDI 系统的工作流程

EDI 系统的工作流程主要由以下 6 个步骤组成。

视频知识点：
3-3-002
EDI 单证
处理过程

（一）映射——生成 EDI 平面文件

EDI 平面文件是通过应用系统将用户的应用文件（如单证、票据）或数据库中的数据转变成一种标准的中间文件，这一过程称为映射。

（二）翻译——生成 EDI 标准格式文件

其功能是将平面文件通过翻译软件生成 EDI 标准格式文件，即所谓的 EDI 电子单证或电子票据。它是 EDI 用户之间进行贸易和业务往来的依据，是一种只有计算机才能阅读的 ASCII 文件。

（三）通信

由计算机通信软件完成，通过通信网络接入 EDI 电子信箱系统，将 EDI 电子单证投递到对方的信箱中。

（四）接收

接收方从 EDI 信箱收取 EDI 电子单证，即获取 EDI 标准格式文件。

（五）翻译

接收方调用翻译软件将 EDI 标准格式文件翻译成平面文件。

（六）还原

接收方将平面文件转换成应用文件，再交由应用系统对应用文件进行编辑。

EDI 系统的完整工作流程如图 3-13 所示，可以看出，在 EDI 系统中接收文件的过程是发送文件过程的逆过程。

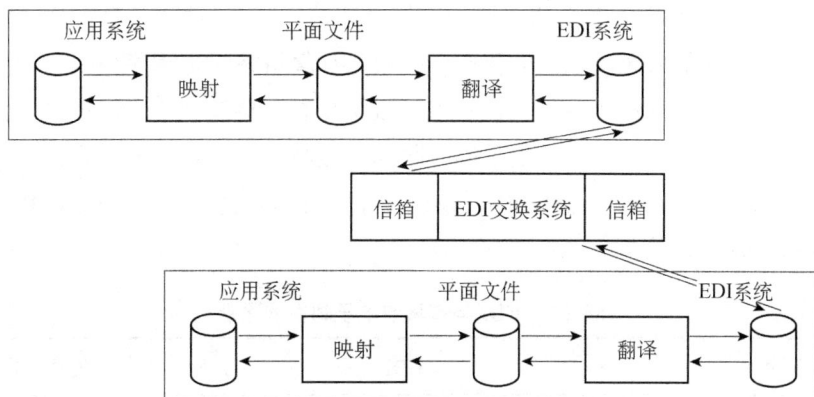

图 3-13　EDI 系统工作流程图

三、EDI 的特点

与传统的信息传输方式，如传真、电子邮件相比，EDI 在数据传输方式、数据传输格式、加密防伪等方面有显著不同，具有以下特点。

（一）EDI 使用电子方法传递信息和处理数据

EDI 一方面用电子传输的方式取代了以往纸质单证的邮寄和递送，从而提高了传输效率；另一方面通过计算机处理数据取代人工处理数据，从而减少了差错和延误。

（二）EDI 采用统一标准编制数据信息

这是 EDI 与电传、传真等其他传递方式的重要区别，电传、传真等并没有统一格式标准，而 EDI 必须有统一的标准方能运作。

（三）EDI 是计算机应用程序之间的连接

EDI 实现的是计算机应用程序与计算机应用程序之间的信息传递与交换。由于计算机只能按照给定的程序识别和接收信息，所以电子单证必须符合标准格式，并且内容完整准确。在电子单证符合标准且内容完整的情况下，EDI 系统不但能识别、接收、存储信息，还能对单证数据信息进行处理，自动制作新的电子单据并传输到有关部门。在有关部门就自己发出的电子单证进行查询时，计算机还可以反馈有关信息的处理结果和进展状况。在收到一些重要电子邮件时，计算机还可以按程序自动产生电子收据并传回对方。

（四）EDI 系统采用加密防伪手段

EDI 系统有相应的保密措施，EDI 系统传输信息通常采用密码进行加密，各用户掌握自己的密码，可打开自己的"邮箱"取出信息，外人却不能打开这个"邮箱"，有关部门和企业发给自己的电子信息均自动进入自己的"邮箱"。一些重要信息在传递时还需要加密，即把信息转换成他人无法识别的代码，接收方计算机按特定程序译码后还原成可识别信息。为防止有些信息在传递过程中被篡改，或防止有人传递假信息，还可以使用证实手段，即将普通信息与转变成代码的信息同时传递给接收方，接收方把代码翻译成普通信息进行比较，如二者完全一致，则可知信息未被篡改，也不是伪造的信息。EDI 与传真或电子邮件的区别如表 3-1 所示。

表 3-1 EDI 与传真或电子邮件的区别

比较项目	EDI	传真或电子邮件
传输内容	格式化的标准文件	自由格式的文件
使用过程	计算机系统自动处理，不需要人工干预	需要人工干预
安全保密	安全保密性高	安全保密性低
通信网络	增值网、互联网	互联网

四、物流 EDI

（一）物流 EDI 的定义

物流 EDI 是指货物业主、承运业主及其他相关单位之间，通过 EDI 系统进行物流数据交换，并以此为基础实施物流作业活动的方法。如图 3-14 所示，承运业主、货物业主、交通运输企业、协助单位及其他的物流相关单位之间通过 EDI 交换物流数据并在此基础上实施物流作业活动，就是物流 EDI。

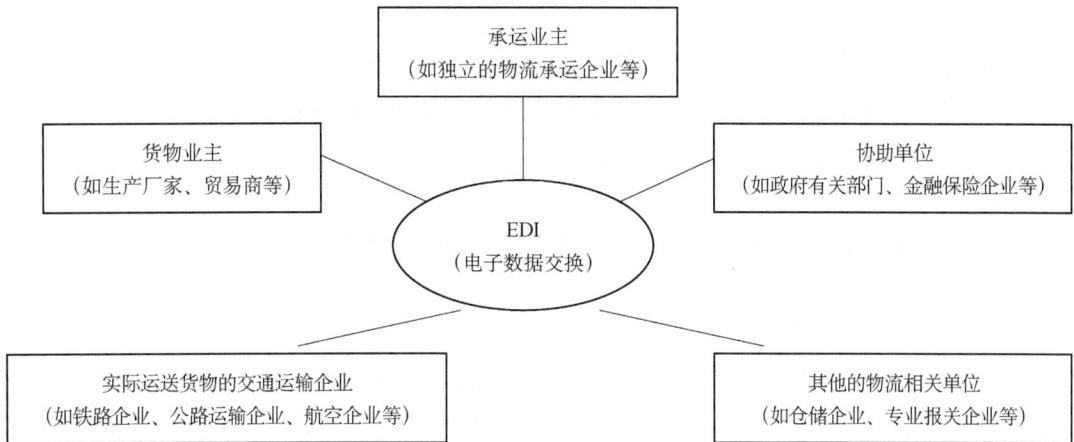

图 3-14 物流 EDI

（二）物流 EDI 的成本优势

对比手工处理贸易单证的方式和 EDI 处理贸易单证的方式，如图 3-15、图 3-16 所示，EDI 处理贸易单证是通过 Internet 或 VAN 传递标准 EDI 报文的，传输速度快，传输费用低。

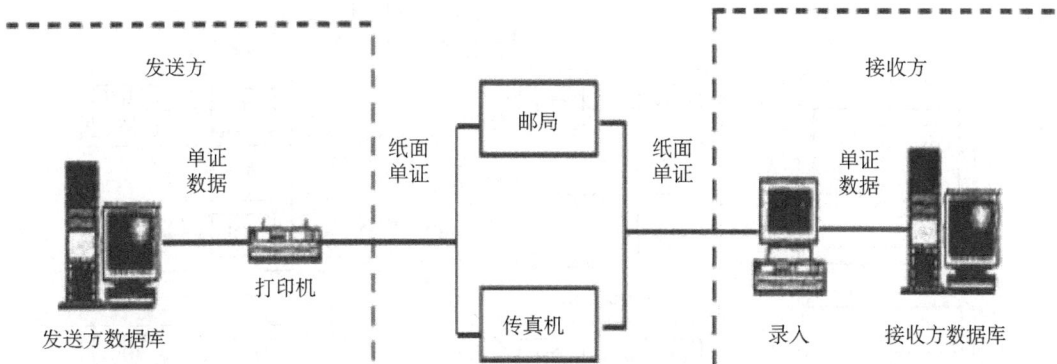

图 3-15 手工处理贸易单证的方式

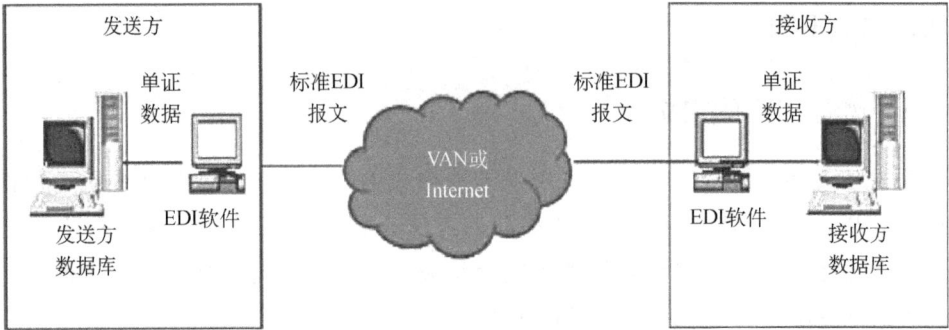

图 3-16　EDI 处理贸易单证的方式

EDI 是通过以下几个方面对物流作业的成本产生影响的。

（1）降低与印刷、邮寄及处理书面交易有关的劳动和物料成本。

（2）减少电话、传真及电传通信费用。

（3）减少抄写成本。

（4）可及时利用运输资源，降低运输成本和减少时间浪费。

（三）物流 EDI 系统的结构

物流 EDI 系统的构成要素与其他 EDI 系统一样，由数据标准化、通信网络和计算机软、硬件构成。其中，计算机软、硬件是实现 EDI 的前提条件，通信网络是实现 EDI 的技术基础，数据标准化是实现 EDI 的关键。

由配送中心、运输商、制造商、批发商、金融机构等通过 EDI 通信构成的物流 EDI 系统中（见图 3-17），每个连接机构都有用于数据通信的计算机硬件并购买了 EDI 软件，各机构之间通过计算机网络或专用网络来完成 EDI 通信，在实施 EDI 通信时各组织结构通过网络发送的为标准格式的 EDI 报文。

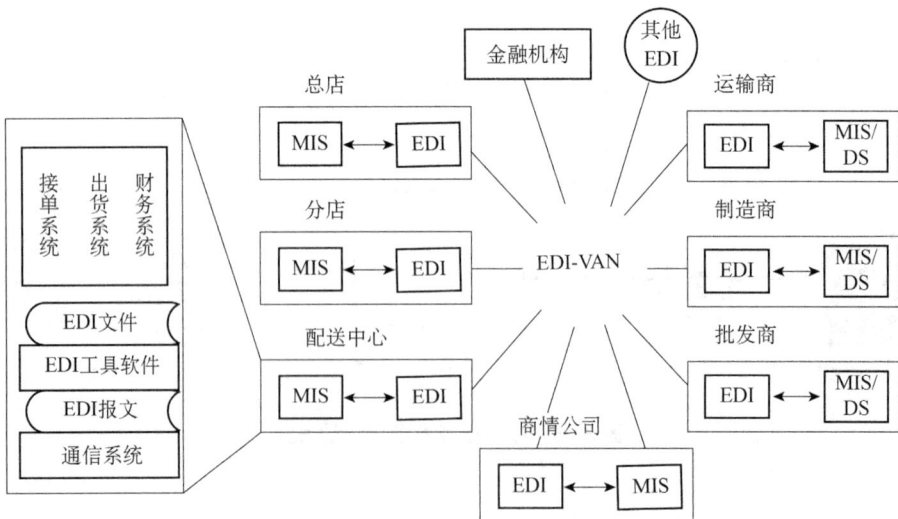

图 3-17　物流 EDI 系统结构图

（四）物流 EDI 的工作流程

如图 3-18 所示，以购买方与供应商之间使用 EDI 进行订单与订单回复为例，物流 EDI 的工作流程如下。

视频知识点：
3-3-003
EDI 贸易步骤

1．制作订单

在订单处理系统上制作出一份订单，并将所有必要的信息以电子传输的格式储存下来，同时产生一份电子订单。

2．发送订单

购买方将电子订单通过 EDI 系统传送给供应商，电子订单先存放在 EDI 交换中心上，等待来自供应商的接收指令。

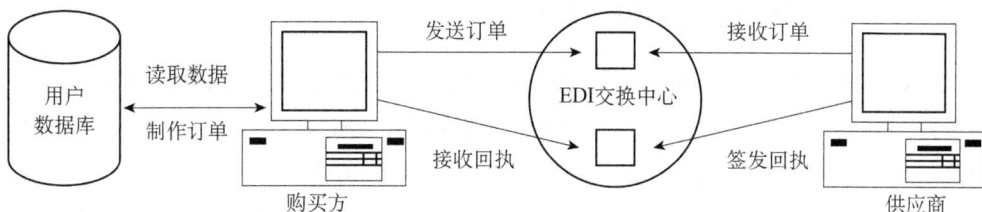

图 3-18　基于 EDI 的订单与订单回复

3．接收订单

供应商使用邮箱接收指令，从 EDI 交换中心自己的电子邮箱中收取全部邮件。

4．签发回执

供应商在收妥订单后，使用自己计算机上的订单处理系统，为电子订单自动产生一份回执，经供应商确认后，此电子订单回执被发送到网络，再经由 EDI 交换中心存放到购买方的电子邮箱中。

5．接收回执

购买方使用邮箱接收指令，从 EDI 交换中心自己的电子邮箱中收取全部邮件，其中包括供应商发来的订单回执。整个订货过程至此完成。

五、EDI 应用案例

以项目引导案例中的美的集团为例，介绍美的集团实施 EDI 的过程、EDI 实施前后的业务流程和 EDI 的应用效益。

（一）EDI 的实施过程

2009 年 11 月 4 日，美的和 SinoServices 成立了由双方专家组成的项目实施小组，宣布 EDI 项目正式启动。

在项目实施过程中，首先对 EDI 平台及各种网络系统、数据备份、防火墙、入侵检测等运行环境进行部署、调试。同时 SinoServices 深入美的业务系统应用的各部门，对实际工作业务流程等进行深层次的调研，并结合美的合作伙伴的业务和操作流程进行全面的分析。然后在调研的基础上，着手进行 EDI 平台的设计和开发，围绕所确定的业务范畴中的流程与数据的调研分析，按照产品线和业务类型的划分，分析企业数据流需求和详细的各类业务数据需求，在此基础上提交了整体项目分析和设计文档。同时，SinoServices 还对美的业务人员进行 EDI 操作流程培训，对美的 EDI 平台管理人员分阶段进行了平台管理和监控方面的培训。

视频知识点：
3-3-004
销售订货单

（二）实施 EDI 前后的业务流程对比

EDI 实施之前的人工处理方式需要从美的的各个业务子系统如 ERP、CRM 等提取出相关数据，再人工转换成合作伙伴所需要的单据格式，通过邮件、传真、电话等方式向相应的接收方发送（人工转换的过程可在美的或合作伙伴方进行）。同样地，当从合作伙伴处接收到各类异构形态的单据之后，要通过人工方式识别、读取，并录入相应的子系统中。EDI 实施之前的业务流程如图 3-19 所示。

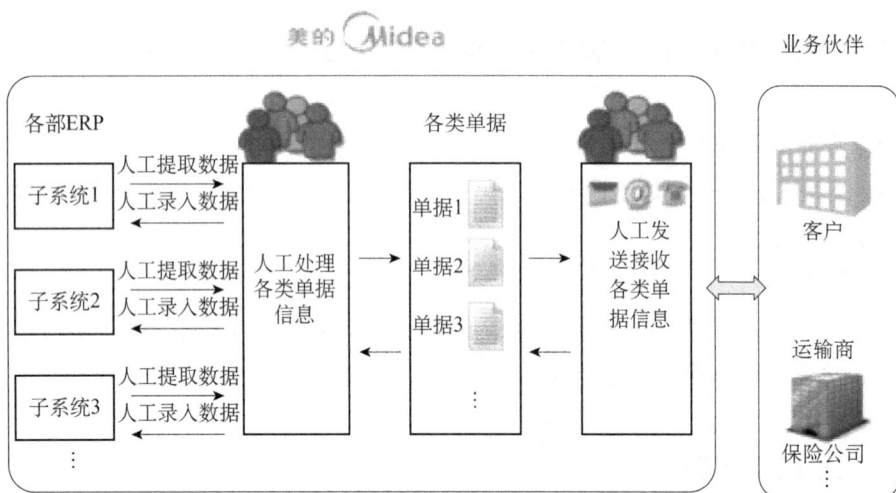

图 3-19 EDI 实施之前的业务流程图

EDI 实施之后，业务流程变为 EDI 平台自动接收各子系统发出的数据，再自动转换成标准 EDI 报文（或者合作伙伴系统能够直接识别的数据格式），再自动传输给接收方，整个过程无须人工干预，极大地提升了工作效率。EDI 实施之后的业务流程如图 3-20 所示。

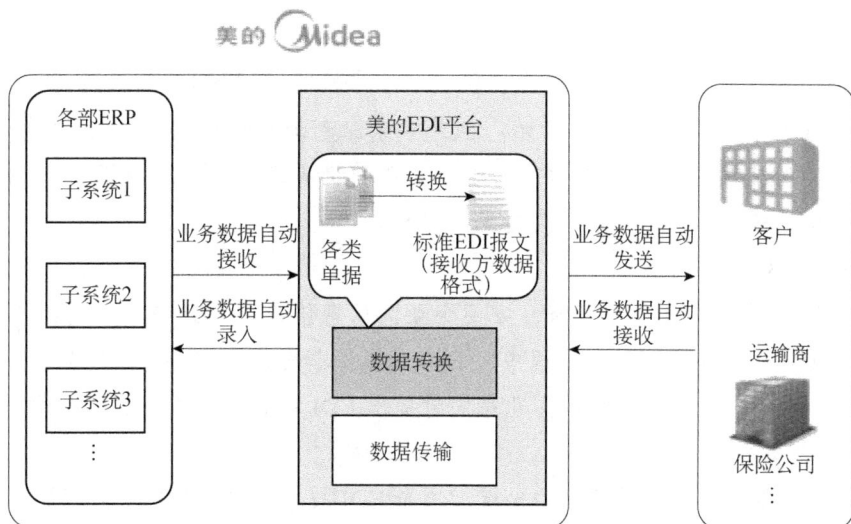

图 3-20　EDI 实施之后的业务流程图

（三）EDI 应用效益

美的的 EDI 成功运转一年多后，先后接入伊莱克斯、北培码头、中国出口信用保险公司等业务合作伙伴，美的已经明显感到集成、开放、灵活的 EDI 应用所带来的效益。

第一，美的与业务伙伴之间的数据交互由过去的人工方式转变为完全的自动化，极大地提升了供应链的工作效率。

第二，为美的节省了过去人工处理方式下所产生的额外费用，如节省各类纸张费用，节省电话、传真、邮递的费用，节省打印、复印费用，节省对数据收发、录用人员的管理费用等。

第三，由于实行了无纸化和全自动操作，大大降低了人工处理过程中由于人为操作、纸张丢失等造成的出错率，基本实现了无错化处理。

【相关阅读】

EDI 技术产生的背景和发展过程

1. EDI 技术产生的背景

全球贸易额的上升带来了各种贸易单证、文件数量的激增，市场竞争也出现了新的特征。价格因素在竞争中所占的比重逐渐减小，而服务性因素所占的比重增大。销售商为了减少风险，要求小批量、多品种、供货快，以适应瞬息万变的市场行情。而在整个贸易链中，绝大多数的企业既是供货商又是销售商，因此，提高商业文件传递速度和处理速度成了所有贸易链中成员的共同需求。

现代计算机的大量普及和应用及功能的不断提高，已使计算机应用从单机应用走向系统应用；同时，通信条件和技术的完善、网络的普及又为 EDI 技术的应用提供了坚实的基础。

EDI 技术具有高速、精确、远程和巨量的技术性能，因此 EDI 技术的兴起标志着一场全新的、全球性的商业革命的开始。国外专家深刻地指出："能否开发和推动 EDI 技术，将决定对外贸易方面的兴衰和存亡。如果跟随世界贸易潮流、积极推行 EDI 技术，就会成为巨龙而腾飞，否则就会成为恐龙而绝种。"

2. EDI 技术的发展过程

随着企业间的贸易越来越频繁，方便企业间信息传输的 EDI 技术应运而生，并且很快应用到企业间贸易中。在使用过程中，EDI 技术不断发展，应用范围也在不断扩大。

20 世纪 60 年代末，欧洲和美国几乎同时提出 EDI 的概念，美国航运业首先使用 EDI 技术。

20 世纪 70 年代，数字通信网的出现加快了 EDI 技术的成熟和应用范围的扩大，出现了一些行业性数据传输标准，并建立行业性 EDI 技术。

20 世纪 80 年代，EDI 技术应用迅速发展，美国国家标准协会（ANSI）授权 ASCX.12 委员会依据 TDCC 的标准，开发和建立跨行业且是一般性的 EDI 技术国家标准——ANSX.12。

20 世纪 90 年代，出现 Internet EDI，使 EDI 技术从专用网扩大到因特网，降低了成本，满足了中小企业对 EDI 技术的需求。

基础知识测试

一、单项选择题

1. 数据库的一般定义为：存储在计算机内的、有组织的、可共享的（　　　）集合。其作用主要是共享数据库中的资源信息。

A. 数据　　　　　　B. 信息　　　　　　C. 资源　　　　　　D. 文件

2.（　　　）是一种操纵和管理数据库的大型软件，用于建立、使用和维护数据库。

A. 数据库管理系统　B. 数据库　　　　　C. 数据库系统　　　D. 数据库操作系统

3.（　　　）是客观事物及其联系的数据描述，它应具有描述数据和数据间联系两方面的功能。

A. 数据结构　　　　B. 数据模型　　　　C. 数据一致性　　　D. 数据完整

4.（　　　）是指从各种各样类型的巨量数据中，快速获得有价值信息的技术。

A. 数据挖掘技术　　B. 数据库技术　　　C. 大数据技术　　　D. 数据仓库技术

5.（　　　），简单来说就是通过海量的物流数据（比如一个运单里面的收件地址、收件人信息），挖掘出新的增值价值。

A．物流信息　　　B．物流大数据　　　C．物流数据库　　　D．物流数据挖掘

6．云计算支持用户在任意位置、使用各种终端获取应用服务，所请求的资源来自"云"，而不是固定的有形的实体。这指的是云计算的（　　　）。

A．虚拟化　　　　B．超大规模　　　C．通用性　　　　D．高可靠性

7．"云"是一个庞大的资源池，可按需购买；"云"可以像自来水、电、煤气那样计费。这指的是云计算的（　　　）。

A．超大规模　　　B．按需服务　　　C．通用性　　　　D．高可靠性

8．（　　　）是指接收方将平面文件转换成应用文件，再交由应用系统对应用文件进行编辑、处理和回复。

A．翻译　　　　　B．映射　　　　　C．还原　　　　　D．加密

9．（　　　）是指货主、承运业主及其他相关单位之间，通过 EDI 系统进行物流数据交换，并以此为基础实施物流作业活动的方法。

A．物流 EDI　　　B．物流数据交换　C．物流通信　　　D．信息处理

10．（　　　）是工作在链路层的网络组件，是局域网中连接计算机和传输介质的接口。

A．网卡　　　　　B．路由器　　　　C．调制解调器　　D．网关

11．（　　　）是在一个局部的地理范围内（如一个学校、工厂和机关内），一般是方圆几千米以内，将各种计算机、外部设备和数据库等互相连接起来组成的计算机通信网。

A．广域网　　　　B．城域网　　　　C．局域网　　　　D．校园网

12．（　　　）是指有两个同心导体，而导体和屏蔽层又共用同一轴心的电缆。

A．双绞线　　　　B．电话线　　　　C．光缆　　　　　D．同轴电缆

13．移动互联网是一个以（　　　）为核心，融合终端、网络和内容的有机体。

A．用户　　　　　B．手机　　　　　C．网络　　　　　D．通信技术

14．移动互联网随时随地都可使用是（　　　）的体现。

A．便捷性　　　　B．便携性　　　　C．即时性　　　　D．精准性

二、多项选择题

1．数据库技术在仓储管理中主要是和（　　　）配合使用。

A．条码　　　　　B．GIS　　　　　C．GPS　　　　　D．RFID

2．数据库的特点有（　　　）。

A．数据结构化　　　　　　　　　B．数据由 DBMS 统一管理

C．数据独立性高　　　　　　　　D．数据共享性高

3．大数据技术主要有（　　　）。

A．采集技术　　　　　　　　　　B．数据存储技术

C．数据管理技术 　　　　　　　　　D．数据分析与挖掘技术

4．大数据的特征有（　　　）。

A．体量大 　　　　B．多样性 　　　　C．价值密度低 　　　　D．速度快

5．云计算主要包括（　　　）。

A．基础设施即服务 　　　　　　　　B．软件即服务

C．平台即服务 　　　　　　　　　　D．信息即服务

6．云计算的特点有（　　　）。

A．超大规模 　　　　B．虚拟化 　　　　C．高可靠性 　　　　D．高可扩展性

7．EDI 软件主要有（　　　）。

A．转换软件 　　　　B．翻译软件 　　　　C．通信软件 　　　　D．加密软件

8．物流 EDI 的工作流程有（　　　）和接收回执。

A．制作订单 　　　　B．发送订单 　　　　C．接收订单 　　　　D．签发回执

9．计算机网络根据覆盖范围可以分为（　　　）。

A．局域网 　　　　B．城域网 　　　　C．广域网 　　　　D．区域网

10．传输介质承担网络中节点之间的物理通信，决定网络数据通信的质量。用的传输介质有（　　　）等。

A．双绞线 　　　　B．星形拓扑结构 　　　　C．光纤 　　　　D．电话线

11．计算机网络有（　　　）三种拓扑结构。

A．环形拓扑结构 　　　　　　　　　B．星形拓扑结构

C．总线型拓扑结构 　　　　　　　　D．菱形拓扑结构

12．移动互联网包括（　　　）3 个层面。

A．终端 　　　　B．软件 　　　　C．应用 　　　　D．互联网

13．移动互联网的终端层包括（　　　）。

A．智能手机 　　　　　　　　　　　B．平板计算机

C．电子书 　　　　　　　　　　　　D．MID（Mobile Internet Device）

14．移动互联网的网络接入技术主要包括（　　　）及其他接入网络技术等。

A．移动通信网络 　　　　　　　　　B．无线局域网（WLAN）

C．无线 MESH 网络（WMN） 　　　　D．异构无线网络融合技术

15．移动互联网在物流中的应用有（　　　）。

A．掌上配货 　　　　B．视频监控 　　　　C．车辆货物跟踪 　　　D．呼叫中心调度

三、简答题

1．简述数据库技术在物流中的应用。

2．简述大数据的定义和特征。

3．简述云计算在快递行业中的应用。

5．简述物流云计算的优点。

6．简述 EDI 系统的构成。

7．简述 EDI 系统的工作流程。

8．简述广域网的定义和特点。

9．简述对移动互联网概念的理解。

10．移动互联网有哪些发展趋势？

3-3-005
项目三　基础
知识测试
参考答案

技能项目实训

阿里云大学实训

【实训目的】

了解阿里云的主要产品和解决方案；通过阿里云大学的开发者课堂，学习云计算和大数据的基本课程；通过阿里云大学的开放实验室，学习云上入门实验。

【实训条件】

计算机、互联网。

【实训步骤】

1．登录阿里云网站，了解阿里云的基本情况、主要产品和解决方案。阿里云（www.aliyun.com）创立于 2009 年，是全球领先的云计算及人工智能科技公司，为 200 多个国家和地区的企业、开发者和政府机构提供服务。2017 年 1 月阿里云成为奥运会全球指定云服务商。2017 年 8 月阿里巴巴财报数据显示，阿里云付费云计算用户超过 100 万。阿里云致力于以在线公共服务的方式，提供安全、可靠的计算和数据处理能力，让计算和人工智能成为普惠科技。阿里云在全球 18 个地域开放了 42 个可用区，为全球数十亿用户提供可靠的计算支持。此外，阿里云为全球客户部署 200 多个飞天数据中心，通过底层统一的飞天操作系统，为客户提供全球独有的混合云体验。

2．访问阿里云大学的开发者课堂，学习云计算和大数据的基本课程。开发者课堂是数据时代的 IT 技能学习平台，为云计算、大数据、人工智能等前沿及基础技术课程学、练、测、在线实验提供一站式体验。

3．访问阿里云大学的开放实验室，学习云上入门实验，按照讲解完成简单的入门实验。阿里云官方实验平台提供真实云环境、精品实验项目、详细实验文档，帮助用户快速掌握阿里云产品。

【实训结果】

把学习阿里云的情况写入实训报告。

【考核方式】

本次实训以小组的形式完成，成绩由以下 3 个部分组成：

1．调研实施、小组讨论（占 30%）；

2．PPT 报告（40%）；

3．课堂汇报（30%）。

项目四　物流跟踪技术应用

学习目标

知识目标

1. 掌握 GIS 的基本含义、特征及其组成，了解 GIS 的应用；
2. 掌握 GPS 的含义，掌握 GPS 系统的组成及工作原理，了解 GPS 的应用；
3. 了解其他主要的跟踪技术及其应用。

能力目标

1. 能用 GIS 和 GPS 解决物流配送和运输中的调度问题；
2. 能说出 GIS 和 GPS 在物流应用过程中的不足，并提出改善建议。

知识结构图

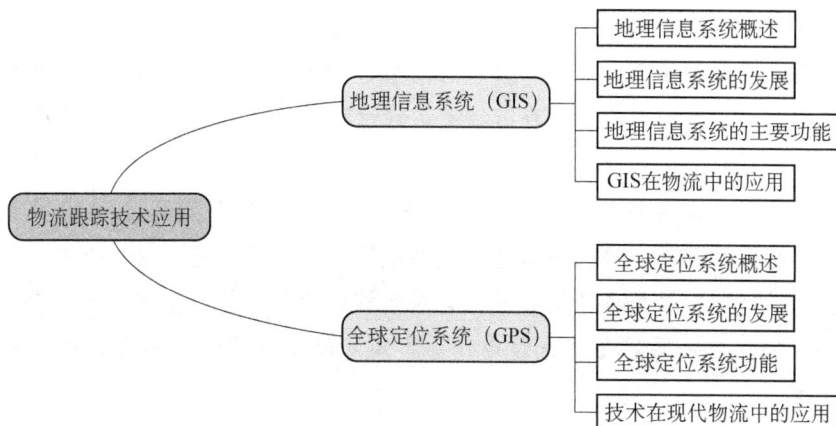

职业标准与岗位要求

职业功能	工作内容	技能要求	相关知识
物流 GPS、GIS 知识认知	物流 GPS、GIS 知识的把握及应用	能熟知 GPS、GIS 的概念; 能掌握 GPS、GIS 的主要功能; 能准确把握和理解 GPS、GIS 在现代物流中的应用	GPS、GIS 概念; GPS、GIS 功能; GPS、GIS 的应用
GPS、GIS 数据的传输和交换流程设计及优化	物流 GPS、GIS 知识	能熟练掌握 GPS、GIS 技术的应用方法	GPS、GIS 技术; GPS、GIS 系统
	物流 GPS、GIS 流程设计及优化	能通过搜集资料了解 GPS、GIS 的优点; 能结合实际了解 GPS、GIS 的应用范围; 会使用 GPS、GIS	GPS、GIS 技术

导入案例

徐州新沂百世云仓公司 GPS/GIS 冷链物流车载监控系统

我国经济高速发展,带动生活水平提升,人们对于冷冻肉类食品的需求增大。因此,生产至销售过程中低温控制的物流技术应运而生。在冷链物流体系中,物流运输流程与生产及销售息息相关。在冷链物流过程中需能够实时监控,保障肉类产品运输流程可控,对保障消费者利益有实际意义。物联网技术应用后,研究人员提出冷链物流车系统方案,将GPS/GIS 技术应用于系统中,可对冷链物流运输过程进行控制,可保障食品质量安全。

徐州新沂百世云仓公司在近年来发展势头迅猛,并与新技术结合。新沂仓与普通仓的区别便是作业流程自动化及科学技术水平较高,自接受订单开始至出库 10 分钟即可,效益相比其他仓库更加高效,该公司智能物流系统可实现系统对接、收货上架、订单接收、订单打印、订单处理,并配备不同编号,订单经核对后便可打包出库,智能管理团队为其中重要部分。所以智能冷链物流车载中能够实现冷链车载需求,实现 GPS/GIS 冷链物流车载监控系统。

一、冷链物流车载监控系统功能分析

冷链物流监控系统起源于 1990 年后,至今已经应用在多个领域。发达国家的冷链物流车监控系统已经相对完善,能够实现智能监控、动态支持、多准则决策目的。并且这些系统在定位与监控方面存在相同点,即精准定位,使调度的稳定性及可靠性提升。我国冷链物流车载监控系统还不够完善,致使食品运输出现大量损失,所以应当设计一套可行性较强的冷链物流车载系统,能够实现对货物运输信息、货物储存环境、货物到达地点等控制，实现实时消息反馈，保障在冷链物流运输过程中，对货物信息进行调配。冷链物流的主要功能为保障食品安全及质量，并减少食品损耗，使容易腐蚀的肉类及生鲜食品能够在生产及销售的各个环节保持在可控温度下。物流各个环节应处于低温环境下，保障食品安全供应。

徐州新沂百世云仓公司所设计的该系统功能为：车载终端湿度传感器模块采集冷藏车厢环境的湿度，利用 GPS 定位模块采集车辆经纬度、海拔等信息；RFID 射频读写器将货物的中转信息记录下来；车载终端安置 LCD 液晶屏观察数据；利用 GPRS 无线网络技术将所采集信息传输到远程监控中心或移动手机终端中，对冷链车进行追踪查询。车厢环境温度为影响冷链物流货物是否达到品质的关键，在冷链物流中，运输产品不同，温度控制也存在较大差别，所以应当做好不同食品的温度区分。车载监控系统如图 4-1 所示。

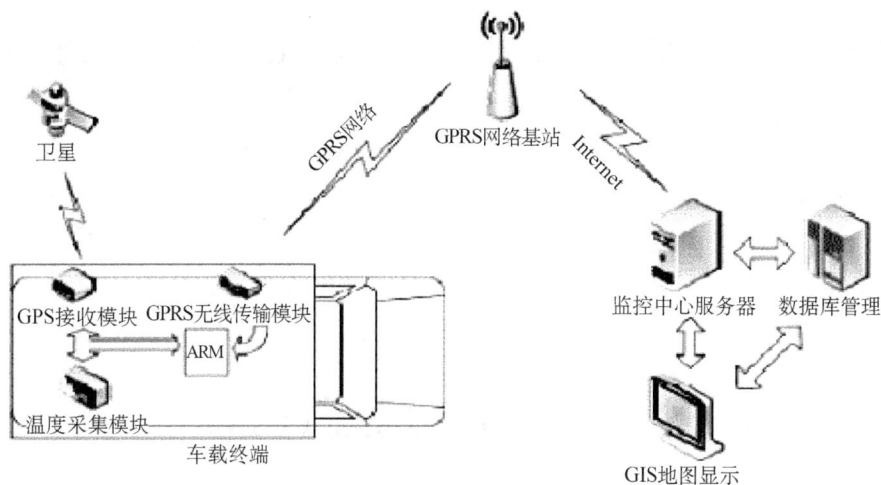

图 4-1 车载监控系统

二、操作原理

徐州新沂百世云仓公司所设计的智能冷链物流车载监控系统结构中包括运输车终端、中心数据接收、实时监控系统及 GIS/GPS 系统。

徐州新沂百世云仓公司的监控中心为车载系统控制台，可对整个监控系统运行状态进行检测，对信息数据进行处理，并利用电子信息地图将车载数据传入内部调度系统中。具体流程为：开始—获取坐标点—以坐标点为圆心，d 为半径，搜索路段—是否查找到路段—否，d=d+5—是，是否与上次路径重复—否，储存路段—是，读取其他路段，计算 d 是否最小—是，标记车辆位置点—否，回到上一层—结束。

三、实施效果

将该冷链物流车载监控系统建设完成后应用于徐州地区的生鲜超市，超市主要营销牛奶、果蔬、海鲜等产品。在徐州地区有 18 家门店，遍布街道广泛，运输途中需要不同仓库配送。产品自其他地区向徐州地区输送过程中也应用 GPS/GIS 冷链物流车载监控系统，能够保障运输货物保鲜，不会出现腐烂、变质情况。对此系统的应用调查显示，在120 次输送货物过程中，货物耗损量仅为 2.5%，为徐州新沂百世云仓公司节省了大量成本，提升了经济效益。

　　徐州新沂百世云仓公司将冷链物流车载监控系统作为研究对象，利用嵌入式技术及GPS 技术、GIS 技术，并根据公司实际需求构建车载监控终端，利用 GIS 地理信息系统及数据库管理技术开发监控中心管理系统，对车辆所在地理位置及车厢温度实施远程监控。实践证明，通过技术使运输过程中的食品质量得到了保障，并减少了运输过程中产生的经济损失，为保障事前预警、事中控制及事后追溯提供了可靠的依据。

【项目任务】

　　任务 1：结合案例，分析徐州新沂百世云仓公司 GPS/GIS 冷链物流车载监控系统的功能构成。

　　任务 2：结合案例，分析徐州新沂百世云仓公司 GPS/GIS 冷链物流车载监控系统的竞争优势有哪些。

知识学习

任务一　地理信息系统（GIS）

一、地理信息系统概述

1. 何为地理信息系统？

　　地理信息系统，简称 GIS（Geographic Information System），是处理地理信息的系统。地理信息是指直接或间接与地球上的空间位置有关的信息，又常称为空间信息。一般来说，GIS 可定义为："用于采集、存储、管理、处理、跟踪、检索、分析和表达地理空间数据的计算机系统，是分析和处理海量地理数据的通用技术。"从 GIS 系统应用角度，可进一步定义："GIS 由计算机系统、地理数据和用户组成，通过对地理数据的集成、存储、检索、操作和分析，生成并输出各种地理信息，从而为土地利用、资源评价与管理、环境监测、交通运输、物流管理、经济建设、城市规划及政府部门行政管理提供新的知识，为工程设计和规划、物流管理和运营等进行决策服务。"

　　目前，对地理信息系统的定义还存在分歧。这种分歧起因于地理信息系统本身诞生历

视频知识点：
什么是 GIS
（地理信息系统）
4-1-001

史不长、发展速度很快、应用领域广泛等因素。因此，地理信息系统的定义可能基于系统具备的功能，也可能基于应用或其他方面。美国学者 David J.Cowen（1988）在分析现有地理信息系统定义的基础上，将其归结为以下 4 类：

（1）面向数据处理过程的定义。认为地理信息系统由地理数据的输入、存储、查询、分析与输出等子系统组成。过程定义本身很清楚，强调数据的处理流程，但其外延太广泛，不利于将地理信息系统与其他地理数据自动化处理系统分开。

（2）面向专题应用的定义。在面向过程定义的基础上，按其分析的信息类型来定义地理信息系统，如土地利用信息系统、矿产资源管理信息系统、投资环境评估信息系统、城市交通管理信息系统等。应用定义有助于描述地理信息系统的应用领域范畴。

（3）工具箱定义。这种定义基于软件系统分析的观点，认为地理信息系统包括各种复杂的处理空间数据的计算机程序和各种算法。工具箱定义系统地描述了地理信息系统软件应具备的功能，为软件系统的评价提供了基本的技术指标。

（4）数据库定义。在工具箱定义的基础上，更加强调分析工具和数据库间的连接。一个通用的地理信息系统可看成是许多特殊的空间分析方法与数据管理系统的结合。

2．地理信息系统的构成

GIS 的应用系统由 5 个主要部分构成，即硬件、软件、数据、人员和方法。

（1）硬件。硬件是指操作 GIS 所需的一切计算机资源。目前的 GIS 软件可以在很多类型的硬件上运行，从中央计算机服务器到桌面计算机，从单机到网络环境。一个典型的 GIS 硬件系统除了计算机，还包括数字化仪、扫描仪、绘图仪、磁带机等外部设备。根据硬件配置规模的不同可分为简单型、基本型、网络型。如图 4-2 所示是典型的网络型 GIS 硬件配置，如图 4-3 所示是一个典型的基本型 GIS 硬件配置，它是一般用户最常用的配置。

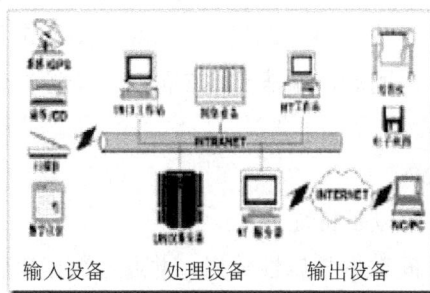

图 4-2 网络型 GIS 硬件系统   图 4-3 基本型 GIS 硬件系统

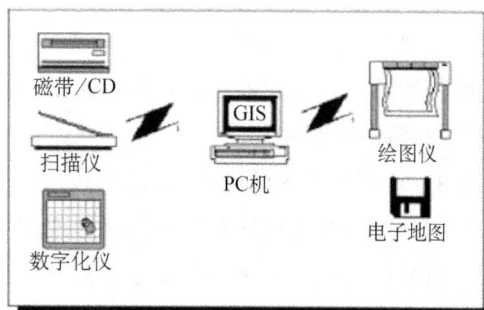

（2）软件。软件是指 GIS 运行所必需的各种程序，主要包括计算机系统软件（含物流管理软件）和地理信息系统软件两部分。地理信息系统软件提供存储、分析和显示地理信息的功能和工具。主要的软件部件有：输入和处理地理信息的工具；数据库管理系统工具；支持地理查询、分析和可视化显示的工具；容易使用这些工具的图形用户界面。

（3）数据。数据是一个 GIS 应用系统的最基础的组成部分。在物流领域中，货物的空间数据是 GIS 的操作对象，是现实世界经过模型抽象的实质性内容。图 4-4 展示了 GIS 对现实世界的信息表达与分层。

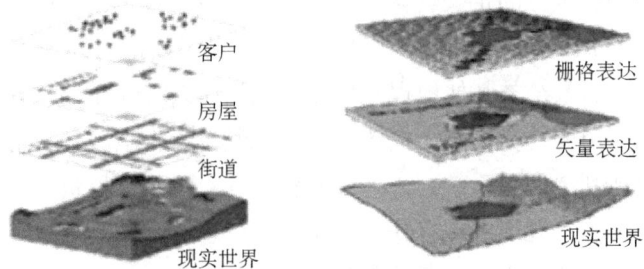

图 4-4　GIS 对现实世界的表达与分层

一个 GIS 应用系统必须建立在准确合理的地理数据基础上。数据来源包括室内数字化、野外采集，以及其他数据的转换。数据包括空间数据和属性数据，空间数据的表达可以采用栅格和矢量两种形式。空间数据表现了地理空间实体的位置、大小、形状、方向及几何拓扑关系。

（4）人员。人是地理信息系统中重要的构成要素，GIS 不同于一幅地图，它是一个动态的地理模型，仅有系统软硬件和数据还不能构成完整的地理信息系统，需要人进行系统组织、管理、维护和数据更新、系统扩充完善及应用程序开发，并采用空间分析模型提取多种信息。因此，GIS 应用的关键是掌握实施 GIS 来解决现实问题人员的素质。这些人员既包括从事设计、开发和维护 GIS 系统的技术专家，也包括那些使用该系统并解决专业领域任务的领域专家。一个 GIS 系统的运行班子应由项目负责人、信息技术专家、应用专业领域技术专家、若干程序员和操作员组成。

（5）方法。这里的方法主要是指空间信息的综合分析方法，即常说的应用模型。它是在大量研究专业领域的具体对象与过程的基础上总结出的规律的表示。GIS 应用就是利用这些模型对大量空间数据进行分析来综合解决实际问题的，如基于 GIS 的矿产资源评价模型、灾害评价模型等。

3．地理信息系统的特征

与一般的管理信息系统相比，地理信息系统具有以下特征：

（1）地理信息系统在分析处理问题时使用了空间数据与属性数据，并通过数据库管理系统将两者联系在一起共同管理、分析和应用，从而提供了认识地理现象的一种新的思维方法；而管理信息系统则只有属性数据库的管理，即使存储了图形，也往往以文件形式等机械形式存储，不能进行有关空间数据的操作，如空间查询、检索、相邻分析等，更无法进行复杂的空间分析。

（2）地理信息系统强调空间分析，通过利用空间解析式模型来分析空间数据，地理信息系统的成功应用依赖于空间分析模型的研究与设计。

另外，从地理信息系统在物流运输与配送实际应用中的作用与地位来看，目前对地理信息系统的认识可归纳为 3 个相互独立又相互关联的观点。

第一种是地图观点，强调地理信息系统作为信息载体与传播媒介的地图功能，认为地理信息系统是一种地图数据处理与显示系统，在此，每个地理数据集可看成一张地图，通过地图代数实现数据的操作与运算，其结果仍然表现为一张具有新内容的地图。在物流管理、地理测绘及各种专题地图部门非常重视地理信息系统的快速生产高质量地图的能力。

第二种观点称为数据库观点，多为具有计算机科学背景的用户所接纳，强调数据库系统在地理信息系统中的重要地位，认为一个完整的数据库管理系统是任何一个成功的地理信息系统不可缺少的部分。

第三种观点则是分析工具观点，强调地理信息系统的空间分析与模型分析功能，认为地理信息系统是一门空间信息科学。这种观点也普遍地为地理信息系统界所接受，并认为这是区分地理信息系统与其他地理数据自动化处理系统的唯一特征。

二、地理信息系统的发展

人类生活在地球上，80%以上的信息与地球上的空间位置有关。GIS 的出现是信息技术及其应用发展到一定程度的必然产物。

1. 地理信息系统萌芽于 20 世纪 60 年代

1962 年，加拿大的 Roger F. Tomlinson 提出利用数字计算机处理和分析大量的土地利用地图数据，并建议加拿大土地调查局建立加拿大地理信息系统（CGIS），以实现专题地图的叠加、面积量算、自然资源的管理和规划等；与此同时，美国的 Duane F. Marble 在美国西北大学研究利用数字计算机研制数据处理软件系统，以支持大规模城市交通研究，并提出建立地理信息系统的思想。

2. 20 世纪 70 年代是地理信息系统走向实用的发展期

美国、加拿大、英国、德国、瑞典和日本等国对 GIS 的研究均投入了大量人力、物力和财力。到 1972 年，CGIS 全面投入运行与使用，成为世界上第一个运行型的地理信息系统；在此期间美国地质调查局发展了 50 多个地理信息系统，用于获取和处理地质、地理、地形和水资源信息。1974 年，日本国土地理院开始建立数字国土信息系统，存储、处理和检索测量数据、航空相片信息、行政区划、土地利用、地形地质等信息。瑞典在中央、区域和城市三级建立了许多信息系统，如土地测量信息系统、斯德哥尔摩地理信息系统、城市规划信息系统等。但由于当时的 GIS 系统多数运行在小型机上，涉及的计算机软硬件、外部设备及 GIS 软件本身的价格都相当昂贵，限制了 GIS 的应用范围。

3. 20 世纪 80 年代是 GIS 的推广应用阶段

由于计算机技术的飞速发展，计算机在性能大幅度提高的同时，价格迅速下降，特别是工作站和个人计算机的出现与完善，使 GIS 的应用领域与范围不断扩大。GIS 与卫星遥感技术相结合，开始用于全球性问题的研究，如全球变化和全球监测、全球沙漠化、全球可居住区评价、厄尔尼诺现象及酸雨、核扩散及核废料等（李德仁，1994）；从土地利用、城市规划等宏观管理应用，深入各个领域解决工程问题，如环境与资源评价、工程选址、设施管理、紧急事件响应等。在这一时期，出现了一大批有代表性的 GIS 软件，如 ARC / INFO、GENAMAP、SPANS、MAPINPO、ERDAS、Microstation 等，其中 ARC / INFO 已经愈来愈多地为世界各国地质调查部门所采用，并在区域地质调查、区域矿产资源与环境评价、矿产资源与矿权管理中发挥越来越重要的作用。

4．20 世纪 90 年代至今为 GIS 的用户时代

随着地理信息产业的建立和数字化信息产品在全世界的普及，GIS 成了一个产业，投入使用的 GIS 系统，每 2～3 年就翻一番，GIS 市场的增长也很快。目前，GIS 的应用在走向区域化和全球化的同时，已渗透到各行各业，涉及千家万户，成为人们生产、生活、学习和工作中不可缺少的工具和助手。与此同时，GIS 也从单机、二维、封闭向开放、网络（包括 Web GIS）、多维的方向发展。

5．我国在地理信息系统方面的应用

在我国，地理信息系统的应用始于 20 世纪 80 年代初。地理信息系统进入发展阶段的标志是第 7 个五年计划的开始，地理信息系统研究作为政府行为，正式列入国家科技攻关计划，开始了有计划、有组织、有目标的科学研究、应用实验和工程建设工作。许多部门同时展开了地理信息系统研究与开发工作。1994 年中国 GIS 协会在北京成立，标志中国 GIS 行业已形成一定规模。九五期间，国家将地理信息系统的研究应用作为重中之重的项目予以支持，1996 年，为支持国产 GIS 软件的发展，原国家科委开始组织软件评测，并组织应用示范工程。这一系列的举措极大地促进了国产

GIS 软件的发展与 GIS 的应用。1998 年，国产软件打破国外软件的垄断，在国内市场的占有率达 25%。同年，在抽样调查 25 个省市 19 个行业的 1000 多个单位中，全部使用了地理信息系统。地理信息系统在资源调查、评价、管理和监测，在城市的管理、规划和市政工程、行政管理与空间决策、灾害的评估与预测、地籍管理及土地利用，在交通、农业、公安等诸多领域得到了广泛的应用。

三、地理信息系统的主要功能

一个 GIS 软件系统应具备五项基本功能，即数据输入、数据编辑与处理、数据存储与管理、空间查询与分析、可视化表达与输出。图 4-5 所示的是典型的 GIS 功能构成图。

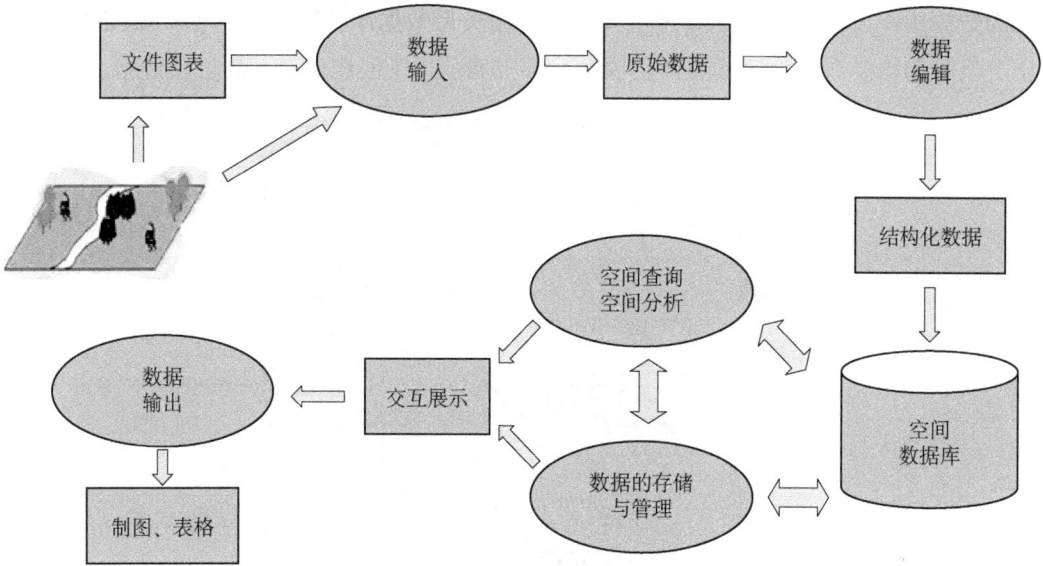

图 4-5 典型的 GIS 功能构成图

1. 数据输入

数据输入是建立地理数据库必需的过程。数据输入功能指将地图数据、物化遥数据、统计数据和文字报告等输入、转换成计算机可处理的数字形式的各种功能。对多种形式、多种来源的信息，可实现多种方式的数据输入，如图形数据输入、栅格数据输入、GPS 测量数据输入、属性数据输入等。用于地理信息系统空间数据采集的主要技术有两类，即使用数字化仪的手扶跟踪数字化技术和使用扫描仪的扫描技术。手扶跟踪数字化曾在相当长的时间内是空间数据采集的主要方式。扫描数据的自动化编辑与处理是空间数据采集技术研究的重点，随着扫描仪技术性能的提高及扫描处理软件的完善，扫描数字化技术的使用越来越普遍。

2. 数据编辑与处理

数据编辑主要包括图形编辑和属性编辑。属性编辑主要与数据库管理结合在一起完成，图形编辑主要包括拓扑关系建立、图形编辑、图形整饰、图幅拼接、图形变换、投影变换、误差校正等功能。

3. 数据存储与管理

数据的有效组织与管理，是 GIS 系统成功应用的关键，主要提供空间与非空间数据的存储、查询检索、修改和更新的能力。矢量数据结构、光栅数据结构、矢栅一体化数据结构是存储 GIS 的主要数据结构。数据结构的选择在相当程度上决定了系统所能执行的功能。

数据结构确定后，在空间数据的存储与管理中，关键是确定应用系统空间与属性数据库的结构及空间与属性数据的连接。目前广泛使用的 GIS 软件大多数采用空间分区、专题分层的数据组织方法，用 GIS 管理空间数据，用关系数据库管理属性数据。如图 4-6 所示是一个典型的地学数据分层管理概念模型，其中展示了空间图层及其属性的连接。

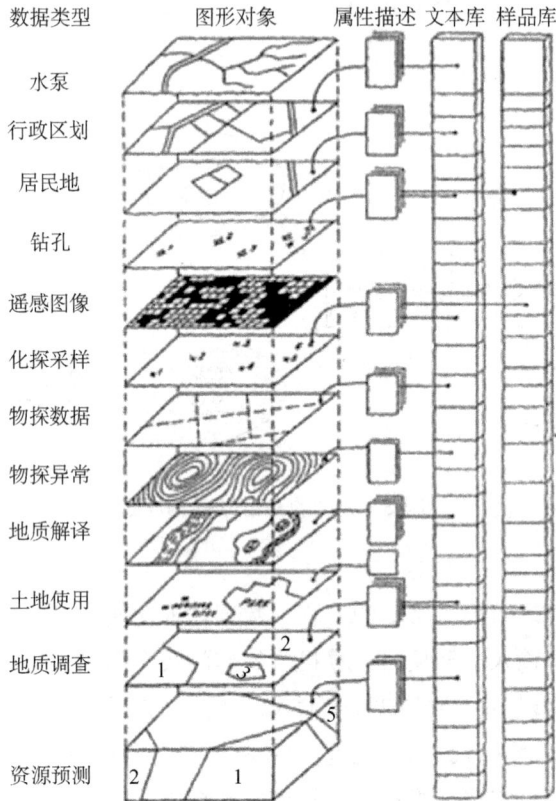

图 4-6 典型的地学数据分层管理概念模型

4．空间查询与分析

空间查询与分析是 GIS 的核心，是 GIS 最重要的和最具有魅力的功能，也是 GIS 有别于其他信息系统的本质特征。地理信息系统的空间分析可分为 3 个层次的内容。

（1）空间检索：包括从空间位置检索空间物体及其属性、从属性条件检索空间物体。

（2）空间拓扑叠加分析：实现空间特征（点、线、面或图像）的相交、相减、合并等，以及特征属性在空间上的连接。

（3）空间模型分析：如数字地形高程分析、BUFFER 分析、网络分析、图像分析、三维模型分析、多要素综合分析及面向专业应用的各种特殊模型分析等。

5．可视化表达与输出

中间处理过程和最终结果的可视化表达是 GIS 的重要功能之一。通常以人机交互方式来选择显示的对象与形式，对于图形数据，根据要素的信息密集程度，可选择放大或缩小显示。GIS 不仅可以输出全要素地图，也可以根据用户需要，分层输出各种专题图、各类统计图、图表及数据等。

除上述五大功能，还有用户接口模块，用于接收用户的指令、程序或数据，是用户和系统交互的工具，主要包括用户界面、程序接口与数据接口。由于地理信息系统功能复杂，且用户又往往为非计算机专业人员，用户界面是地理信息系统应用的重要组成部分，地理信息系统成为人机交互的开放式系统。

四、GIS 在物流中的应用

物流旨在将运输、仓储、装卸搬运、加工、配送、信息处理等方面有机结合，形成完整的供应链，为用户提供多功能、一体化的综合性服务。物流活动主要由资金流、信息流、物流构成。而这些物流活动中有相当一部分与地理位置有关，如配送中心位置的选择、配送点的布局、配送路径优化、配送车辆的实时监控与调度和配送服务质量的提升等，这些因素都与地理位置密切相关。

物流信息具有空间尺度、空间特征的性质，物流信息中大约 80%的信息与空间位置有关，而运输、仓储和配送等涉及的信息几乎全部与空间位置有着直接的关系。鉴于地理信息系统（GIS）具有强大的采集、管理、存储、分析、处理、输出空间数据的能力，良好的可视化和辅助决策方式，在物流领域中，GIS 处理与地理位置相关的空间数据具有得天独厚的优势，利用 GIS 技术和手段优化物流过程，必将有力地压缩物流成本，创造更大的利润。

视频知识点：
4-1-003
GIS 应用领域介绍

1．基于 GIS 物流的中心选址

物流中心选址是物流系统中具有战略意义的投资决策问题，对整个系统的物流合理化和商品流通的社会效益有着决定性的影响。但由于商品资源分布、需求状况、运输条件和自然条件等因素的影响，即使在同一区域内的不同地方建立物流中心，整个物流系统和全社会经济效益也是不同的。

（1）传统选址方法的缺陷。物流中心选址方法已有较为成熟的模型与算法，主要有重心法、数值分析法、Kuehn-Hanburger 模型、Baumol-Wolfe 模型、CFLP 法、Delphi 专家咨询法等。这些传统选址方法虽然使物流中心选址更加方便，但大部分方法均存在不同程度的令人不满意的地方。这些方法都存在一个共同的缺陷，这也是一般物流中心选址方法所存在的一个弊病，即这些方法几乎都是建立在静态的假定条件下来实现的，或者平面画图求解，或者建立一个模型，经过一系列的计算，然后得出最优结果。所有这些方法都是静态的，非直观的。但是，现实事物在不断变化，尤其在信息时代，需求与供应都可能随时发生变化，因此，其结果往往与现实情况不完全相符合，甚至相差非常大。GIS 技术的出现，可以很好地帮助我们克服以上缺点，较好地解决物流中心的选址问题。

（2）利用 GIS 选址的优点。首先，GIS 最大、最显著的特点是通过地图来表现数据。在传统的关系数据库中，各数据域是平等的，它们按照关系规范化理论组织起来。在 GIS

中，空间信息和属性信息是不可分割的整体，它们分别描述地理实体的两面，以地理实体为主线组织起来，除了具有管理空间数据（如物流节点的位置），还具有空间查询与分析功能（如查询设施的属性、分析其周围的环境状况等）。

其次，具有可视性。利用 GIS 可以以图的形式显示区域地理要素背景下的整个物流网络（如现存物流节点、道路、客户等要素），一般规划者能够直观方便地确定位置或线路，而且 GIS 最终的评价是输出图形，既直观又便于理解。

最后，具有动态交互性。GIS 是一个动态的系统，它强大的数据库系统可以保持持续更新，对于地理空间上的任何变化，GIS 都可以更新其数据库以备调用。同时，利用 GIS 的空间查询分析功能，在物流中心选址过程中能很好地实现规划者与计算机的动态交互，使得选址结果更符合实际所需。

（3）用 GIS 进行物流中心选址的原理。在 GIS 中，物流系统中的点、线、面都可作为空间实体，可以用空间数据来表达，空间数据描述的是现实世界各种现象的三大基本特征：空间、时间和专题特征。空间特征是地理信息系统或者说是空间信息系统所独有的，是指地理现象和过程所在的位置、形状和大小等几何特征，以及与相邻地理现象和过程的空间关系。时间特征是指空间数据随时间的变化而变化的情况。专题特征也指空间现象或空间目标的属性特征，它是指除了时间和空间特征以外的空间现象的其他特征。

GIS 是进行物流中心选址的最佳分析工具，它用于物流中心选址主要依靠 GIS 的以下分析功能：

①空间查询。能够分析系统中点、线、面基本图形间的关系，如查询物流中心周围一千米范围内所有配送点的情况；与某个配送中心相连的道路情况；某个需求点区域与其他周边的地理分布情况等。

②叠加分析。叠加分析是 GIS 非常重要的空间分析功能。要了解一个街区的面积、一条主干道的长度、一个地区的人口密度等信息，仅仅用上面的空间查询功能是不够的，需要将空间目标进行切割、组合，必要时重新建立拓扑关系，才能得到确切的结果。分析某条配送路线上的需求点情况，用点与线叠加；分析某个区域内的配送中心及需求点分布情况，用点与面叠加；分析某个区域内的主要街道、道路情况，用线与面叠加。

③缓冲区分析。缓冲区分析是对一组或一类地物按缓冲的距离条件，建立缓冲多边形，然后将这个图层与需要进行缓冲分析的图层进行叠加分析，得到所需要的结果。设计或分析某条配送路线或者配送中心选址等空间布局问题时，要分析配送中心周边范围内的需求点、道路等数据情况，可根据数据库中的点、线、面实体建立周围一定宽度范围的缓冲多边形。

④网络分析。网络分析是进行物流设施选址时最重要的功能，用于分析物流网络中各节点的相互关系和内在联系，主要有路径分析、资源分配、连通分析、流分析等。路径分析可以寻求一个节点到另一个节点的最佳路径；资源分配包括目标选址和为供货中心寻找需求市场或需求资源点；连通分析用于解决配送路径安排相关的问题，降低配送成本；流

分析主要是按照某种优化标准（时间最少、费用最低、路程最短或运送量最大等）设计资源的运送方案。

2．GIS在物流配送中的应用

由于GIS具有强大的数据组织、空间分析与可视化等众多优点，基于GIS的物流配送系统集成已成为物流配送系统发展的必然趋势。系统集成的目的是利用GIS空间分析功能，在可视化、智能化的信息平台实现高效、便捷的物流配送，使配送企业能最大限度地利用内部人力、物力资源缩短配车计划编制时间，减少车辆的闲置、等候时间，合理安排配送车辆行驶路线、制定合理的配送方案，提高车辆的利用率，优化人员与车辆的调度，使物流配送达到最优，以降低企业的运营成本。

将GIS技术应用到物流配送过程中，能更容易地处理物流配送中货物的运输、仓储、装卸、送递等各个环节，对其中涉及的问题如运输路线的选择、仓库位置的选择、仓库的容量设置、合理装卸策略、运输车辆的调度和投递路线的选择等进行有效的管理和决策分析，这样才符合现代物流的要求，有助于物流配送企业有效地利用现有资源，降低消耗，提高效率。

（1）GIS应用于物流配送的原理。地理或空间的数字化数据一般有两种方式：矢量或栅格。矢量数据是由点、线和多边形组成的，物流企业可以把顾客的地点以点的形式储存在数据库中；公路网可以描绘成一组线，而仓库服务的区域边界可以看成一个多边形；扫描的数据也可以用栅格的形式表示，每一个栅格里存储特定的数据。卫星和空间照相以扫描的形式或者把纸质地图扫描到计算机里。一般来说，使用者将购买或获得使用权来得到标准化地理边界和特征数据，并且把它们与本公司的数据引入GIS中。有的数据提供商提供的地图是一组典型的矢量数据，包括不同层次的公路和铁路网络，村镇和城市的不同人口分布，港口、飞机场、火车站等。边界数据可以从很多的数据源中得到，它们可以以不同的层次出现，如行政区、邮政区、街区等。

（2）GIS在物流配送系统中的功能实现。利用GIS能够便于企业基于属性数据和图形数据的结合对分区进行科学、规范的管理，并且可以优化车辆与人员的调度，最大限度地利用人力、物力资源，使货物配送达到最优化。对于物流中的许多重要决策问题，如货物组配方案、运输的最佳路径、最优库存控制等方面，都可以得到更好的解决。GIS在物流配送系统中主要有以下功能：

①物流网络布局和运输路线的模拟与决策。寻求最优分配货物路径问题，也就是物流网点布局问题。可利用长期客户、车辆、订单和地理数据等建立模型来对物流网络的布局进行模拟，根据实际的需求分布规划出运输线路，使显示器能够在电子地图上显示设计线路，并同时显示汽车运行路径和运行方法，同时利用GIS的网络分析模型优化具体运行路径，使资源消耗最小化，并以此来建立决策支持系统，以提供更有效而直观的决策依据。

②车辆和货物跟踪和导航。利用GPS和电子地图可以实时显示出车辆或货物的实际位置，从而对车辆提供导航服务，并能查询出车辆和货物的状态，以便进行合理调度和管

理。在时间紧迫的情况下，找出可替代的行车路线，使所从事的物流活动可以安排在恰当的时间出发并按照规定的时间到达目的地。

③配送区域划分。企业可以参照地理区域，根据各个要素的相似点把同一层上的所有或部分要素分为几个组，用以解决服务和销售市场范围的确定等问题。如某一公司要设立若干个分销点，要求这些分销点覆盖某一地区，而且要使每个分销点的顾客数目大致相等。

④客户定位。使用 GIS 对某个城市或地区按管理的要求建立电子地图，准确地反映出街道、道路等情况，由于地理地图已具有了地理坐标，通过对地理坐标的描述，可以在地图上对新客户进行地理位置的定位或者修改老客户的地理位置，从而使企业能精确地确定配送点和客户的位置。

⑤信息查询。对配送范围内的主要建筑、运输车辆、客户等进行查询，查询资料可以以文字、语言及图像的形式显示，并在电子地图上显示其位置。

3．GIS 与物流信息系统集成

物流是一个大范围的活动，物流信息贯穿于物流活动的全过程。物流信息具有信息源点多、分布广、信息量大、动态性强、信息的价值衰减速度快和及时性要求高等特性。这意味着物流信息的收集、加工和处理要求速度快、难度大。将 GIS 集成应用于物流管理，可以提供分布式的物流信息系统管理平台；电子地图图形化的显示和输出增强了物流系统的可视化管理能力；强大的地理分析和空间分析为物流方案的制定提供了科学的方法；基于 GIS 的仿真模拟对物流方案设计提供了准确的判断依据。以 GPS 为代表的定位技术与通信技术的有效集成，不仅可以实现远程的信息交换，而且还可以实现移动目标的实时监控，掌握物流作业的状态信息。将空间信息技术引入现代物流管理技术中，并进行有效的集成已成为现代物流发展的必然趋势。

视频知识点：
交通 GIS 平台介绍
4-1-004

物流系统与 GIS 集成的实质是实现数据集成或功能集成。数据集成主要包括异构数据集成和同构数据集成，功能集成是根据物流的操作模式实现对其功能的规划和重组。构建集成 GIS 和物流管理技术的物流信息系统，需要做好三方面的工作：数据集成、功能集成、系统实现。

【相关阅读】

海尔集团利用 GIS 降低物流成本实例

海尔公司以高质量的产品和高质量的服务著称，其高质量的服务离不开 GIS 的运用。海尔用户的报修流程为：用户报修、登记信息、确认用户位置、选择最近网点、分派维修工程师。根据流程可知，只有熟悉用户的地理位置信息，接线员才能快速、准确地确定用户地址，找出离用户最近的维修网点。

在使用 GIS 之前，海尔使用人海+人脑的战术，要求接线员记住各个城市维修网点的分布情况，根据用户信息，接线员按照自己认为的最近网点分配维修工程师。之后，通过纸质地图大致计算距离，与服务商进行费用结算。但在实际操作中，接线员记忆中的地理位置信息会出现偏差且不能及时更新，这就导致维修工程师分派很难做到距离最近；且实际的道路状况与纸质地图呈现出来的差距较大，很多道路是弯的，或者会有施工禁行路段，这样就导致物流成本高且工作效率低下。

海尔在使用 GIS 系统之后，全国所有县级道路网和 200 个城市的详细道路信息，也包括全国 100 多万条地址信息均能查询且可视，在接到用户报修后，通过 GIS 系统地理信息分析处理，能够快速准确地计算出距离用户最近的网点，并且从网点至用户家的详细路况实时更新并可视，这些信息也能及时发送至合理维修网点。通过系统智能匹配，报修每次处理时间缩短到 0.1 秒以内，相较之前几十秒甚至几分钟的时间，大大提高了效率，降低了物流成本，也极大提升了用户体验。

任务二　全球定位系统（GPS）

一、全球定位系统概述

（一）何为全球定位系统？

GPS 是英文 Global Positioning System（全球定位系统）的简称，而其中文简称为"球位系"。全球定位系统是美国从 20 世纪 70 年代开始研制，历时 20 年，耗资 200 亿美元，于 1994 年全面建成，具有在海、陆、空进行全方位实时三维导航与定位能力的新一代卫星导航与定位系统。它是美国第二代卫星导航系统，是在子午仪卫星导航系统的基础上发展起来的，它采纳了子午仪系统的成功经验。和子午仪系统一样，全球定位系统由空间部分、地面监控部分和用户接收机三大部分组成。

其主要目的是为陆、海、空三大领域提供实时、全天候和全球性的导航服务，并用于情报收集、核爆监测和应急通信等一些军事目的，是美国独霸全球战略的重要组成。经过 20 余年的研究实验，耗资 300 亿美元，到 1994 年 3 月，全球覆盖率高达 98% 的 24 颗 GPS 卫星星座已布设完成。

在我国，测绘部门经过近 10 年的使用表明，GPS 以全天候、高精度、自动化、高效率等显著特点，赢得广大测绘工作者的信赖，并成功地应用于大地测量、工程测量、航空摄影测量、运载工具导航和管制、地壳运动监测、工程变形监测、资源勘察、地球动力学等多种学科，从而给测绘领域带来一场深刻的技术革命。我国在 2003 发射了第一颗北斗导航卫星，

视频知识点：**GPS 是如何运作的，为什么可以免费使用**（英语，中文字幕）

开始我国的"北斗"卫星导航系统的建设。2020 年 7 月，北斗三号全球卫星导航系统正式开通。

（二）全球定位系统的构成

GPS 系统包括三大部分：空间部分——GPS 卫星星座；地面控制部分——地面监控系统；用户部分——GPS 信号接收机。

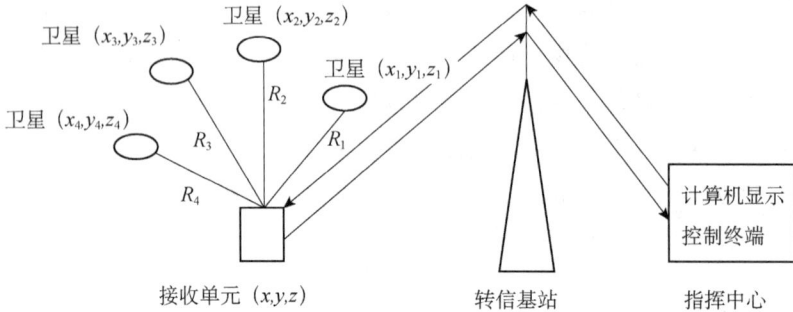

图 4-7　全球定位系统结构图

1. GPS 卫星星座

GPS 工作卫星及其星座由 21 颗工作卫星和 3 颗在轨备用卫星组成，记作（21+3）GPS 星座。24 颗卫星均匀分布在 6 个轨道平面内，轨道倾角为 55°，各个轨道平面之间相距 60°，即轨道的升交点赤经各相差 60°。每个轨道平面内各颗卫星之间的升交角距相差 90°，一轨道平面上的卫星比西边相邻轨道平面上的相应卫星超前 30°。

在两万千米高空的 GPS 卫星，当地球对恒星来说自转一周时，它们绕地球运行两周，即绕地球一周的时间为 12 恒星时。这样，对于地面观测者来说，每天将提前 4 分钟见到同一颗 GPS 卫星。位于地平线以上的卫星颗数随着时间和地点的不同而不同，最少可见到 4 颗，最多可见到 11 颗。在用 GPS 信号导航定位时，为了解算测站的三维坐标，必须观测 4 颗 GPS 卫星，称为定位星座。这 4 颗卫星在观测过程中的几何位置分布对定位精度有一定的影响。对于某地某时，甚至不能测得精确的点位坐标，这种时间段叫作"间隙段"。

2. 地面监控系统

对于导航定位来说，GPS 卫星是一动态已知点。卫星的位置是依据卫星发射的星历——描述卫星运动及其轨道的参数算得的。每颗 GPS 卫星所播发的星历，是由地面监控系统提供的。卫星上的各种设备是否正常工作，以及卫星是否一直沿着预定轨道运行，都要由地面设备进行监测和控制。地面监控系统的另一重要作用是保持各颗卫星处于同一时间标准——GPS 时间系统。这就需要地面站监测各颗卫星的时间，求出钟差。然后由地面注入站发给卫星，卫星再由导航电文发给用户设备。GPS 工作卫星的地面监控系统包括一个主控站、3 个注入站和 5 个监测站，如图 4-8 所示。

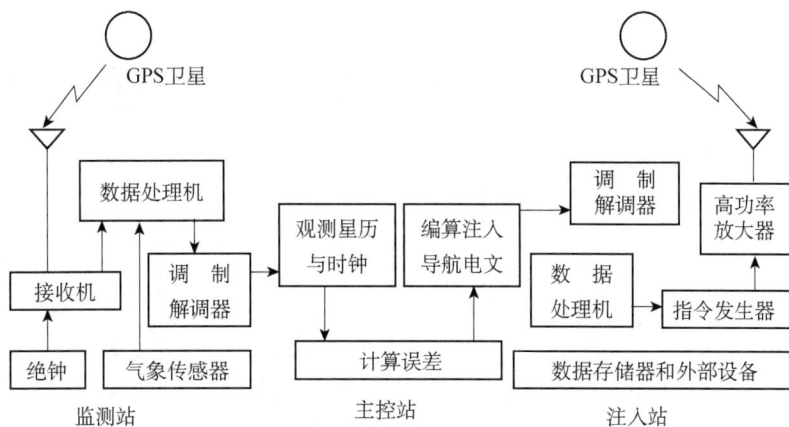

图 4-8 GPS 地面支撑系统构造图

3．GPS 信号接收机

GPS 信号接收机的任务是：能够捕获到按一定卫星高度截止角所选择的待测卫星的信号，并跟踪这些卫星的运行，对所接收到的 GPS 信号进行变换、放大和处理，以便测量出 GPS 信号从卫星到接收机天线的传播时间，解译出 GPS 卫星所发送的导航电文，实时地计算出测站的三维位置，甚至三维速度和时间。

静态定位中，GPS 接收机在捕获和跟踪 GPS 卫星的过程中固定不变，接收机高精度地测量 GPS 信号的传播时间，利用 GPS 卫星在轨道的已知位置，解算出接收机天线所在位置的三维坐标。而动态定位则是用 GPS 接收机测定一个运动物体的运行轨迹。GPS 信号接收机所位于的运动物体叫作载体（如航行中的船舰、空中的飞机、行驶的车辆等）。

载体上的 GPS 接收机天线在跟踪 GPS 卫星的过程中相对地球运动，接收机用 GPS 信号实时地测得运动载体的状态参数（瞬间三维位置和三维速度）。接收机硬件和机内软件及 GPS 数据的后处理软件包，构成完整的 GPS 用户设备。GPS 接收机的结构分为天线单元和接收单元两大部分。对于测地型接收机来说，两个单元一般分成两个独立的部件，观测时将天线单元安置在测站上，接收单元置于测站附近的适当地方，用电缆线将两者连接成一个整机。也有的将天线单元和接收单元制作成一个整体，观测时将其安置在测站点上。

GPS 接收机一般用蓄电池做电源，同时采用机内机外两种直流电源。设置机内电池的目的在于更换外电池时不中断连续观测。在使用机外电池的过程中，机内电池自动充电。关机后，机内电池为 RAM 存储器供电，以防止数据丢失。近几年，国内引进了许多类型的 GPS 测地型接收机。各种类型的 GPS 测地型接收机用于精密相对定位时，其双频接收机精度可达 5 mm+1PPM.D，单频接收机在一定距离内精度可达 10mm+2PPM.D。用于差分定位时其精度可达亚米级至厘米级。目前，各种类型的 GPS 接收机体积越来越小，重量越来越轻，便于野外观测。GPS 和 GLONASS 兼容的全球导航定位系统接收机已经问世。接收机的结构如图 4-9 所示。

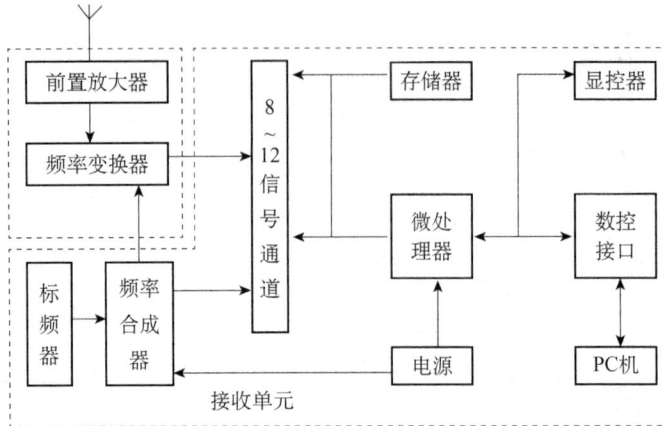

图 4-9　接收机的结构图

（三）全球定位系统的特征

GPS 是 20 世纪 70 年代由美国陆海空三军联合研制的新一代空间卫星导航定位系统。GPS 系统的特点有高精度、全天候、高效率、多功能、操作简便、应用广泛等，主要体现在：

（1）全球、全天候工作。

（2）定位精度高。单机定位精度优于 10m，采用差分定位，精度可达厘米级和毫米级。

应用实践已经证明，GPS 相对定位精度在 50km 以内可达 10~6m，100~500km 可达 10~7m，1000km 可达 10~9m。在 300~1500m 工程精密定位中，1 小时以上观测时间其平面位置误差小于 1mm，与 ME-5000 电磁波测距仪测定的边长比较，其边长校差最大为 0.5mm，校差中误差为 0.3mm。

（3）功能多，应用广。

（4）观测时间短。随着 GPS 系统的不断完善，软件的不断更新，目前，20km 以内相对静态定位仅需 15~20 分钟；快速静态相对定位测量时，当每个流动站与基准站相距在 15km 以内时，流动站观测时间只需 1~2 分钟，然后可随时定位，每站观测只需几秒钟。

随着人们对 GPS 认识的加深，GPS 不仅在测量、导航、测速、测时等方面得到更广泛的应用，而且其应用领域也不断扩大。

二、全球定位系统的发展

1．GPS 实施计划共分 3 个阶段

第一阶段为方案论证和初步设计阶段。从 1973 年到 1979 年，共发射了 4 颗试验卫星，研制了地面接收机及建立地面跟踪网。

第二阶段为全面研制和试验阶段。从 1979 年到 1984 年，美国又陆续发射了 7 颗试验卫星，研制了各种用途接收机。实验表明，GPS 定位精度远远超过设计标准。

第三阶段为实用组网阶段。1989年2月4日，第一颗GPS工作卫星发射成功，表明GPS系统进入工程建设阶段。1993年年底实用的GPS网即（21+3）GPS星座已经建成，之后根据计划更换失效的卫星。

2. 卫星导航的发展历史

1957年10月4日，第一颗人造卫星Sputink I（苏联）发射。

1959年，从卫星上发回第一张地球照片。

1960年，从"泰罗斯"与"云雨"气象卫星上获得全球云图。

1971年，美国"阿波罗"对月球表面进行航天摄影测量，并且"水手号"对水星进行测绘作业。

目前，空间在轨卫星约为3000颗。

三、全球定位系统功能

GPS能为用户提供位置、速度和时间信息，其应用范围极为广泛，在导弹制导、情报搜集、战场指挥、地形测绘、时间同步、陆海空交通管理、旅游、探险等方面发挥着重要作用。

1. 用于各种精密打击武器的制导，提高打击精度

弹道导弹、巡航导弹、炸弹和炮弹装备卫星导航/惯性组合导航系统后，使命中精度大为提高，从而极大改变了作战方式。比如过去在制订计划时，考虑的是要派多少飞机才能摧毁给定的目标，而现在考虑的是一架飞机要去摧毁多少个目标。

1991年海湾战争时，美军使用的精确制导武器数量约占其总投弹量的10%，在科索沃战争和阿富汗战争中则分别上升到34%和56%。而在2003年的伊拉克战争中，美军使用的作战武器以精确打击武器为主，占总投弹量的90%以上。

美军陆军装备的M1A2坦克、"阿帕奇"直升机、"布雷德利"战车和炮兵之间可以共享位置和目标信息，并且可以实时与指挥官及其他部队相互传递信息。这些高科技武器装备充分发挥己方信息技术的优势，对伊拉克目标进行精确打击，达到了"非接触战争"的目的。实践证明，精确打击武器对摧毁重要军事、政治、经济目标和重创敌方有生力量发挥了决定性作用。

2. 在整个C4ISR系统中发挥着重要的作用，提升了整体的协调作战能力

GPS在整个战场C4ISR系统中发挥着重要的作用。它为整个战场上的各参战单位提供精确的实时位置，再通过数据通信网络让所有参战成员了解整个战场上己方单位的实时分布及相对位置情况，极大方便了指挥员的决策和友邻部队的作战配合。卫星导航所提供的统一的准确时间信息，是C4ISR各组成部分协调工作的基础。依靠GPS提供的准确位置，在指挥中心构建相应的战场坐标系，为实施指挥控制奠定基础。

3. 用于高速武器试验，提高试验效率

GPS在军事武器试验场中的作用也很重要，试验场的任务是对各种武器的性能进行鉴

定。历史上大多数军用试验场陆基导航系统都对武器进行定位与跟踪，但用 GPS 做这样的工作要省力很多。研究表明，如果美国所有军用试验场改用 GPS，20 年之内可以节省 8 亿到 12 亿美元。

4．用于综合支援保障系统

GPS 是实现综合支援保障网络中各要素准确集结、快速机动、协调配送、全程支援的重要保障。在现代高科技作战中，武器装备种类多、数量大、技术含量高、反应速度快、攻击力强，增加了对各种技术支援和后勤补给的保障需求强度。GPS 在构建自动化综合支援保障网络，实现各兵种配合协调，作战物资快速调运方面发挥了重要作用，如美军在中东作战中，在源源不断地输送给养方面，GPS 做出了重要贡献。在浩瀚无特征的沙漠中机动作战时，精确地定出补给站和医疗后送站设施的位置是十分重要的。直升机驾驶员由于肯定知道下一个加油站的位置，从而可以把飞机的油量用到更少，这种由 GPS 所提供的附加信息使航空部队具有更大的战斗耐久力。对于地面部队来说，GPS 有助于保证在沙漠中很少发生汽油、食品、弹药和水的短缺情况。

四、GPS 技术在现代物流中的应用

根据市场经济发展变化的需求，物流也和能源流、信息流一样，是人类社会的一大动脉，物流管理的进步直接影响交通运输业、商贸及公用事业等各个领域的管理、生产技术和经济效益。推动物流管理、物流技术和物流科技的进步已经成为当今知识经济和全球经济一体化的重要内容。我国物流行业应借鉴和引进国际先进的信息及管理技术，有计划有步骤地发展高科技物流，加速实现物流业的现代化。GPS 全球定位系统不仅能够提供物流配送和动态调度功能，还可以提供货物跟踪、车辆优选、路线优选、紧急救援、预约服务、军事物流等功能。GPS 在现代物流中的应用现状如图 4-10 所示。

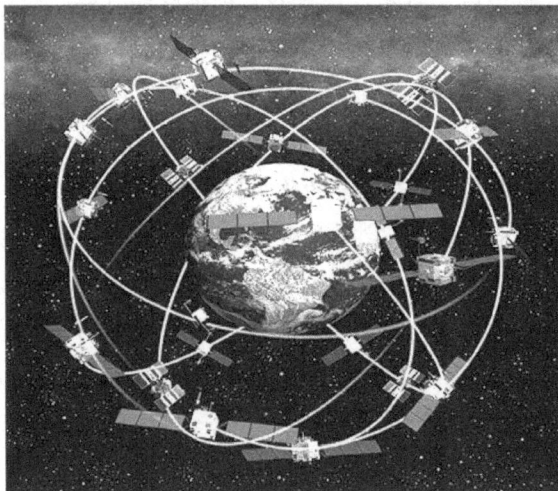

图 4-10　GPS 在现代物流中的应用现状

1．物流配送

GPS 将车辆的状态信息（包括位置、速度、车厢内温度等）及客户的位置信息快速、准确地反映给物流系统，由特定区域的配送中心统一合理地对该区域内所有车辆做出快速的调度。这样便大幅度提高了物流车辆的利用率，减少了空载车辆的数量和空载的时间，从而减少物流公司的运营成本，提高物流公司的效率和市场竞争能力，同时增强物流配送的适应能力和应变能力。

2．动态调度

运输企业可进行车辆待命计划管理。操作人员通过在途信息的反馈，在车辆未返回车队前即做好待命计划，提前下达运输任务，减少等待时间，加快车辆周转，以提高重载率，减少空车时间和空车距离，充分利用运输工具的运能；提前预设车辆信息及精确的抵达时间，用户可根据具体情况合理安排回程配货，为运输车辆排解后顾之忧。

3．货物跟踪

通过 GPS 和电子地图系统，可以实时了解车辆位置和货物状况（车厢内温度、空载或重载），真正实现在线监控，避免以往在货物发出后难以知情的被动局面，提高货物的安全性。货主可以主动、随时了解到货物的运动状态信息及货物运达目的地的整个过程，增强物流企业和货主之间的相互信任。

4．车辆优选

查出在锁定范围内可供调用的车辆，根据系统预先设定的条件判断车辆中哪些是可调用的。在系统提供可调用车辆的同时，将根据最优化原则，在可能被调用的车辆中选择一辆最合适的车辆。

5．路线优选

地理分析功能可以快速地为驾驶人员选择合理的物流路线，以及这条路线的一些信息，所有可供调度的车辆不用区分本地或是异地，都可以统一调度。配送货物目的地的位置和配送中心的地理数据结合后，产生的路线将是整体的最优路线。

6．报警援救

在物流运输过程中有可能发生一些意外的情况。当发生故障和一些意外的情况时，GPS 系统可以及时地反映发生事故的地点，调度中心会尽可能地采取相应的措施来挽回和降低损失，增强运输的安全和应变能力。GPS 系统的投入使用，使过去制约运输公司发展的一系列问题迎刃而解，为物流公司降低运输成本、加强车辆安全管理、推动货物运输有效运转发挥了重要作用。此外，GPS 系统的网络设备还能容纳上千车辆同时使用，跟踪区域遍及全国。物流企业导入 GPS 系统，是物流行业以信息化带动产业化发展的重要一环，它不仅为运输企业提供信息支持，并且对整合货物运输资源、加强区域之间的合作具有重要意义。

7．军事物流

全球卫星定位系统首先是因为军事目的而建立的，在军事物流中，如后勤装备的保障等方面应用相当普遍。尤其是在美国，其在世界各地驻扎的大量军队无论是在战时还是在平时都对后勤补给提出很高的需求，在战争中，如果不依赖 GPS，美军的后勤补给就会变得一团糟。目前，我国军事部门也在逐步开始运用 GPS。

8. 道路工程

GPS 在道路工程中的应用，目前主要是用于建立各种道路工程控制网及测定航测外控点等。随着高等级公路的迅速发展，其对勘测技术提出了更高的要求，由于线路长、已知点少，用常规测量手段不仅布网困难，而且难以满足高精度的要求。目前，国内已逐步采用 GPS 技术建立线路首级高精度控制网，然后用常规方法布设导线加密。实践证明，在几十千米范围内的点位误差只有 2 厘米左右，达到了常规方法难以实现的精度，同时也大大提前了工期。GPS 技术也同样应用于特大桥梁的控制测量中。由于无须通视，可构成较强的网形，提高点位精度，同时对检测常规测量的支点也非常有效。GPS 技术在隧道测量中也具有广泛的应用前景，GPS 测量无须通视，减少了常规方法的中间环节，因此速度快、精度高，具有明显的经济和社会效益。

9. 汽车导航和交通管理

三维导航是 GPS 的首要功能，飞机、轮船、地面车辆及步行者都可以利用 GPS 导航器进行导航。汽车导航系统是在全球定位系统 GPS 基础上发展起来的一种新 GPS 应用型技术。汽车导航系统由 GPS 导航、自动导航、微处理机、车速传感器、陀螺传感器、CD-ROM 驱动器、LCD 显示器组成。GPS 导航系统与电子地图、无线电通信网络、计算机车辆管理信息系统相结合，可以实现车辆跟踪和交通管理等许多功能。

视频知识点：网络 GPS 在物流行业中的应用

【相关阅读】

北斗导航模块抗干扰技术

在自动驾驶中，高精度定位导航能够为车辆提供精准定位、障碍物检测与避让、智能车速控制、路线规划和行为决策等各项功能，已经成为自动驾驶技术不可或缺的关键技术之一。未来交通领域自动驾驶汽车的安全行驶既依靠对周边障碍物的感知，也依赖全球卫星导航系统对车辆在地图上进行的厘米级定位，一旦定位错误，就会直接导致自动驾驶汽车冲出路面或驶向错误方向，后果不堪设想。"GPS 欺骗"是扰乱自动驾驶汽车定位的一种常见攻击手段，通过对搭载 GPS 传感器的终端发送虚假信号的攻击方式在智能手机、无人机、游艇、特斯拉汽车上都曾发生过。调查显示，2016 年以来，仅在俄罗斯就发生过 9883 起"GPS 欺骗"攻击事件，影响了 1311 艘民用船只的正常使用。现实中发起这类攻击的技术门槛并不高，攻击者只需拥有一辆自动驾驶汽车和"GPS 欺骗"设备就可实施攻击，市场上一些低端的"GPS 欺骗"设备只需 200 多美元。

目前基于自动驾驶的导航技术已有多种组合方式，使用最多的是惯导和全球导航卫星系统（Global Navigation Satellite System，GNSS）的结合设计，但无论哪一种导航模式，都需要确保基准点或校准点和卫星导航抗干扰技术的鲁棒性。抗干扰技术可以使导航模块接收到的卫星信号更稳健，从而使导航模块能更精确、更稳定地工作。

北斗导航系统从军事应用到如今的军民两用，得到了快速发展，也有着更为广泛的应用。但电磁干扰及恶意的人为干扰现象变得愈加严重。卫星导航系统所受到的干扰类型可以大致分为两种类型：

（1）欺骗型的干扰方式。这种干扰方式是使用非正式的基站向导航系统发送错误信号，最终导致导航终端的定位产生错误。

（2）压制型的干扰方式。这种干扰方式是使用干扰机发出有干扰性的信号对导航终端进行干扰，使得导航系统无法对正确信号进行科学的处理，接收设备的功能也会受到很大的影响。

当前国内外使用的卫星导航抗干扰技术主要包括以下几种：

（1）时域滤波抗干扰技术。这项技术可以削弱分贝较大的干扰信号，从而能很好地抑制单频、窄带等各种类型的干扰信号。同时，这种技术会对原始信号产生一定影响，最终将会影响信号的接收。

（2）空域滤波抗干扰技术。通过对大量阵元排列，从而将不同的信号分开来降低信号干扰。

（3）空时自适应滤波抗干扰技术。该项技术能够抑制二维空间内的干扰信号，这大大弥补了空域滤波抗干扰技术的缺陷。

在北斗小型化导航模块的抗干扰技术中，对信号的干扰抑制主要从干扰信号的特性，如时间、频率等方面入手，可以将抗干扰技术分成以下几种类型：

（1）自适应阵类：光束控制，空时联合处理，零控制等。

（2）多孔技术类：多元对消，法光束转换。

（3）单孔技术类：时相滤波，窄辅助跟踪环，极化抗干扰技术，窄前后滤波器，GPS惯性集成和辅助。

通过分析信息干扰类型，我们可以发现强窄带干扰有着最好的效果。所以，针对强窄带干扰设计了级联式抗干扰算法的第一级。第一级应用频域干扰抑制结合了N-消除策略的方法，这种方法减轻了强窄带干扰，提高了通信质量。第二级是空时联合处理算法，干扰信号可以通过空时二维最优处理进行消除，最终得到很好的干扰抑制效果。但这种方法的运算量很大，主要是对协方差矩阵和动态自适应权重的计算。

视频知识点：
4-2-003
物流中国-将
GPS进行到底

技能项目实训

物流企业跟踪技术应用对比调研

【实训目的】

通过对温州主要物流企业进行调查，了解企业一线人员在操作时所面对的问题，分析 GIS 和 GPS 技术在物流企业的应用情况，分小组对结果进行讨论。通过查阅相关资料，让学生结合企业物流信息化过程理解物流相关技术在企业中应用的重要性，激发学生讨论、自主学习的积极性，为以后的学习做铺垫，并认识到这门课程的重要性。

【实训要求】

学生分 6~8 组，每组 5~6 人，选择 4 家物流企业（最好选择以运输为主营业务的第三方物流企业），以温州企业为主，可参考全国性的大型物流企业，通过查阅资料、问卷调查、电话调查或者走访等方法，了解每家公司的物流跟踪技术应用情况，并分析企业应用的背景、特点等，进行概括和总结。

思考问题：

1. 当前，企业在物流跟踪方面都做了哪些努力？
2. 操作人员在进行此类技术应用时还遇到哪些问题？
3. 针对应该如何进行货物跟踪，你有什么创新性的想法？

【考核方式】

本次实训以小组的形式完成，成绩由以下 3 个部分组成：

1. 调研实施、小组讨论（占 50%）；
2. PPT 报告（30%）；
3. 课堂汇报（20%）。

项目五　物流信息管理系统

学习目标

知识目标

1. 掌握物流管理信息系统的概念；
2. 掌握物流管理信息系统的特点；
3. 了解几种典型的物流管理信息系统。

能力目标

1. 能区分几种典型的物流信息管理系统；
2. 熟悉物流企业的信息化管理过程。

知识结构图

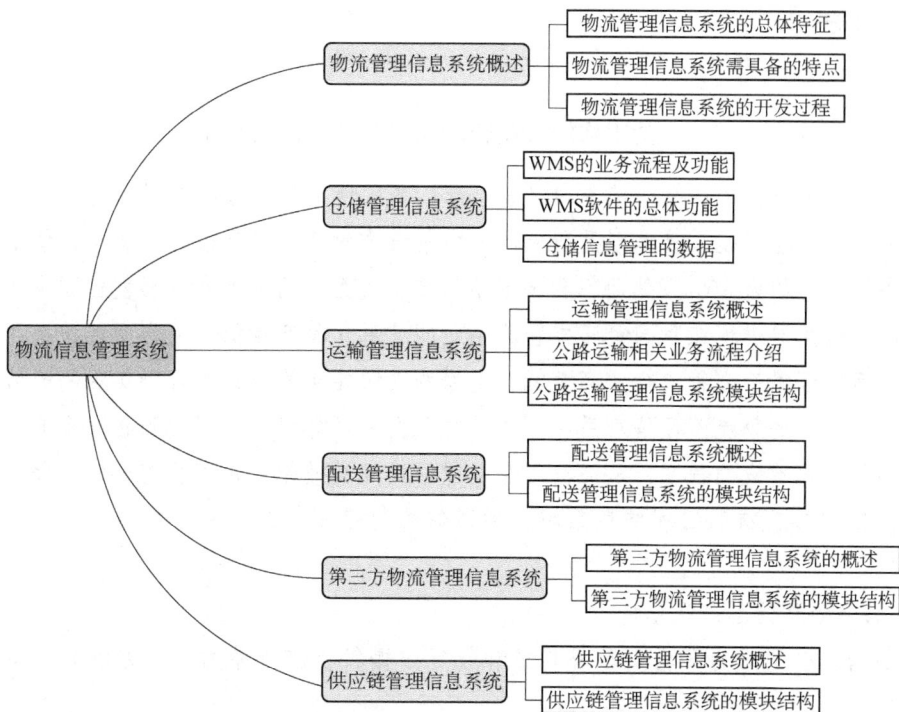

职业标准与岗位要求

职业功能	工作内容	技能要求	相关知识
物流管理信息系统知识认知	物流管理信息系统知识的把握及应用	能熟知物流管理信息系统的概念； 能理解物流管理信息系统的总体特征和特点； 能了解物流管理信息系统的开发过程	物流信息技术； 物流管理信息系统物流管理信息系统知识； 物流管理信息系统的 5 个特征； 物流管理信息系统的 6 个阶段
仓储管理信息系统的操作与流程	仓储管理信息系统相关知识的认知	熟知 WMS 的业务流程及功能； 理解 WMS 软件的总体功能； 掌握仓储信息管理的数据	仓储管理系统相关知识； WMS 业务流程； WMS 软件； 仓储管理相关数据
运输管理信息系统的知识	运输管理信息系统的操作	熟知公路货物运输方式； 把握公路运输相关业务流程； 熟知公路运输管理信息系统模块结构	运输管理系统概述； 系统的板块结构
其他 3 个管理信息系统的简单认知	配送管理信息系统、第三方物流管理信息系统、供应链管理信息系统的结构学习	了解这 3 个管理信息系统的含义； 掌握这 3 个管理信息系统的模块结构	配送管理信息系统； 第三方物流管理信息系统； 供应链管理信息系统

案例导入

莆田物流公司管理信息系统评价与分析

目前第三方物流正在全球范围内迅速崛起。美国使用第三方物流服务比例约为 58%，而且其需求仍然在增长，日本则是所有国家中第三方物流业发展最好的国家，使用第三方物流服务的比例约为 80%。然而，我国的第三方物流企业的发展和世界发达国家水平仍有很大差距，这主要表现在我国第三方物流企业的信息化程度较低，没有完善配套的管理信息系统。而保证第三方物流企业高效低耗运作的关键在于构建一个可以实现物流协同运作和动态快速反应的物流管理信息系统。该系统开发的好坏将直接影响到物流企业的生产运作效率和信息化建设的程度，从而决定企业能否提高其效益。莆田物流公司为提高其竞争能力，亟待完善现有的管理信息系统，加强信息化建设，以此来应对物流行业间的激烈挑战。

1. 物流管理信息系统分析

莆田物流公司致力于向着为发货方和收货方提供物流劳务的第三方物流公司不断发

展，结合自身业务特点，开发了一套物流管理信息系统。该系统实现了物流各个流程的紧密衔接，为客户提供货物从发货地到收货地整个物流活动的服务。下面将以系统的主要功能模块为中心，结合系统运作的各个环节来对莆田物流公司的管理信息系统进行分析。

（1）系统功能模块分析

莆田物流公司现有的管理信息系统从功能上分为办公、运输、车辆、财务、查询、运营和设置7个子系统，其中的运输子系统包含有托单、调度、跟踪、到货等模块。各个子系统以所包含的基本功能模块为主相互协调运行，为莆田物流公司的正常运作奠定基础。下面结合公司业务对运输子系统中的主要模块进行分析。

①托单管理模块。托单管理是将数据录入系统，保证运作数据在流程中准确无误的模块。该岗位工作质量的好坏直接影响到系统中数据的准确性，因此该岗位的主要责任是将托单信息快速和准确无误地输入系统，为全网数据共享奠定基础。

②调度管理模块。该模块实时体现本地货物情况，计划安排车辆进行多点接车或拼车配载，并保证车辆的安全性。为登记进场车辆、安排装车、打印装车清单和运输合同等工作提供了一个方便的工具。在选择相关车辆后，调度确定的需要由该车辆运输的货物信息将全部显示在车辆配载的页面上。

③跟踪管理模块。该模块主要是对运输的货物及回单进行全程的跟踪，并记录相关的状态。跟踪管理员岗位的主要责任就是记录有关状态，并在发现问题时及时向相关领导进行反映。跟踪本地发出的运输车辆，记录车辆跟踪时的地理位置，根据延误情况修改车辆到达收货地的时间，记录车辆事故。

④到货管理模块。到货管理是运输过程中的一个重要环节，是对到达的车辆进行货物验收入库处理，然后安排工人对到达车辆上的货物进行卸载，卸货完成后进行确认。在实际工作中，接车验收货物时，应对中途卸货的签收单进行验收，以避免出现监管漏洞。

（2）系统业务流程分析

莆田物流公司现形成以"莆田往华南、莆田往华东"为主的精品运输线路，以及在国内设立各大网点来完成莆田至全国境内的配送服务，各大网点均通过物流管理信息系统来实现跨公司数据交换，实现了物流信息的无纸化传递，如图5-1所示为莆田物流公司的主要业务流程。

①货物托运流程。该系统业务从发货地的托单管理模块出发，利用托运单将货物从发货地托运到收货地。托单录入完成后进行货物交接，收取相应的运费后货物进入配载管理，由工作人员进行货物配载装车确认后安排发车，随后进行车辆全程跟踪。若安排下线运输，则货物交接时进入下线管理，选择承运方安排发货，并在发货确认后再进行车辆全程跟踪，到达车辆将回单寄回发货地。

②货物到站流程。车辆到达收货地后进行接车验收工作，由到达部提领员电话通知客

户提货或者安排司机配送货物上门。自提客户提货时确认收货人身份并签收，若有提付运费则收取相应运费后将相应回单寄出。若客户需要提供送货上门的服务，则交由调度人员安排车辆进行货物配送。

③货物配送流程。当货物到达收货地后，按发货客户的要求将已签收的回单进行整车寄回发货地，连同线下物流公司已签收的回单也一并签回发货地。发货地收到签回的回单后按线下回单和整车回单分类，在系统中进入回单管理，确认收到的回单详细信息后进行财务结算。

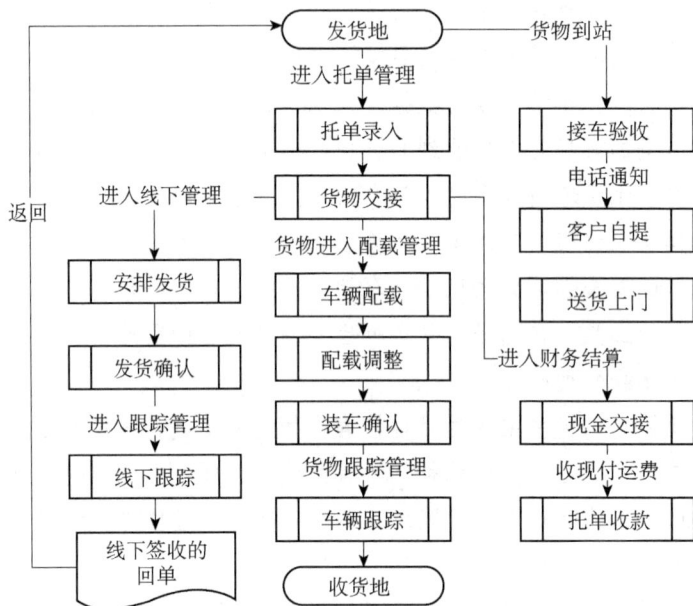

图 5-1　系统业务流程图

2. 应用成效

莆田物流公司管理信息系统不断加强信息化建设，开发出一套多功能高效的物流信息管理系统。从订单开始，在经济可行的前提下引入了条码技术，减少人为误差；在货物管理方面可采用 RFID 进行货物识别跟踪，最大程度上避免丢货窜货现象的发生。在配送管理方面，采取最优路径进行货物配送，达到节能降耗的目的。建立和发展第三方物流系统，对于企业向网络化、信息化和系统化方向发展有极强的促进作用。莆田物流公司在向着第三方物流不断发展的道路上，不断引进和学习先进的物流管理经验，提供更加高效优质的信息化物流服务，从而保证企业自身的稳定发展。

（资料来源：陈木真，等. 莆田物流公司管理信息系统评价与分析[J].
三明学院学报，2014，31（06）：25-30.）

【项目任务】

根据莆田物流公司的实际情况，结合国内外先进的物流管理技术及管理理念，请分析回答以下问题。

任务1：分析案例中莆田物流公司的物流管理系统有什么优点。

任务2：分析案例中莆田物流公司的物流管理系统模块有哪些，完成了什么功能。

知识学习

任务一 物流管理信息系统概述

物流管理信息系统（Logistics Management Information System，LMIS）是企业管理信息系统中的一类，是计算机管理信息系统在企业物流管理领域的应用。具体地讲，物流管理信息系统可以理解为通过对物流活动相关信息的加工处理来达到对物流、资金流的有效控制和管理，同时为企业提供信息分析和决策支持的人机交互系统。从广义上来说，物流管理信息系统应包括物流过程的各个领域的信息系统，如运输、仓储、配

课件 5-1-001
任务一 物流管理信息系统概述

送及其他物流活动，是一个由计算机、应用软件及其他高科技的设备通过网络连接起来动态互动的系统。从狭义上说，物流管理信息系统只是管理信息系统在某一涉及物流的企业中的应用，即某一企业（物流企业、制造业或商业）用于管理物流的系统。

总之，物流信息系统是利用信息技术，通过信息流将各种物流活动与某个一体化过程连接在一起的通道。物流系统中的相互衔接是通过信息予以沟通的，基本资源的调度也是通过信息共享来实现的，因此，组织物流活动必须以信息为基础。为了使物流活动正常而有规律地进行，必须保证物流信息的畅通。物流信息网络化就是通过现代信息技术，使物流信息在企业内、企业间乃至全球达到共享的一种方式。

视频知识点：
5-1-001
什么是物流管理信息系统？

一、物流管理信息系统的总体特征

物流信息系统具有集成化、模块化、实时化、网络化和智能化等特点。随着社会经济和科学技术突飞猛进的发展，物流信息系统正向着信息分类的集成化、系统功能的模块化、信息采集的在线化、信息存储的快速化大型化、信息传输的网络化、信息处理的智能化及信息处理界面的图形化方向发展。

1. 集成化

物流信息系统将企业的各项在逻辑上相互关联的业务连接在一起，为企业物流活动中的集成化信息处理工作提供基础。在系统开发过程中，数据库的设计、系统结构及功能的设计、输入/输出设计、界面设计等都应遵循统一的标准规范和规程，以避免"信息孤岛"现象的出现。

2. 模块化

在系统设计中，把物流信息系统划分为许多具有独立功能的子系统（模块），各子系统通过统一的标准进行功能开发，然后再集成组合使用，如此既可满足企业内部不同管理部门的需要，也可保证各子系统的正常使用和访问的安全性。

3. 实时化

实时化反映在下述几个方面：借助于编码技术、自动识别技术、GPS 技术、GIS 技术等现代物流技术，对物流活动进行准确实时的信息采集；采用先进的计算机与通信技术，实时地进行数据处理和传递物流活动中的各种信息；通过 Internet/Intranet 的应用将供应商、分销商、零售商按业务关系连接起来，使整个物流信息系统能够及时地共享业务链中不同环节的信息。

4. 网络化

通过 Internet 将分散在不同地理位置的物流节点连接起来，形成一个复杂且紧密联系的信息网络，从而通过物流信息系统实时地了解各节点业务的运行情况。物流信息中心将对各地传来的物流信息进行汇总、分类及综合分析，然后通过信息网络把各种分析结果传达至各节点，以指导、协调和综合各节点的业务工作。

5. 智能化

信息技术的飞速发展使得物流信息系统的智能化水平越来越高，先进的物流信息系统应当能帮助企业管理者快速做出正确的决策，如决策支持系统。不过，物流信息系统智能化还是一个亟待发展和提高的领域，这一领域将是现在和将来物流信息化过程中一个重要的发展方向。

综上所述，物流信息已经以网络的形式将生产企业各部门、物流企业和商业企业等连在了一起，实现了社会性的各部门、各企业之间低成本的数据高速共享，从平面应用发展到立体应用，企业物流更好地与信息流和资金流综合，统一加工消除了部门间重复劳动，实现了信息的可追溯性。

二、物流管理信息系统需具备的特点

物流管理信息系统具有一般管理信息系统的结构，在开发过程等方面也比较相似。物流管理的一个重要目标就是降低成本，而物流的跨度比较大，涉及的关系方比较多，信息含量比较大，这就要求物流管理信息系统必须具备如下特点。

1．可得性

物流管理信息系统必须具有容易而又始终如一的可得性（Availability），即在需要的时候能方便及时地获得有关信息和数据，并且以数字化的形式获得。目前的实际情况则是，当物流供应商或客户有可能获得有关物流活动的重要数据时，这类数据往往是以书面为基础的，或者很难从计算机系统中重新得到。

迅速的可得性对于客户的响应及改进管理决策是必要的。因为客户不断地需要存货和订货状态方面的信息，所以这一点是至关重要的。可得性的另一个方面是存取所需信息的能力，如订货信息的存取能力，无论是管理上需要的或消费者需要的信息，还是产品订货位置方面的信息。物流作业分散化要求对信息具有较强的存取能力，并且能从国内甚至世界范围内的任何地方方便地对信息进行更新，以便可借助于较强的信息可得性来减少作业上和制订计划上的不确定性。

2．准确性

物流信息必须精确地反映当前的状况和定期活动状态，以衡量顾客订货和存货的水平。精确性可以解释为物流信息系统的报告与实际状况相比的差异程度。例如，平稳的物流作业要求实际的存货与物流管理信息系统报告的存货相吻合的精确性最好在99%以上。当实际存货和信息系统存货之间存在较低的一致性时，就有必要采取缓冲存货或安全存货的方式来适应这种不确定性。正如信息可得性那样，增加信息的精确性，也就可以减少不确定性，进而减少为安全存货而增加的需要量。

3．及时性

物流信息必须及时地提供快速的管理反馈。及时性就是指一种活动的发生与该活动在信息系统内的反应之间所存在的时间差。例如，在某些情况下，系统要花费几个小时或者几天才能将一个新的订货信息看作实际的需求，因为该订货信息往往并不能及时地直接进入现行的需求数据库。结果，在认识实际需求量的时候就出现了耽搁，这种耽搁会使计划制订的有效性降低，而使存货量增加。

另一个有关及时性的例子涉及产品从"在制品"进入"制成品"状态时存货量更新的及时性。尽管实际存在着连续的产品流，但是，信息系统的存货状况也许是按每小时、每工班，甚至是每天进行更新的。显然，相比之下，采取实时更新或立即更新则更具及时性，但是它们将会导致记账工作量的增加。编制条码、扫描和 EDI 有助于及时而有效地更新记录。

物流管理信息系统的及时性是指系统状态（诸如存货水平）及管理控制（诸如每天或每周的功能记录）的及时响应。所谓及时的管理控制，是指在还有时间采取正确的行动或使损失减少到最低程度时提供及时的信息支持。概括地说，及时的信息减少了不确定性，并帮助识别各种问题，由此减少了存货需要量，并增加了决策的精确性。

4．以异常情况为基础的物流信息系统

物流管理信息系统必须以异常情况为基础，突出物流过程的问题和可能提供的机会。

物流运作过程通常要与大量的顾客、产品、供应商和服务公司发生关系，及时响应各种需求。为此，必须定期检查物流的状态变化，以便发现问题。例如，在库存管理中，必须定期检查每一个产品的存货状况，以便于制订补充订货计划。典型的检查需要检查大量的产品或补充订货。通常，这种检查过程涉及两个问题。第一个问题是对产品或补充订货是否采取任何行动。如果第一个问题的答案是肯定的，那么第二个问题就涉及应该采取哪一种行动。许多物流管理信息系统要求手工完成检查，尽管这类检查正愈来愈趋向于自动化，但是，仍然有许多检查使用手工处理的方式，其原因是有许多决策在结构上是不确定的，而且往往需要经过用户的参与才能做出判断。具有较高水平的物流管理信息系统则结合了决策规则，并能识别需要做出决策的"异常"情况。于是，计划人员或经理人员就能够把他们的精力集中在最需要引起注意的情况或者能提供的最佳机会上来改善服务或降低成本。

5．灵活性

物流管理信息系统必须具有灵活性，以满足系统用户和顾客两个方面的需求。信息系统必须有能力提供能迎合特定顾客需要的数据。例如，有些顾客也许想要把订货发货票跨越地理或部门的界限进行汇总，如零售商 A 也许想要每一个店单独的发票，而零售商 B 却可能需要所有的商店汇总的总发票。一个灵活的物流管理信息系统必须有能力处理这两类要求。

6．适当的形式化

物流报告和显示屏应该具有适当的形式，这意味着它们用正确的结构和顺序包含正确的信息。例如，物流管理信息系统往往包含有一个配送中心存货状态的显示屏，每个显示屏可以列出一个产品和配送中心。这种形式要求一个顾客服务代表在试图给出存货状态以满足某个特定顾客的订货时，可以检查每一个配送中心的存货状况。换句话说，如果有 5 个配送中心，就需要检查和比较这 5 个计算机显示屏。更好的形式应该是提供单独的一个显示屏，用来包含所有这 5 个配送中心的存货状况，这种组合方式的显示屏能够使顾客代表更容易地识别产品的最佳来源。

另外，物流管理信息系统还应当有如下几个特点。

（1）开放性

为实现物流企业管理的一体化和资源的共享，物流管理信息系统应具备可与公司内部其他系统如财务、人事等管理系统相连接的性能。且系统不仅要在企业内部实现数据的整合和顺畅流通，还应具备与企业外部供应链的各个环节进行数据交换的能力，实现各方面连接的紧密。

尤其是在中国加入 WTO 后，系统还需考虑未来与国际通行标准接轨的需要。目前国际上在运输领域已推行一系列 EDI 标准，当时的中国交通部也制定推广了一部分 EDI 标准，物流系统应具备可与这些标准接入的开放性。

（2）可扩展性、灵活性

物流信息系统应具备随着企业发展而发展的能力。在建设物流信息系统时，应充分考虑企业未来的管理及业务发展的需求，以便在原有的系统基础上 建立更高层次的管理模块。

现在整个社会经济发展非常快，企业的管理及业务的变化也很快，这就要求系统能跟着企业的变革而变革。例如，企业进行了流程再造，采用了新的流程，原先的系统不能适应新的流程了，企业再进行投资，重新对新的流程进行管理信息系统的建设，就会造成资源的极大浪费。这就需要在建设物流管理信息系统时考虑系统的灵活性。

（3）安全性

广域网的建立、Internet 的接入使企业触角延伸更远、数据更集中，但安全性的问题也随之而来。在系统开发的初期，这个问题往往被人们所忽略，但随着系统开发的深入，特别是网上支付的实现、电子单证的使用，安全性更成为物流管理信息系统的首要问题。

①内部的安全性问题。资料的输入、修改、查询等功能应根据实际需要赋予不同部门的人以适当的权限，如资料被没有权限的人看到或修改，就容易造成企业商业机密的泄露或数据的不稳定。如公司的客户资料被内部非业务员的其他员工看到并泄露给企业的竞争对手；又如运费等费用被别有用心的员工篡改，都会对企业造成极大的损失。这可通过对不同的用户授予不同的权限、设置操作人员进入系统的密码、对操作人员的操作进行记录等方法来加以控制。

②外部的安全性问题。系统在接入 Internet 后，将面临遭受病毒、黑客和未经授权的非法用户等攻击而导致系统瘫痪的威胁，也可能遭受外来非法用户的入侵并窃取公司的机密，甚至数据在打包通信时在通信链路上遭截获等，因此，系统应具备足够的安全性以防止这些外来的侵入。可通过对数据通信链路进行加密、监听，设置 Internet 与 Intranet 之间的防火墙等措施来实现。

（4）协同性

①与客户的协同，系统应可以与客户的 ERP 系统或库存管理系统实现连接。系统可定期给客户发送各种物流信息，如库存信息、船期信息、催款提示等。

②与内部各部门之间的协同，如业务人员可将客户、货物的数据输入系统，并实时制作发票、报表，财务人员可根据业务人员输入的数据进行记账、控制等处理。

③与供应链上的其他环节的协同，如第三方物流应与船公司、拖车公司、仓储、铁路、公路等企业通过网络实现信息传输。

④与社会各部门的协同，即通过网络与银行、海关、税务机关等实现信息即时传输。与银行联网，可以实现网上支付和网上结算，还可查询企业的资金信息；与海关联网，可实现网上报关报税。

（5）动态性

系统反映的数据应是动态的，可随着物流的变化而变化，能实时地反映货物流的各种状况，支持客户、公司员工等用户的在线动态查询。这就需要公司内部与外部数据通信的及时、顺畅。

（6）快速反应

系统应能对用户、客户的在线查询修改、输入等操作做出快速和及时的反应。在市场瞬息万变的今天，企业需要跟上市场的变化才可在激烈的市场竞争中生存。物流管理信息系统是物流企业的数字神经系统，系统的每一神经元渗入供应链的每一末梢，每一末梢受到的刺激都能引起系统的快速适当的反应。

（7）信息的集成性

物流过程涉及的环节多、分布广，信息随着物流在供应链上的流动而流动。信息在地理上往往具有分散性、范围广、量大等特点，信息的管理应高度集成，同样的信息只需一次输入，即实现资源共享，减少重复操作，减少差错。目前大型的关系数据仓库通过建立数据之间的关联可实现这一点。

（8）支持远程处理

物流过程往往包括的范围广，涉及不同的部门并跨越不同的地区。在网络时代，企业间、企业同客户间的物理距离都将变成"鼠标距离"。物流管理信息系统应支持远程的业务查询、输入、人机对话等事务处理。现如今，能够进行手机客户端处理。

视频知识点：
5-1-002
物流管理信息系统
手机端演示视频

（9）检测、预警、纠错能力

为保证数据的准确性和稳定性，系统应在每个模块中设置一些检测小模块，对输入的数据进行检测，以把一些无效的数据排斥在外。如集装箱箱号在编制时有一定的编码规则（如前四位是字母，最后一位是检测码等），在输入集装箱箱号时，系统可根据这些规则设置检测模块，提醒并避免操作人员输入错误信息。又如许多公司的提单号不允许重复，系统可在操作人员输入重复提单号时发出警告并锁定进一步的操作。

三、物流管理信息系统的开发过程

物流管理信息系统的开发是一项复杂的系统工程。它涉及物流管理理论、信息系统技术、物流信息技术等知识，不仅涉及运输部门，而且涉及仓储、调度、信息中心、门店等多部门，不仅涉及技术，而且涉及管理业务、组织和行为。

物流管理系统开发的基本过程主要分为系统的可行性分析阶段（任务提出、初步调查和系统的可行性分析）、系统分析阶段、系统设计阶段、系统实施阶段、系统维护和系统评价等6个阶段，如图5-2所示。

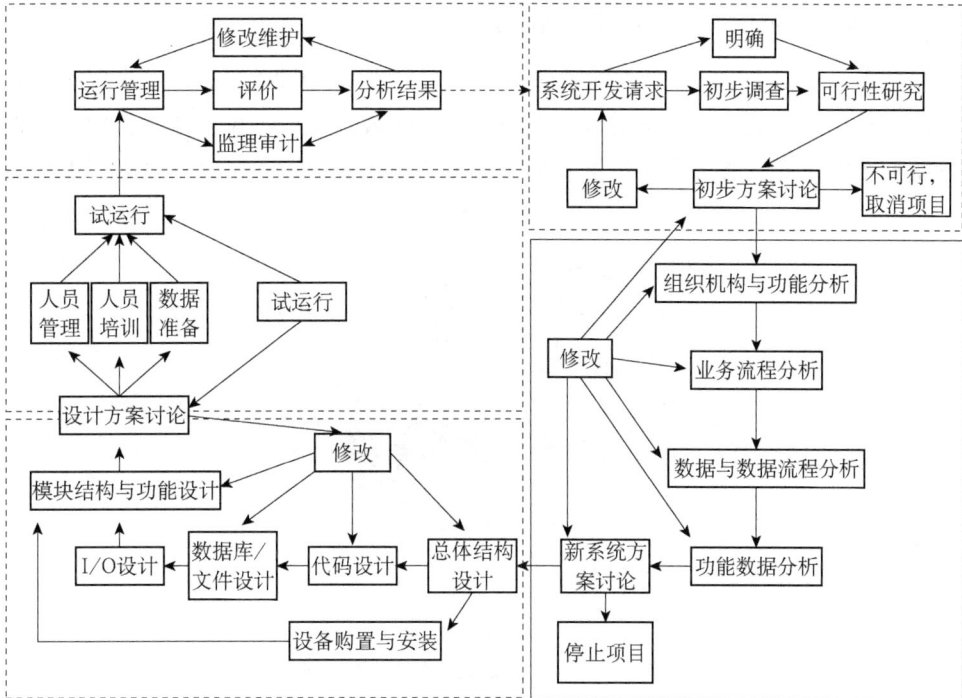

图 5-2 物流管理信息系统开发的基本过程

每一阶段的工作内容如下。

1.系统可行性分析(规划)阶段

系统可行性分析阶段的工作是根据用户的系统开发请求,初步调查,明确问题,然后进行可行性研究。如果不可行,则取消项目;如果可行并满意,则进入下一阶段的工作。

2.系统分析阶段

系统分析阶段的任务是分析业务流程,分析数据与数据流程,分析功能与数据之间的关系,最后提出新系统逻辑方案。

3.系统设计阶段

系统设计阶段的任务是总体结构设计、代码设计、数据库/文件设计、输入/输出设计、模块结构与功能设计。同时,根据总体设计的要求购置与安装设备,最终给出设计方案。

4.系统实施阶段

系统实施阶段的任务是进行编程(由程序员执行)、人员培训(由系统分析设计人员培训业务人员和操作员)及数据准备(由业务人员完成),然后投入试运行。

5.系统运行阶段(包括系统维护与系统评价阶段)

系统运行阶段的主要任务是:如果转换运行结果好,系统的评价和监理审计好,则送管理部门管理;如果存在问题,则要对系统进行修改、维护或者是局部调整;如果出现了不可调和的大问题(一般是在系统运行一段时间后,系统运行的环境发生了根本的变化），用户将会进一步提出开发新系统的要求，旧系统结束，新系统诞生。

调查数据显示，系统生命周期中的各个阶段的工作量如图 5-3 所示。系统实施阶段的工作量约占总工作量的一半，这是因为在系统实施阶段，企业不仅仅要进行程序的设计，为新系统准备大量数据等，还要注意新旧系统的交替可能给用户带来一系列心理和实际上的变化。

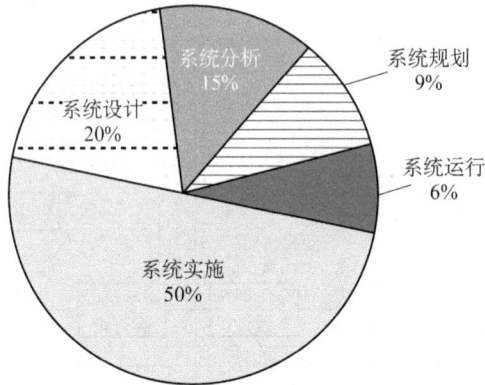

图 5-3　系统生命周期各阶段工作量

在物流管理信息系统开发的过程中，各个阶段的工作量一般常用甘特图（Gantt Chart）来记载和描述，如时间、进度、投入和工作顺序之间的关系。

【相关阅读】

钢铁企业物流管理信息系统

目前很多钢铁企业无论规模大小，在物流管理工作中大部分都是由人工来收集数据信息的。人工收集信息的效率较低，收集到的信息也大多存在不完整、不及时的情况。由于信息的收集速度存在差异，订单从接收到生产完毕直至发货完成这一流程存在很多时间被浪费的情况；由于信息收集的不完整和不及时，对于仓库中的原材料库存、生产空间、产品库存缺乏动态的掌握，造成了库存积压或库存容量不足等情况；由于企业内人员职位流动，影响了对物流信息的实时监控，也会导致订单处理的精准度和速度。除此以外，企业内部的物流信息没有共享，如果一个已经在运输中的订单出现了问题，因为信息收集的不及时、不准确，各部门物流信息互相封闭未沟通，解决问题订单就需要从这个订单的源头开始一步步筛查，浪费大量的人力物力资源，如果情况严重，甚至有可能会对企业的日常运营造成不良影响。在竞争日趋激烈的当今社会，企业如果不加强信息化建设，必然会面临淘汰的危机。在钢铁行业，只有把公司的物流管理系统建立完善起来，满足日常运营所需，才能在快速发展的社会中占有一席之地。

（资料整理来源：韩立民，刘岩. 钢铁企业物流管理系统设计[J]. 中国科技信息，2019（08）：45-46.）

任务二 仓储管理信息系统

在现代物流系统中，仓储是构成物流系统的重要环节，仓储功能包括对进入物流系统的货物进行堆存、管理、保管、保养、维护等一系列的活动。随着经济的发展，物流由少量品种、大批量物流进入多品种、小批量或多批次、小批量物流时代，仓储功能从重视保管效率逐渐变为重视发货和配送作业。

仓储管理，是指对仓库及其库存物的管理。现代的仓库已成为物流的中心。物资的储存和运输是整个物流过程中的两个关键环节，被人们称为"物流的支柱"。在商品交换过程中，虽然物资的购销活动决定了物资的交换关系，但若没有物资的储存和运输，物资的这种交换关系则不能最终实现。仓储在物流系统中的重要作用主要表现在：降低运输成本，提高运输效率，产品整合，支持企业的销售服务，调节供应和需求。

仓储管理信息系统（Warehouse Management System，WMS），是用于对仓库中货物、空间资源、人力资源、设备资源等在仓库中的活动，对货物的进货、检验、上架、出货、转仓、转储、盘点及其他库内作业进行管理的系统。

课件 5-2-001
任务二 仓储管理
信息系统

视频知识点：
5-2-001
基于物联网的
仓储管理信息系统

一、WMS 的业务流程及功能

WMS 的业务流程如图 5-4 所示。

（一）入库流程

首先由客户发来入库通知单。入库通知单主要包括以下几项：客户，入库时间，入库货位号，入库产品的品种、质量、数量（件数、总质量）和金额，检验员、申请人和成品库库房主管签字等。根据入库通知单，由检验员对货物检验签字后，由库房人员核实入库数量登记，由库房主管签字。货物上架确认后，生成入库单。

（二）出库流程

出库流程根据客户出货计划有核对出库凭证、备货、复核等环节。货物出库的方式主要有 3 种：客户自提、委托发货和公司送货。第一种：客户自提，是指客户自己派人或派车来公司的库房提货。第二种：委托第三方物流运输公司提供送货服务。第三种：仓储企业派自己的货车给客户送货的一种出库方式。无论采用哪种出货方式都要填写出库

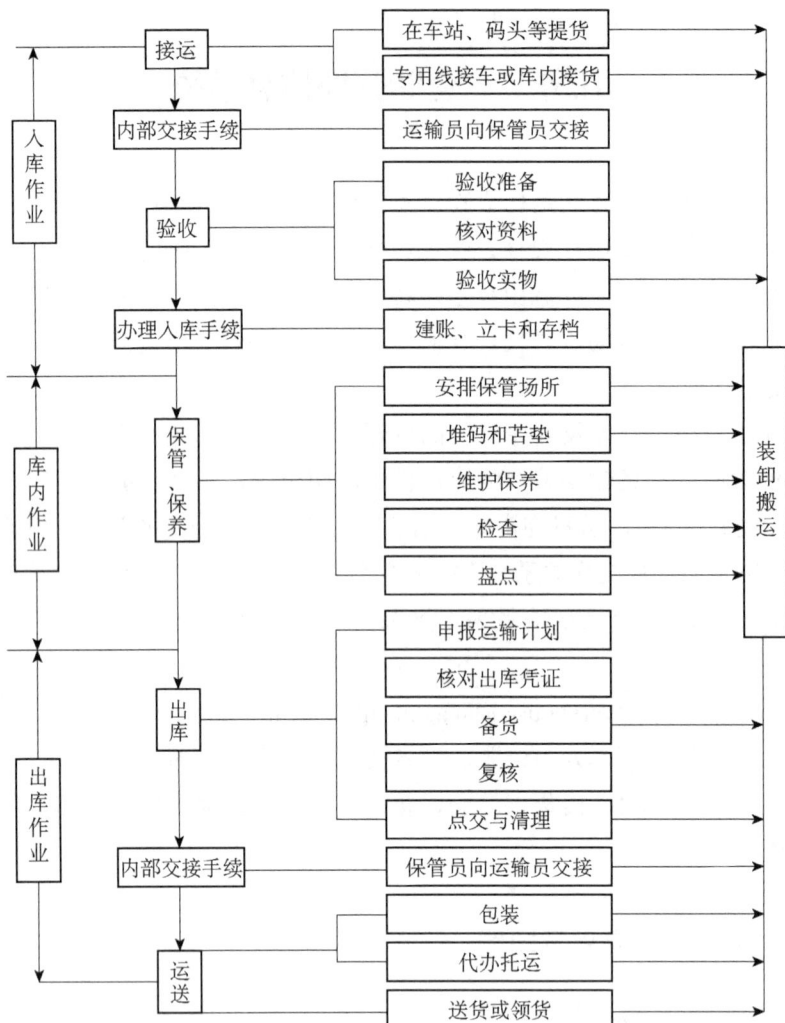

图 5-4 WMS 的业务流程图

单，出库单主要包含以下项目：客户名称、发货时间、出库品种、出库数量、出库金额、出库方式选择、运算结算方式、提货人签字和成品库主管签字等。

（三）库内管理

库内管理主要包括对转库、转储、盘点及对货物数量的管理，以及对货物的保质期、最高库存、最低库存的管理等。

二、WMS 软件的总体功能

WMS 的整体框架结构如图 5-5 所示。

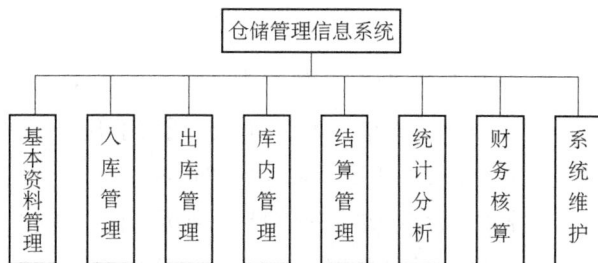

图 5-5 WMS 的整体框架

（一）基本资料管理

基本资料管理主要对储位信息、货品信息、人员信息、客户信息、合同、车辆信息的管理。

1. 仓库信息管理

仓库信息管理包括仓库类型、仓库基本信息、仓库区域信息和储位信息等。系统初始化时设置的顺序为仓库类型、仓库信息、区域信息、储（货）位信息。

2. 仓库类型管理

仓库类型，指仓库所属的类别，主要包括普通仓库、冷冻仓库、化学仓库、危险品仓库等。

3. 货品信息管理

货品信息管理包括货品类型、计量单位信息、货品信息等。系统初始化时设置的顺序是货品类别、计量单位、货品信息。

货品种类，是指货品所属的类别，如电器、食品、药品等。

货品信息，是指条码信息、货品编号、货品种类、规格、型号、单位、质量、体积、尺寸、价值、保质期、最高库存、最低库存等。

4. 客户信息管理

客户信息管理包括客户编号、客户名称、联系电话、传真、地址、E-mail 及联系人等客户的基本信息。

5. 合同管理

合同管理信息包括合同号、甲方名称、甲方代表人、乙方名称、乙方代表人、签订合同日期、租仓地点、租仓面积、租仓标准、结算方式、保管商品名称等。

（二）入库管理

入库管理主要包括对货品数量的管理，如箱数、件数、RT/CBM（吨/立方米）；对货品的储位管理；对货品的管理，如客户、到期日、质量、体积、批次（号），并可结合条码管理；对运输工具的管理，如运输公司、车牌号、司机名管理；对验收的确认，根据入库通知单的数量和实际入库数量比较分析，以解决少货、多货、串货等情况。入库的业务流程图如图 5-6 所示。

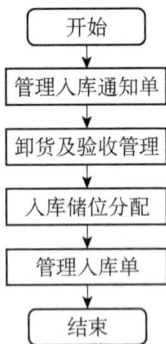

操作顺序为：管理入库通知单、卸货及验收管理、入库储位分配、提交入库单。下面简单介绍其中几个步骤。

1. 管理入库通知单（或订仓单）

管理入库通知单是在货品到达之前，货主通知在何时进入什么货品，仓库可以根据这些信息制订入库作业计划，如安排和调度装卸货的工具、清理装卸货区域等。入库通知单主要包括客户信息、收货信息和货品明细等，并为安排卸货工具、指定卸货区和处理区提供信息。

入库通知单主表的数据项有入库单号、客户、合同号、预计入库时间、制单人等信息。入库通知单明细表的数据项有货品的名称、条码、批次、数量等信息。

图 5-6　入库业务流程

（流程图：开始→管理入库通知单→卸货及验收管理→入库储位分配→管理入库单→结束）

2. 卸货及验收管理

卸货及验收管理是收到入库通知单后，指定货品的卸装区及验收处理区等业务。相对应的实际操作是货品到达仓库后，仓管员指定卸货区域，在卸货区装卸货品、检查数量和质量验收等工作。系统根据入库通知单编号自动产生"验收单编号"，显示入库通知单中货品的详细列表信息。指定卸货区时，选择仓库号和区域号。指定验收区时，选择仓库号和区域号。验收结束后，如果发现有不合格品，应该进行登记记录。在"不合格数量""不合格原因""处理意见"3 个字段中，录入具体的信息。

视频知识点：
5-2-003WMS
第三方仓储管理
系统-出库操作

3. 入库储位分配

入库储位分配就是为入库货品安排货位的操作：选中某一入库货品，选择合适的仓库号、区域号。在排号、列号、层号中，输入分配的数值，确认"分配"即可完成，并依次为每一种货品分配货位。

（三）出库管理

出库管理主要包括对出库货品数量的管理，如箱数、件数、RT/CBM（吨 / 立方米）；对出货方式的选择，如先进先出（FIFO）、后进先出（LIFO）、保质期管理、批次（号）；对出货运输工具的管理，如运输公司、车牌号、司机名管理。出库的业务流程图如图 5-7 所示。

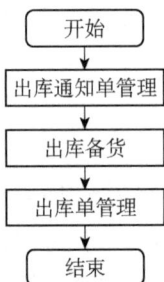

图 5-7　出库业务流程图

（流程图：开始→出库通知单管理→出库备货→出库单管理→结束）

1. 出库通知单管理

出库通知单管理，就是处理收货方要求的出库信息，包括收货方名称、编码信息、出库货品明细等，为确定备货区提供信息。将库存表中的货品、数量、批次等信息，自动生成到出库通

知单的出库货品列表中。

2．出库备货

出库备货，指操作员收到出库通知单后，录入出库备货货品信息、指定备货区和安排出库货品的货位等事务。

系统根据出库通知单自动产生"备货单号"，填写"出库备货时间""制单人""制单时间"等出库备货信息。

根据"出库备货货品清单"，显示出货仓库和区域指定窗口，选中某一出库备货货品，即可指定出货仓库和区域。针对"出库备货货品信息清单"表中的每一种货品，重复上述的指定工作，可为每一种出库货品指定出库仓库和区域。

3．出库单管理

出库单管理，是指完成出库备货后，对出库货品的信息进行登记、查询等管理。如采用先进先出的出库原则，可根据入库单的时间自动生成出库单，也可以根据需要，选择指定的入仓单来生成出库单。

（四）库内管理

库内管理是对仓库内的货品进行盘点、转库、转储、作业等管理，具体包括仓库储存货品的盘点作业、仓库内部货品在储位间的转储作业、货品在不同仓库间的转库作业、保管货品的报废管理、不合格品的退库管理等业务。

1．盘点管理

盘点管理提供对货品的全面盘点、随机抽盘与指定盘点功能。其中指定盘点根据储位盘点和货品盘点的功能，可分区、分类进行盘点。盘点作业，首先要生成盘点单，确定要盘点货品的编号、名称、储存位置和系统结存数量的信息清单；然后录入盘存数据；审核盘点单；盘点差异转结。

2．转储管理

转储管理主要对货品在同一仓库内不同储位之间转移的作业进行管理。转储单号由系统自动产生，选择要转移货品的所在"仓库""转储部门"等，并填写"制单人""转储时间""制单时间"。在"转储货品及存储货位清单"中选择库物，输入数量及选择目的区域，完成转储货品的选择。

3．转库管理

转库管理主要对货品在不同仓库之间转移的作业进行管理，即提出转仓申请，指定货品的转出仓库、区域及储位，并指定转入仓库的区域和储位等。系统自动产生转库单号，选择要转移货品的所在"转出仓库""转入仓库""转仓部门"，填写"转仓时间""制单时间"，填写"制单人""备注"等信息。在"转仓货品及存储货位清单"中选择货品，输入数量及选择目的区域，并完成整个转仓的过程。

4. 报废管理

报废管理主要对仓库中的报废货品的名称、编号、位置等进行管理，即提出报废申请，录入报废货品的信息，指定报废货品的所在仓库、区域及储位，以及对上述报废信息进行维护。

5. 退货管理

退货管理主要对被退回货品的编号、名称、数量、存放位置、处理方法等信息进行管理，主要处理退货申请、审批、转结等相关事务。

（五）其他功能模块

1. 结算管理

对计费方式单价设定（如按使用面积、体积、托盘、包租等），对应收/应付账单、收/付款、核销、发票、对账单的管理。

2. 统计分析

提供入库、出库的查询（按储位、货物、客户、批次、时间周期），提供转库、转储、盘点作业的各种查询，提供各种财务分析报表。

3. 财务核算

应收/应付管理、凭证管理。

4. 系统维护

权限分配。

三、仓储信息管理的数据

（一）与仓库作业成果数量有关的数据

1. 吞吐量

吞吐量是指计划期内仓库中转供应物品的总量，计量单位通常为"吨"，计算公式为：

$$吞吐量=入库量+出库量+直拨量$$

入库量是指仓库验收入库的数量，不包括到货未验收、不具备验收条件、验收发现问题的数量；出库量是指按出库手续已经点交给用户或承运单位的数量，不包括备货待发运的数量；直拨量是指在车站、码头、机场、供货单位等提货点办理完提货手续后，直接将物品从提货点分拨转运给用户的数量。

2. 库存量

通常库存量是指计划期内的日平均库存量。该指标同时也是反映仓库平均库存水平和库容利用状况的指标。其计量单位为"吨"，计算公式为：

$$月平均库存 = \frac{月初库存量 + 月末库存量}{2}$$

$$年平均库存 = \frac{各月平均库存量}{12}$$

库存量指仓库内所有纳入仓库经济技术管理范围的全部本单位和代存单位的物品数量，不包括待处理、待验收的物品数量。

月初库存量等于上月末库存量，月末库存量等于月初库存量加上本月入库量再减去本月出库量。

3．存货周转率

库存量指标反映出的是一组相对静止的库存状态，而存货周转率更能体现仓库空间的利用程度和流动资金的周转速度，存货周转率的计算公式为：

$$存货周转率 = \frac{存货销售成本}{存货平均余额} \times 100\%$$

存货平均余额为年初数加年末数除以 2。

（二）与仓库作业质量有关的数据

（1）收发差错率及收发正确率。以收发货所发生差错的累计笔数占收发货总笔数的百分比来计算，此项指标反映仓库收、发货的准确程度。

$$收发差错率 = \frac{收发差错累计笔数}{收发货物总笔数} \times 100\%$$

$$收发正确率 = 1 - 收发差错率$$

（2）业务赔偿费率。以仓库在计划期内发生的业务赔罚款占同期业务总收入的百分比来计算，此项指标反映仓库旅行仓储合同的质量。

$$业务赔偿费率 = \frac{业务赔罚款总款}{业务总收入} \times 100\%$$

（3）货物损耗率。是指保管期内，某种物品自然减量的数量占该种物品入库数量的百分比，此项指标反映仓库物品保管和维护的质量和水平。

$$物品损耗率 = \frac{某种物品损耗量}{某种物品入库总量} \times 100\%$$

（4）账实相符率。是指进行物品盘点时，仓库保管的物品账面上的结存数与库存实有数量的相互符合程度。在对仓储物品进行盘点时，要求根据账目逐笔与实物进行核对。

$$账货相符率 = \frac{账货相符笔数}{储存物品总笔数} \times 100\%$$

（5）缺货率。缺货率反映仓储企业保证供应、满足客户需求的程度。该项指标可以衡量仓库进行库存分析的能力和及时组织补货的能力。

$$缺货率 = \frac{缺货次数}{用户要求次数} \times 100\%$$

（三）与仓库作业劳动消耗有关的数据

（1）平均收发货时间。是指仓库收发每笔物品所用的时间。它既是一项反映仓储服务质量的指标，同时也能反映仓库的劳动效率。

$$平均收发时间 = \frac{收发货时间总和}{收发货总笔数}$$

（2）作业量系数。作业量系数反映仓库实际发生作业与任务之间的关系。

$$作业量系数 = \frac{装卸作业总量}{进出库物品数量}$$

（四）与仓库作业物化劳动占用有关的数据

（1）仓库面积利用率。

$$仓库面积利用率 = \frac{报告期实际占用面积}{报告期仓库总面积} \times 100\%$$

（2）仓容利用率。

$$仓库利用率 = \frac{仓库平均库容量}{最大库容量} \times 100\%$$

（3）设备利用率。

$$设备利用率 = \frac{设备作业总台时}{设备应作业总台时} \times 100\%$$

（五）与仓库作业劳动效率有关的数据

全员劳动生产率的计算方式为：

$$全员劳动生产率 = \frac{全年物品出入库总量}{全年工作日总数}$$

（六）与仓库经济效益有关的数据

价值的计算方式为：

$$价值 = 价值系数（k）\times \frac{功能（F）}{成本（C）}$$

【相关阅读】

粮食仓储信息管理系统

1. 粮食仓储信息管理系统的原理

粮食仓储信息管理系统的原理是通过利用网络技术、软件技术、传感技术、自动控制技术和物联网技术等手段，将粮库信息及业务信息上传至网页进行查询和管理，实现粮食仓储业务管理的信息化和智能化，方便仓储管理人员的信息查询和业务管理。

2．粮食仓储信息管理系统的组成

粮食仓储信息管理系统是采用传感器、控制器、计算机、无线传送技术等现代电子工作手段来进行仓储数据的存储、浏览、监管和仓储业务的管理，包括远程监管系统、业务管理系统、智能仓储系统、办公自动化系统及各个系统之间的集成等。

3．粮食仓储管理现状

（1）仓储工作人员对科学储粮的重要性及必要性缺乏认识，对于科学储粮存在偏见，以为科学储粮劳民伤财、浪费时间，收益偏低。

（2）难以控制仓库内所存储粮食的质量，主要有粮堆呼吸旺盛，储藏稳定性下降，易出现发热结露和霉变；粮堆环境更适合虫害滋生，引起粮堆虫害集聚，虫蚀率增大，使用价值降低；粮堆通透性变差，不利于通风散热和熏蒸药剂向粮堆深层渗透，导致粮堆降温困难和熏蒸杀虫不彻底。

（3）粮库仓房设施条件差，影响了科学储粮的基础，虽然每年都有大量资金投入进行改善，但尚未彻底解决上漏下潮、墙体裂缝及气密性较差等问题。

（4）仓储管理人员的素质较低，专业人员、高级技术人员缺乏；仓储经费紧张，对于员工的培训存在困难。

（资料整理来源：罗山，等.海南粮食仓储信息网络管理系统的现状与展望[J].

现代食品，2017（22）：35-37.）

任务三　运输管理信息系统

一、运输管理信息系统概述

运输是物流的另一个主要业务，也是降低物流成本和实现"第三利润源"的重要源泉。运输种类繁多，范围很广。运输方式多种多样，可分为公路运输、铁路运输、水路运输、航空运输和管道运输等。每种运输方式的业务流程各有特色，甚至有很大差别。而每种运输方式又可以分为多种运输形式，如铁路运输可分为整车运输、零担运输、集装箱运输等。因此很难设计一个通用的运输管理系统去管理各种各样的运输业务，但各种运输管理上又有相似之处，这里仅以公路运输为例来说明运输管理的功能与运作。

公路运输是现代运输的主要方式之一，公路运输由公路和汽车两部分组成，是主要使用汽车或其他车辆（如人力、畜力车）在公路上进行货客运输的一种方式。公路运输主要承担近距离、小批量的货运和水运，以及铁路运输难以到达地区的长途、大批量货运和铁路、水运优势难以发挥的短途运输。由于公路运输具有灵活性，近年来，在有铁路、水运

课件 5-3-001
任务三　运输管理
信息系统

的地区，长途、大批量运输也开始用公路运输。

公路运输具有机动、灵活的技术经济特征，可实现门到门运输；货损、货差小，安全性高，灵活性强；原始投资少，资金周转快，技术改造容易。但公路运输费用略高于铁路，大大高于水路。

公路货物运输方式主要有以下几种。

（一）整车运输

整车运输，是指托运人一次托运货物在 3 吨以上，或虽不足 3 吨，但其性质、体积、形状需要一辆 3 吨以上汽车运输的货物运输。

（二）零担运输

零担运输，是指托运人一次托运量在 3 吨以下或不满一整车的少量货物的运输。

（三）集装箱运输

集装箱运输，是指将货物集中装入规格化、标准化的集装箱内进行运输的一种形式。这是近年来发展最快的一种公路运输。

（四）联合运输

联合运输，是指货物通过两种或两种以上运输方式，或需要同时运输两次以上的运输。联合运输实行一次托运、一次收费、一票到底、全程负责。

二、公路运输相关业务流程介绍

（一）零担运输业务流程

零担运输一般为定线路发运，两地之间定期对开全封闭式的货运汽车，适应于数量较少的货物运输，一般是按承运货物的实际质量来计算费用。其业务流程如图 5-8 所示。

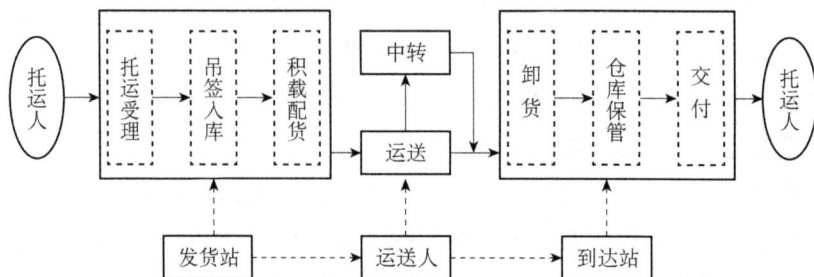

图 5-8　零担运输业务流程

1．托运受理

零担货物承运人根据营运范围内的线路、站点、运距、中转车站的装卸能力、货物的性质及受运限制等业务规则和有关规定接收托运零担货物，办理托运手续。受理托运时，必须由托运人认真填写托运单，承运人审核无误后方可承运。

2．过磅起票

零担货物受理人员在收到托运单后，应及时验货过磅，认真点件交接，做好记录，按托运单编号填写标签及有关标志，填写零担运输货票并收取运杂费。

3．仓库保管

零担货物在仓库的存放时间较短，维护保养工作较少，主要应控制货物的出入库效率和库内存放货位的管理。货物进出仓库要严格执行照单入库或出货，做到以票对货，票票不漏，货票相符。

4．配载装车

按车辆客载量和货物的形状、性质进行合理配载，填制配装单和货物交接单。填单时应按货物先远后近、先重后轻、先大后小、先方后圆的顺序填写，以便按单顺次装车，对不同到达站和中转的货物要分单填制。将整理后的各种随货单证分附于交接清单后面，按单核对货物堆放位置，做好装车标记。按交接清单的顺序和要求点件装车。

5．车辆运行

零担货运班车必须严格按期发车，按规定线路行驶，在中转站要由值班人员在行车路单上签证。

6．货物中转

对于需要中转的货物需以中转零担班车或沿途零担班车的形式运到规定的中转站进行中转。中转作业主要是将来自各方向仍需继续运输的零担货物卸车后重新集结待运，继续运至终点站。

7．到站卸货

到站后，由仓库人员检查货物情况，如无异常则在交换单上签字加盖业务章。如有异常情况发生，则应采取相应处理措施。

8．货物交付

货物入库后，通知收货人凭提货单提货，或者按指定地点送货上门，并做好交货记录。

（二）集装箱运输业务流程

集装箱运输业务主要包括接受托运申请、提取空箱、装箱、箱货交接、办理交接手续等业务，其基本的运输业务流程如图 5-9 所示。

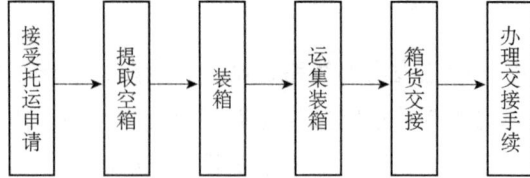

图 5-9　集装箱运输业务流程

三、公路运输管理信息系统模块结构

（一）公路运输管理系统的总体业务流程

公路运输管理系统从客户服务中心接单开始，然后录入运输单并确认；调度部门针对已确认的运输单进行调度派车、打印派车单；接着，司机上门装货，并确认装车、签订运输合同、打印装车单；确认在途后，系统进行车辆跟踪，随时向客户提供车辆的运行情况；运输完成后，系统进行回单确认，司机到财务部门结算运费；同时财务部门向客户收取运费。公路运输业务流程如图 5-10 所示。

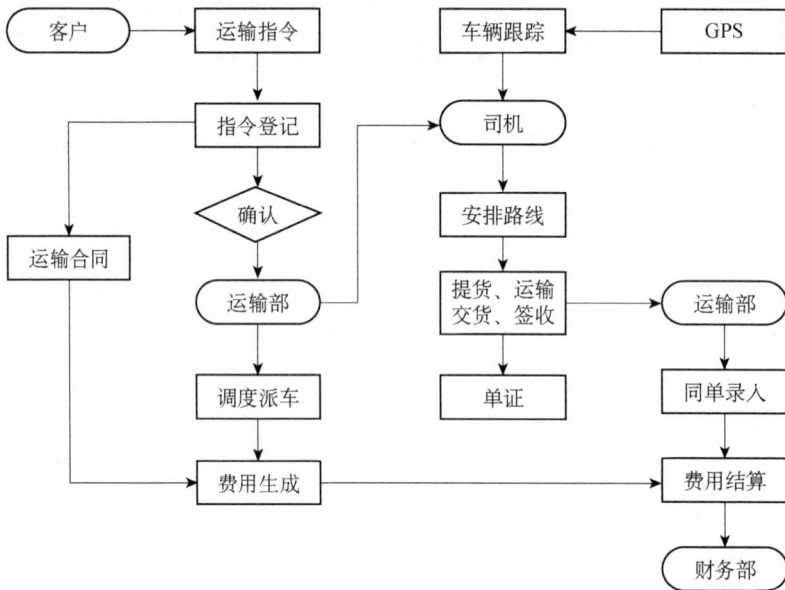

图 5-10　公路运输业务流程

（二）公路运输的总体功能模块

公路运输的总体功能模块如图 5-11 所示，包括基本资料管理、运单管理、调度管理、跟踪管理、回单确认、财务结算和统计分析 7 个模块。下面对相关模块及相关系统进行介绍。

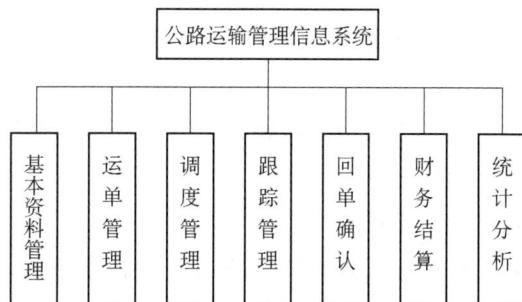

图 5-11 公路运输的总体功能模块

1．基本资料管理

包括对客户、车辆、货物、运输方式、地区、人员、合同及价格等信息的管理。

2．运单管理

对运单的信息录入及确认的管理。

3．调度管理

对调度计划、派车单和装车等功能的管理。

4．跟踪管理

对在途车辆进行动态跟踪，可以实时知道车辆和货物所处的位置和状态。

5．回单确认

用于回单签收及车辆回队的管理。

6．财务结算

包括应收/付管理、凭证管理（收/付款管理）、发票、对账单、财务核销，并提供各种财务分析报表。

7．统计分析

可以对物流公司的发货量、收入、利润、货损、应收款等以任意条件进行自动统计查询，企业通过统计表进行分析，可以了解公司的经营情况、服务质量等，从而对有关的业务进行判断、决策。主要统计表包括发运汇总表、订单统计表、运输计划统计表、装车统计表、车辆跟踪统计表、货损统计表、利润分析表和应收款统计表。

8．场站管理

管理车辆的进出场站的时间。

9．运输保险管理

对于需要保险的运输业务，录入相关的保险信息，包括货物价值、保险单号和保险费等。

10．维修管理系统

（1）维修的基本资料主要包括配件资料、配件类别、维修工种、维修人员和维修项目。

（2）维修业务管理主要包括车辆进厂登记、派工（维修和检测）、维修用料、轮胎更换、轮胎检测、拖架检测、维修检测确认和车辆出厂登记。

（3）维修报表主要包括车辆维修情况报表、维修预警、维修人员工时统计、轮胎检测报表、轮胎更换报表和配件消耗报表。

11．车辆技术（成本控制）管理系统

（1）定义车辆类别，并按类别确定额定的油耗、轮胎消耗、维护保养（时间、里程）、间隔、维修费用和车辆完好率等。

（2）车辆技术档案的内容主要包括车辆的各种技术参考与信息。比如，车牌号、发动机号、发动机型、燃料类别、驱动形式、额定功率（kW）、百公里油耗（L）、外廓尺寸[长×宽×高（mm³）]、底盘号码、整车质量（kg）、满载总质量（kg）和吨位等。

（3）拖架档案主要包括拖架号和尺寸等。

（4）根据车辆零配件和轮胎的预期使用寿命与实际使用寿命（行驶里程）的比较结果，提示车辆管理人员对车辆进行检测和维修。

（5）根据上次维护时的里程数、总的形式里程数、维护间隔里程数、提前报警里程数生成需报警的车辆，显示出来并提供打印功能。

（6）确定车辆维修计划和维护计划。

（7）油料消耗的数据取自跟踪系统中填写的车辆跟单，本模块是统计每一台车在某一时间段的油料消耗并计算出百公里油耗，并和油料定额对比，从而得到其超油量或节油量。其要素主要有车号、时间范围、实耗油量、行驶里程数、额定耗油、百公里油耗、额定百公里油耗、超油量或节油量等。

（8）轮胎管理主要包括轮胎编号、胎卡登记、轮胎使用分析、报废轮胎统计和领用轮胎统计。单据请见输入输出单据。

12．车辆监控系统

（1）车辆及司机管理。

（2）对证件的审验进行安排。

（3）对各种证件的审验进行登记，并根据有效期提示需要审验的证件（报警）。

（4）对人员、车辆和货物等保险情况的管理。

（5）对车辆的安全事故等进行管理。

【相关阅读】

联邦快递管理信息系统

联合包裹服务公司用信息技术参与全球竞争。

联合包裹服务公司（United Parcel Service，UPS）是世界上最大的空中和地面包裹速递公司。1907年初建时，只有一间很小的地下办公室。两个来自西雅图的少年 Jim Casey

和 Claude Ryan 只有两辆自行车和一部电话，当时他们曾承诺"最好的服务，最低的价格"。联合包裹公司成功地运用这个信条近 90 年之久。

今天联合包裹公司仍然兑现那个承诺，它每年向美国各地和 185 个以上的国家和地区递送的包裹和文件几乎达到 30 亿件。公司不仅胜过传统的包裹递送方式，并且可以和联邦特快专递的"不过夜"递送生意抗衡。

公司成功的关键是投资于先进的信息技术。1992—1996 年，联合包裹公司预期投资于信息技术 1.8 亿美元。这使公司在全世界市场上处于领导地位，技术帮助联合包裹公司在保持低价位和改进全部运作的同时，促进了对客户的服务。

由于使用了一种叫作发货信息获取装置（DIAD）的手持计算机，联合包裹公司的司机们可以自动获得有关客户签名、运货汽车、包裹发送和时间表等信息。然后司机把 DIAD 接入卡车上的车用接口中，即一个连接在移动电话网上的信息传送装置。接着包裹跟踪信息被传送到联合包裹公司的计算机网络上，在联合包裹公司位于新泽西州 Mahwah 的主计算机上进行存储和处理。在那里，信息可以通达世界各地，向客户提供包裹发送的证明；这个系统也可以为客户的查询提供打印信息。

依靠"全程监督"，即公司的自动化包裹跟踪系统，联合包裹公司能够监控包裹的整个发送过程。从发送到接收路线的各个点上，有一个条码装置扫描包裹标签上的货运信息，然后信息被输入中心计算机中，客户服务代理人能够在与中心机相连的台式计算机上检查任何包裹的情况，并且能够对客户的任何查询立刻做出反应。联合包裹公司的客户也可以使用公司提供的专门的包裹跟踪软件来直接从他们的微型计算机上获得这种信息。

联合包裹服务公司的商品快递系统建立于 1991 年，可为客户储存产品并一夜之间把它们发到客户所要求的任何目的地。使用这种服务的客户能够在凌晨 1：00 以前把电子货运单传送给联合包裹公司，并且货物的运送在当天上午 10：30 就应完成。

1988 年，联合包裹公司积极进军海外市场，建立它自己的全球通信网络——联合包裹服务网。该网作为全球业务的信息处理通道，通过提供有关收费及送达确认、跟踪国际包裹递送和迅速处理海关信息的访问，拓展了系统的全球能力。联合包裹公司使用自己的电信网络把每个托运的货物文件在托运的货物到达之前直接输送给海关官员，海关官员让托运的货物过关或者标上检查标记。

联合包裹公司正在增强其信息系统的能力，以便保证某件包裹或若干包裹能按规定的时间到达其目的地，如果客户提出要求，联合包裹公司将会在送达之前拦截包裹，并派人将其送回或更改送货路线。公司甚至可以使用它的系统直接在客户之间传送电子书信。

（资料整理来源：https://wenku.baidu.com/view/b988a706cf84b9d528ea7ad8.html）

任务四 配送管理信息系统

一、配送管理信息系统概述

（一）配送中心的概念

1．配送的概念

在国家标准物流术语（GB/T18354—2001）中，将"配送"定义为："在经济合理区域范围内，根据用户要求，对物品进行拣选、加工、包装、分割、组配等作业，并按时送达指定地点的物流活动。"配送业务是物流行业近年发展最快，也是有较大发展潜力的业务。

2．配送中心

配送中心，是指从供应者那里接收各种货物，经过倒装、分类、保管或流通加工等作业，然后根据用户的订货要求，将货物配齐、装车、送交收货人的配送设施。

配送中心的具体职能可以分为保管、倒装、分类、加工、装卸、运输等职能。每个配送中心一般都具备上述职能。

配送作业主要有订单处理、集货、储存、拣选、分货、配货、装车和运输等。

课件 5-4-001
任务四　配送管理信息系统

视频知识点：
5-4-001
什么是配送

（二）配送中心的主要工作环节

配送是物流中一种特殊的、综合的活动形式，是商流与物流的紧密结合，包含了商流活动和物流活动。配送几乎包括了所有的物流功能要素，是物流的一个缩影或在某个小范围中物流全部活动的体现。配送中心的物流作业主要有备货、存储、配装等。

1．备货

备货，是配送的准备工作或基础工作，备货工作包括筹集货源、订货或购货、集货、进货及有关的质量检查、结算、交接等。配送的优势之一，就是可以集中用户的需求进行一定规模的备货。

2．存储

配送中的存储有储备及暂存两种形态。配送储备是按一定时期的配送经营要求，形成的对配送的资源保证。

另一种存储形态是暂存，是具体执行日配送时，按分拣配货要求，在理货场地所做的少量存储准备。

还有另一种形式的暂存，即是分拣、配货之后，形成的发送货载的暂存，这个暂存主要用于调节配货与送货的节奏，暂存时间不长。

3．分拣及配货

分拣及配货是配送不同于其他物流形式的特色功能要素。分拣及配货是完善送货、支持送货的准备性工作，是不同配送企业在送货时进行竞争和提高自身经济效益的必然延伸，所以，也可以说是送货向高级形式发展的必然要求。

视频知识点：
5-4-002
什么是分拣

4．配装

在单个用户配送数量不能达到车辆的有效载运负荷时，就存在如何集中不同用户的配送货物，进行搭配装载以充分利用运能、运力的问题，这就叫配装。

5．配送运输

配送运输属于运输中的末端运输、支线运输，和一般运输形态的主要区别在于：配送运输是较短距离、较小规模、额度较高的运输形式，一般使用汽车作运输工具。

6．送达服务

送达服务就是将配好的货运输到目的地之后，与用户办理卸货、移交、结算等手续。送达服务也是配送独具的特殊性。

7．配送加工

在配送中，配送加工这一功能要素不具有普遍性，但往往是有重要作用的功能要素。其主要原因是通过配送加工，可以大大提高用户的满意程度。

（三）配送的一般流程

不同类型的配送中心，其工作流程略有不同，现以一般的、典型的配送中心为例说明配送中心的工作过程。这种配送中心以中、小件杂货配送为主，为了保证配送，需要一定存储量，属于有存储功能的配送中心。理货、分类、配货、配装功能较强，很少有流通加工的功能。分货、配货场所较大，作业装备也较多。其作业流程图如图 5-12 所示。

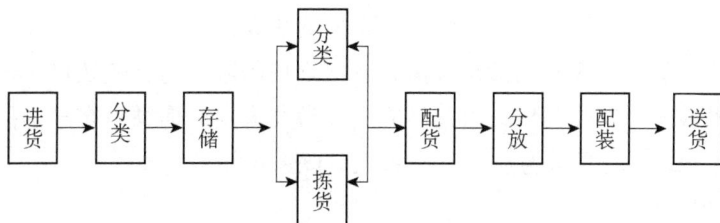

图 5-12　配送作业流程图

二、配送管理信息系统的模块结构

配送中心管理信息系统（Distribution Center Management Information System，DCMIS），是对配送中心的进货、验收、入库、上架、拣货、加工、包装、配货、出货检验、装货、运输等的信息数据进行分析和处理的管理信息系统。

（一）配送中心管理信息系统的总体功能模块

根据配送中心的业务特点，配送中心管理信息系统的总体功能模块图如图 5-13 所示。

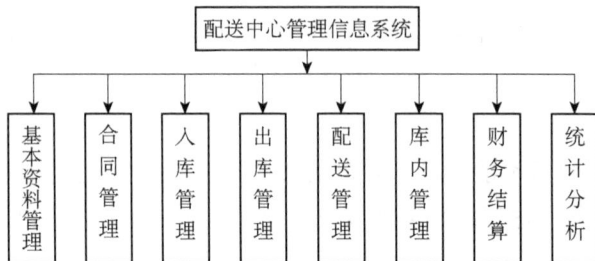

图 5-13 配送中心管理信息系统的总体功能模块图

（二）典型功能模块介绍

1．基本资料管理

主要包括对公司信息的管理，公司员工信息管理，客户信息管理，配送中心的储位、货位管理，货品分类管理，货品信息管理，货物计量单位管理，货品的单位换算管理，车辆信息管理等。

（1）货位管理。进行货位的分类（分类可能包括日用商品、冷藏商品、特殊商品、保税商品、家庭用品和家具等），对存货进行货位调整（在不知道货物的参数时要分配货位，以及在长期的存货流通中总结参数值，以便系统自动调整货位。

（2）货品信息管理。货品信息管理包括对货品编码的管理，以及对货品信息、货品分类、计量单位、包装类型、货品装箱清单和货品所有权转让等信息的管理。

（3）车辆管理。对车辆基本信息的管理，主要信息有车主、车型、载重、车厢尺寸、车牌号等。

（4）司机信息管理。对司机的基本信息进行管理，主要信息有司机编号、姓名、年龄、性别、身份证号码、住址、准驾车型、联系电话等。

（5）客户信息管理。客户包括与公司有业务来往的客户与合作伙伴。一般来说，客户类型可分为一般客户、重要客户、服务供应商、潜在客户、信誉差客户等；客户基本信息包括客户名称、地址、主要业务种类、联系人、联系电话等。

2．合同管理

合同管理主要包括价格管理、客户合同管理等管理功能。

（1）价格管理分为 3 个方面：第一，底价的管理。管理公司的各种底价，只有对底价进行了统一的管理，才能避免价格混乱，在新客户要求询价的时候，根据实际情况，给出正确、合理的报价。第二，公司对外标准报价。当一个新客户来的时候，如果没有和他确定具体的价格，系统将自动采用对外标准报价。第三，客户的合同价格。由于每个客户的重要性不同，市场的需要不同，或存储货品的特性不同，公司可以给具体的客户一个具体的价格。

（2）客户合同管理。合同的管理主要涉及以下几项内容：第一，客户所存放的物品的性质，包括物品名称、规格、物品的包装形式。第二，客户所要租用仓库的面积大小、位置等。第三，客户所存物品的出入库依据、方式。第四，费用的结算方式及费用项目包，括仓租费、装卸费、加工费、包装费用。第五，合同的有效期。

3. 入库管理

入库管理主要包括对客户到货通知单、条码打印、入库单等的管理。入库业务流程如图 5-14 所示。

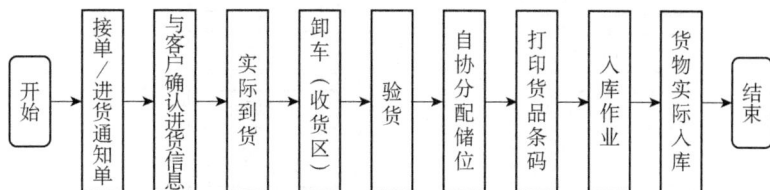

图 5-14 入库业务流程图

4. 出库管理

出库管理主要是对出货订单、拣货清单、加工单、包装单、包装清单（条码打印）、出库单的管理。出库业务流程如图 5-15 所示。

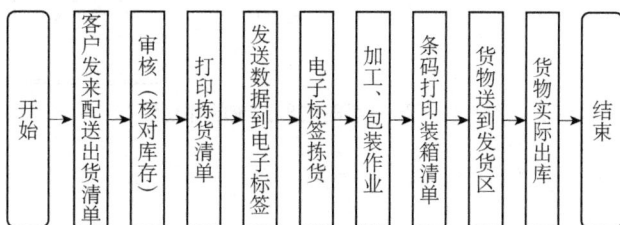

图 5-15 出库业务流程图

5. 配送管理

配送管理主要是对配送计划、派车单、装车清单、配送路线设置、车辆跟踪、配送回执的管理。配送业务管理流程如图 5-16 所示。

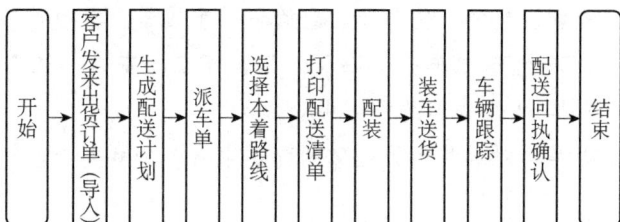

图 5-16 配送业务管理流程图

6. 库内管理

库内管理就是系统根据业务需要对库存商品进行转储、转仓、盘点和库内作业单的管理。其系统工作特点可参考本节仓储管理系统的库内管理内容。

（三）配送管理信息系统的作业流程

配送中心的总体业务有进货、验收、入库、上架、拣货、加工、包装、配货、出货验货、装货、运输等，其工作流程如图 5-17 所示。

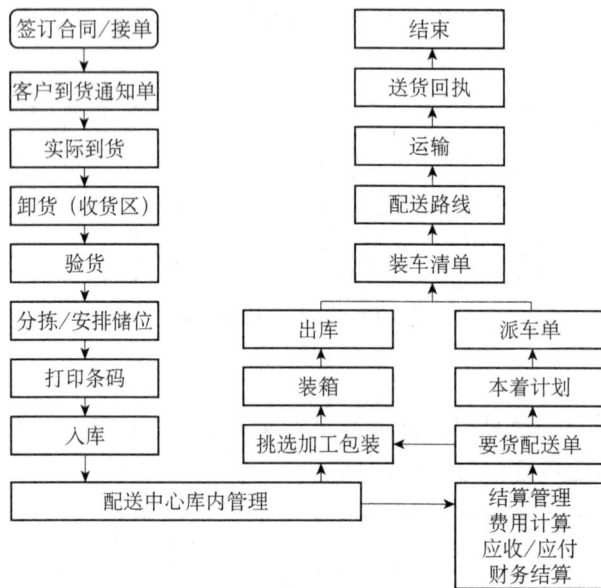

图 5-17　配送管理信息系统的作业流程

【相关阅读】

华联超市配送中心案例

华联超市股份有限公司（以下简称华联）是中国国内第一家上市的连锁超市公司，其前身为成立于 1993 年 1 月的上海华联超市公司。公司决策层提出了"低收入、低风险、高效率、高产出"的两低两高原则，依托品牌效力，大力推进加盟连锁，充分发挥经营管理的综合优势，提出经营发展的"重加盟、重管理、重质量、重效益"的四重方针，精心构筑好特许经营体系，已经建立覆盖上海及江苏、浙江、安徽、江西、河南、山东、山西、湖南、湖北、北京等 11 个省市的配送中心。

华联超市配送中心是针对零售商为主体的配送中心。华联超市配送中心具有较高的技术含量：

①仓储立体化。

②装卸搬运机械化。

③拆零商品配货电子化。

④物流功能条码化与配送过程无纸化。

⑤组织好"越库中转型物流""直送型物流"和"配送中心内的储存型物流",完善"虚拟配送中心"技术在连锁超市商品配送体系中的应用。

⑥建立自动补货系统（ECR）。

华联认为影响顾客满意度的物流范围项目有：配送过程中如何确保商品品质,门店紧急追加、减货的弹性,根据门店实际情况确定配送时间的安排,缺品率的控制,退货问题,流通加工中的拆零工作等内容。

①配送过程中如何确保商品品质。华联的原则是"搬运次数越少,商品品质越能得到保证"。所以,华联尽量减少商品从验收入库到门店上货架整个过程中的搬运次数。在配送过程中尽量减少人工搬运,多用托盘和机械作业。严格控制商品保质期是确保商品品质的首要条件。

②门店紧急追加、减货的弹性。适当加强配送系统中的"紧急加减货"功能：在深入调查研究的基础上,制订门店可以追加、减货的条件。

③根据门店实际情况确定配送时间的安排。根据商场的销售实绩、门店的要货截止时间、门店交通状况、门店规模大小及节假日等,来确定门店的配送时间。

④缺品率的控制。华联重点抓了采购部门的"缺品率管理",并采用计算机加强配送中心库存量的实时管理,保证配送中心有适当的库存量。实施自动补货系统,进一步降低了商品的缺品率和库存量,提高了商品的周转率。

⑤退货问题。配送中心、门店和供应商协商制订统一的退货制度。

⑥流通加工中的拆零工作。华联通过计算机系统进一步对商品实施单品管理,确定配送中心应该拆零的商品品种。合理规划物流配送的流程是构筑配送体系的重要前提。为了准时将商品送到客户手中,华联超市在运输管理调度方面遵循调度原则,并编制出合理的行驶路线和时间安排。

华联的调度原则包括以下几点：

①相互临近的门店的货装在同一辆车上,安排在同一时间配送。

②配送路线从离物流中心最远送货点开始。

③同一辆车途经各门店路线呈凸状。

④尽量使用装载量大的车辆。但对于规划线外,特别是送货量小的门店,使用载重量小的车辆。

⑤尽量减少门店工作时间过短的限制。

为了准时将商品送到客户手中,配送中心为客户选择满足客户需要的运输方式,在规定的时间内将客户的货物送到正确的目的地。

配送路线的重新规划及提高车辆利用率,对驾驶员的时间管理、分配工作量有着极其重要的作用。车辆的调度可以减少时间的耗用率,使货物能够快速地送达目的地,几乎无配送差错率,提高了物流效率。

（资料整理来源：郑承志《物流管理概论》）

任务五 第三方物流管理信息系统

一、第三方物流管理信息系统概述

随着现代企业生产经营方式的变革和现代物流的迅速发展，第三方物流（Third-Party Logistics，3PL）越来越引起人们的关注。第三方物流又被称为"合同物流""契约物流""外包物流"等，是独立于供需双方，为客户提供专项或全面的系统设计或系统运营的物流服务模式。第三方物流是第三方物流服务提供者在特定的时间内按照特定的价格向使用者提供个性化的物流服务。物流活动和配送工作由专业的物流公司和储运公司来完成，由于它们不参与商品的买卖，只提供专门的物流服务，是独立于买方和卖方的第三方，故称第三方物流。

课件 5-5-001
任务五 第三方
物流管理信息
系统

普通的物流运作模式是第三方物流企业独立承包一家或者多家生产商或经销商的部分或全部物流业务。这些第三方物流服务提供者或拥有自己的资产（如运输工具队伍、仓库和仓储设备），或无资产基础。无资产基础的第三方物流又包括两种：第一种是独立的 3PL，它们一般专注于某一个领域的物流服务，如 FedEx 的子公司 FedEx Custom Critical，专门从事机器零件、器械、电子设备和其他大型商品的快速运输，它们接收客户订单，并和航空等承运商签订运输合同以满足客户需求；第二种是专注于第三方物流软件的开发，为物流行业客户的物流管理和供应链管理提供第三方物流软件的开发、销售、实施与支持等。

二、第三方物流管理信息系统的模块结构

（一）第三方物流管理信息系统的总体功能模块

根据实际需求，常见的第三方物流信息系统包含以下子系统和功能模块，如图 5-18 所示。

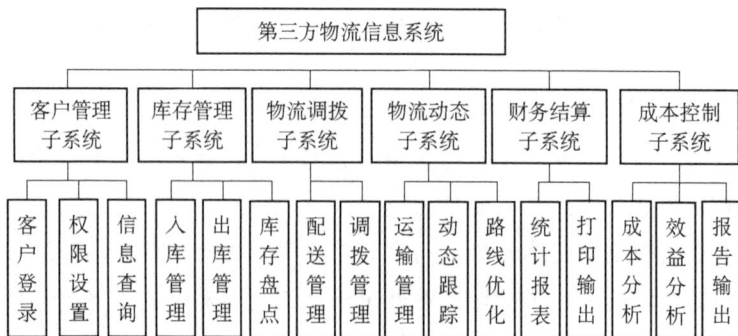

图 5-18 第三方物流管理信息系统功能模块

（二）典型功能模块介绍

1. 客户管理子系统

客户管理子系统主要包括增加系统用户、操作权限管理、密码管理、客户指令的审核、填发物品调拨指令、指令查询、编码维护等。

2. 库存管理子系统

库存管理子系统帮助仓库管理人员对库存物料的入库、出库、盘点等日常工作进行全面的控制和管理。通过该管理功能，完成库存物料初始化，并完成一般出入库单的输入、审核等各项管理功能，以达到降低库存、减少积压及短缺的目的。

3. 配送调拨子系统

配送子系统完成从客户审配受理、配送作业生成、实际配送出库的一系列管理功能，满足配送业务的需要，保障配送业务有序、高效地进行。

4. 物流动态子系统

物流动态子系统对物流网络中的所有动态进行跟踪、动态分布情况查询、管理及信息的自动提示，包括信息动态、物资运输动态、仓储分布等。根据综合信息（距离、路况、过路过桥费）等因素，提供行车路线的优化选择。

5. 财务结算子系统

财务结算子系统完成各项费用项目设置，与出入库模块、配送模块、调拨模块等合理衔接，计算各种往来费用，并生成和输出库存汇总表、仓库周报表等一系列报表，实现数据的一致性和共享性。

6. 成本控制子系统

成本控制子系统可以对运输的各个方面进行控制，包括运单、运价、成本及订单计划等。对系统内各单位的成本情况进行计算、分析、比较，最终形成报告。同时，对物流的各项成本进行控制。

【相关阅读】

美的于 1998 年开始建立内部虚拟物流中心，通过物流中心内部整合资源，初步改善物流环节中不合理的方面，并为长期物流发展做好准备。

2000 年美的通过建立自己的第三方物流公司安得物流，不仅解决了物流成本居高不下的问题，还造就了一个新的利润增长点。安得物流公司的主要业务是建立自己的平台，包括仓储平台和网络平台。美的把各个事业部原先分散的仓储资源整合起来交给安得，使安得在全国建立了比较健全的仓储网络。

安得的出现使美的公司总部的物流工作量大量减少，工作趋向监督、管理。美的公司总部的工作就变为整合、招标，物流的全面继承化，集中招标管理第三方物流公司，集成

IT 系统实施应用。美的的服务水平也有所提高，在安得投入运作的半年内，美的各事业部的运输成本平均下降 10%，全集团的仓储成本也下降了 10%。

（资料来源：郑承志《物流管理概论》）

任务六 供应链管理信息系统

一、供应链管理信息系统概述

供应链管理信息系统（Supply Chain Management，SCM）是围绕核心企业，通过对信息流、物流、资金流的控制，从采购原材料开始，制成中间产品及最终产品，最后由销售网络把产品送到消费者手中的一个网链结构模式。它实际上是从最初的原材料供应到最终消费者物质运动过程中环环相扣的一种紧密依存关系，既包括一个企业内的生产流程，又包括供应商和客户的相关流程，还包括供应商的供应商、客户的客户的相关流程，从而构成一个完整的、有机的供需链，如图 5-19 所示。

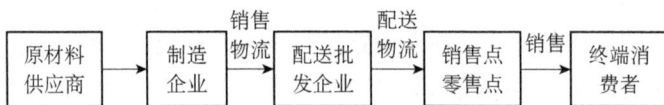

课件 5-6-001
任务六 供应链
管理信息系统

原材料供应商 → 制造企业 →(销售物流)→ 配送批发企业 →(配送物流)→ 销售点零售点 →(销售)→ 终端消费者

图 5-19 SCM 概念图

SCM 管理实际上就是把参与物流活动的企业作为一个统一的过程来管理，通过 SCM，可以将参与物流活动的企业在合作的信念上整合为一个企业群体，不同的企业能够通过分享信息和共同制订物流计划使整体物流效率得到提高，使得各自追求其经济利益的原动力集合为一个提高物流效率和增加企业竞争力的合作力量，最终达到双赢或者多赢。

供应链管理信息系统是指为了实现各个企业之间信息的共享和协同搭建的一个集成的、一体化的信息系统，它不仅仅局限在一个企业内外及其环境，而是从整个供应链来考虑，因为供应链上涉及很多企业，且存在各自利益竞争关系。如图 5-20 所示是一个基于供应链管理的物流信息系统概念结构。供应链上每个企业通过以通信网络技术为基础集成的电子商务平台，连接成为一体化的互联组织系统，它们在协同计划、协同组织、协同指挥和系统控制的统一管理下，实现协同的生产与运作过程，实现供应链上物流与信息流的统一。

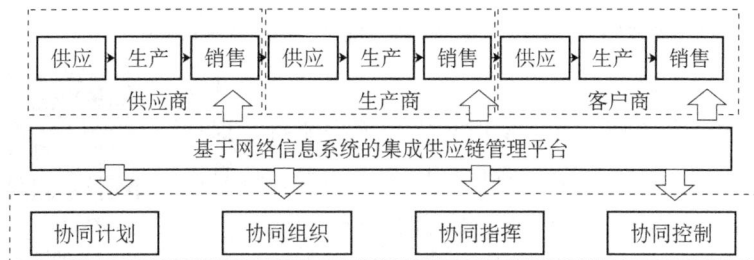

图 5-20 供应链管理信息系统概念结构

二、供应链管理信息系统的模块结构

一般来说，供应链管理信息系统可以分为供应链关系管理、供应链基本业务管理、供应链间信息管理、业务流程重构 4 个功能子系统，具体如图 5-21 所示。

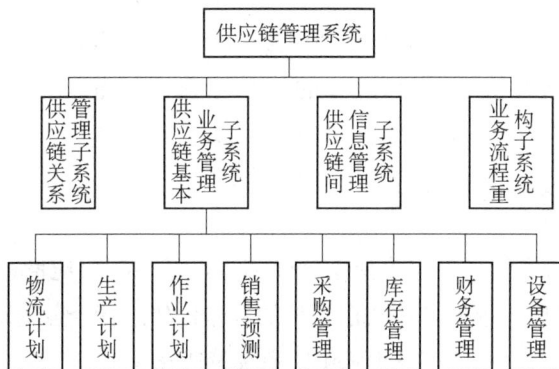

图 5-21 供应链管理系统的体系结构

（一）供应链基本业务管理子系统

供应链基本业务管理系统包括以下几个部分。

（1）物料计划。根据生产需求，按时、按质、按量地组织物资供应，以最小的物资储备满足最佳的供货状态，避免物资积压和短缺，保证生产活动正常进行。

（2）生产计划。根据经营计划或者销售计划及生产预测编制主生产计划，在整个供应链范围内进行协调。

（3）作业计划。根据主生产计划和生产技术数据编制作业计划，并按作业优先级，合理地给供应链节点中的每个作业中心或设备分配作业，并对作业完成情况进行跟踪和监控，确保生产作业计划按时完成。

（4）销售预测。主要利用零售商数据、因果关系信息、已计划时间信息创建一个支持共同业务计划的销售预测系统，同时也要认识到分布在销售预测约束之外的项目，每个项目的例外准则需要在创建销售预测功能中得到确认。通过合并销售数据、因果关系信息和库存策略，产生一个支持共享销售预测和共同业务计划的订单预测，提出

视频知识点：
5-6-001
什么是生产计划

分时间段的实际需求数量，并通过产品及接收地点反映库存目标。

（5）库存管理。通过分析库存状态，最大限度地降低库存占用，以加速资金周转，并能实时地维护库存账务，保证库存数据的最新状态。随时提供各供应链节点的库存信息，以作为生产、采购、物料需求计划、销售的数据。

（6）采购管理。分析不同物料的余缺情况，合理控制动态的物资储备，以免物资积压及缺料，掌握采购进货的速度，监督采购合同的执行。

（7）财务管理。以价值的形式，对生产经营活动进行连续、全面、系统的核算，并生成资金台账，使企业领导能快速、准确地了解生产经营和资金的使用情况。

（8）设备管理。对供应链范围内的主要生产设备，从购置、安装、使用、维护到报废的整个生命周期各个阶段的有关信息进行收集、整理、分析，为设备的科学管理提供依据，以便充分发挥设备的效能。

视频知识点：
5-6-002
什么是库存管理

视频知识点：
5-6-003
什么是采购管理

视频知识点：
5-6-004
什么是财务管理

视频知识点：
5-6-005
什么是设备管理

（二）供应链关系管理子系统

供应链关系管理的目的是广泛收集供应商信息，及时与供应商进行信息沟通，当因业务需要而建立企业联盟时，能够从中找出最佳的合作伙伴进行企业的动态重组。供应链关系管理主要分为供应商管理、供应商评价和供应商决策选择 3 个功能模块，如图 5-22 所示。

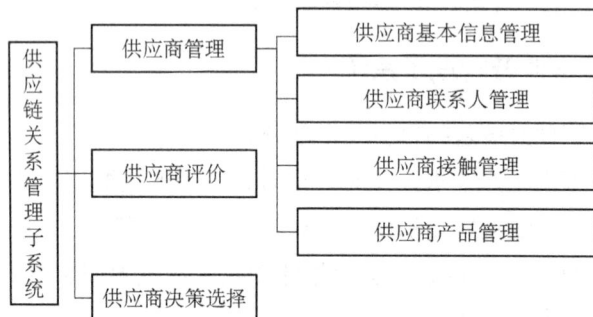

图 5-22　供应链关系管理子系统功能模块图

1. 供应商管理

供应商管理包括供应商基本信息管理、供应商联系人管理、供应商接触管理和供应商产品（服务）管理。

（1）供应商基本信息管理。供应商基本信息管理提供了供应商的基本信息和特征信息。基本信息包括了供应商名称、地址、供应商编号、开户银行等；特征信息包括供应商等级、分类、信誉度、供应量等。

（2）供应商联系人管理。供应商与联系人是一对多的关系，即一个供应商可以对应多个联系人。联系人管理主要用来提供联系人的基本信息和特征信息。

（3）供应商接触管理。供应商接触管理定义和管理与供应商接触时的详细记录，包括相关的联系人、活动和费用等信息，形成全方位结构化的供应商资源体系，作为企业选择产品和供应商的辅助依据。

（4）供应商产品管理。供应商产品管理对供应商提供的产品或者服务进行全面的描述，包括产品的外表、包装、规格、价格、质量及所允诺的服务等信息进行定义和管理，是作为供应商评价时的重要指标之一。

2．供应商评价

供应商评价利用数据挖掘技术和 OLAP 等工具建立职能知识库，其中包括各种评估模型，通过评估模型对从供应商基本信息管理所得到的所有信息进行分析，提取相应规律，利用报表打印功能将分析结果进行输出。它提供给企业灵活的查询手段，以多种可视化方式对报表进行打印输出，是企业进行供应商选择的重要依据。在此，供应商位置、供应商约束、供应商态度、供应商报价等都是在建立评价模型时应该考虑的因素，以便能够选择最优的供应商合作伙伴，降低供应的风险和成本，提高效率。

3．供应商决策选择

根据评价的综合结果进行供应商的自动化决策选择，通过网络会议、论坛和电子邮件等手段与之进行业务洽谈，双方协商同意后建立合作伙伴关系，签订合作协议，共同执行统一的业务流程。

（三）供应链间信息管理子系统

供应链间信息管理主要对已经建立了合作伙伴关系的供应商之间需要交流的数据进行管理，由于供应商在供应链中所处的位置不同，其需要交流的数据也有所不同，在供应商之家签订协议时应进行说明。

（四）业务流程重构子系统

供应链管理的最大特点就是支持企业的快速可重构性，进而提高企业的敏捷性。业务流程快速重构模块提供了企业业务快速重构的工具和方法，根据企业快速重构的实现方法，可以将此系统划分为三大功能模块。

1．供应链参考模型库管理

它用来对供应链的业务参考模型进行维护和管理，为众多企业提供了可供参考的企业业务模型，为动态联盟企业业务的快速重组提供了方便的模板。

2．供应链建模

它提供了业务模板载入的功能，可以将供应链参考模型库中的有关企业业务模型载入，利用模板方便地对供应链的业务信息进行映射，快速、完整地将企业业务流程转换成系统中的设置。

3．供应链敏捷配置管理

主要任务是在完成企业业务流程的映射后，根据映射结果，系统中的模型可以自行或人机交互实现配置，使系统按企业的实际要求进行。

【相关阅读】

供应链集成系统支持技术

序号	技术名称	序号	技术名称
1	电子邮件（Electronic Mail）	17	射频识别技术（Radio Frequency Identification）
2	专家系统（Expert System）	18	计算机辅助合作网（Computer-added Net）
3	电话会议（Teleconference Technique）	19	卫星通信技术（Satellite Communication）
4	电子数据交换（EDI）	20	增值网络（Value-added Net）
5	增值网络（Value-added Net）	21	企业虚拟工作间（Corporate Virtual Workspace）
6	计算机辅助软件系统（CASE）	22	图像处理技术（Imaging Processing）
7	面向对象的编程技术（OOT）	23	并行系统（Parallel System）
8	客户/服务器（Client/Server）	24	企业内外网络（Intranet/Extranet）
9	数据库管理信息（DBMS）	25	信息高速公路（Information Speedway）
10	广域网（Large Area Net）	26	作流自动化（Work Flow Automation）
11	互联网（Internet）	27	物料需求计划（MRP）
12	可视技术（Imagine Technique）	28	制造资源计划（MRPII）
13	电子商务（Electronic Business）	29	分销资源计划（DRP）
14	多媒体技术（Multi-media Technology）	30	企业资源计划（ERP）
15	地理信息系统（GIS）	31	跨组织信息系统（IOIS）
16	全球卫星定位（GPS）	32	供应链管理信息系统（SCMS）

（资料整理来源：《供应链管理》）

基础知识测试

一、判断题

1．物流管理信息系统的可得性是指需要的时候能方便及时地以纸质化的形式获得有关信息和数据。 （   ）

2．物流管理信息系统必须具有灵活性，以满足系统用户和顾客两个方面的需求。

（　　）

3．物流管理信息系统必须具有容易而又始终如一的可得性。　　　（　　）

4．物流信息系统是利用信息技术，通过信息流将各种物流活动与某个一体化过程连接在一起的通道。　　　（　　）

5．WMS 是仓储管理信息系统的缩写。　　　（　　）

6．物流管理信息系统的总体特征为集成化、模块化、实时化、网络化、智能化。

（　　）

7．物流信息必须精确地反映当前的状况和定期活动状态，以衡量顾客订货和存货的水平。　　　（　　）

8．信息在地理上往往具有分散性、范围广、量大等特点，信息的管理不应高度集成。　　　（　　）

9．物流信息系统并不具备随着企业发展而发展的能力。　　　（　　）

10．客户信息管理包括客户编号、客户名称、联系电话、传真、地址、E-mail 及联系人等客户的基本信息。　　　（　　）

二、单项选择题

1．以下各项中不属于入库流程的是（　　）。

A．验收　　　　　　　　　　　B．储位分配

C．堆码　　　　　　　　　　　D．存货量确定

2．物流管理信息系统的开发过程不包括（　　）。

A．系统分析　　　　　　　　　B．系统分析

C．系统评价　　　　　　　　　D．系统维护

3．以下（　　）不是公路运输的优点。

A．安全性高　　　　　　　　　B．灵活性强

C．技术改造容易　　　　　　　D．运量大

4．集装箱运输业务流程不包括（　　）。

A．调度管理　　　　　　　　　B．接收托运申请

C．箱货交接　　　　　　　　　D．提取空箱

5．供应链管理系统不包括（　　）。

A．供应链关系管理　　　　　　B．供应链基本业务管理

C．供应链间空间管理　　　　　D．业务流程重构

6．以下（　　）不是系统实施阶段的任务。

A．进行编程　　　　　　　　　B．人员培训

C. 数据准备   D. 系统修改

7. 以下（   ）不是物流管理信息系统需具备的特点。

A. 可得性   B. 及时性

C. 稳定性   D. 灵活性

8. 以下关于协同性的描述中错误的是（   ）。

A. 与客户的协同，系统应可以与客户的 ERP 系统或库存管理系统实现连接

B. 与供应链上的其他环节的协同，如第三方物流应与船公司、拖车公司、仓储、铁路、公路等企业通过网络实现信息传输

C. 与社会各部门的协同，即通过网络与银行、海关、税务机关等实现信息即时传输

D. 与内部各部门之间的协同，查询修改、输入等操作做出快速和及时的反应

9. 以下（   ）不是物流管理信息系统的首要问题。

A. 费用太高   B. 网上支付的实现

C. 电子单证的使用   D. 安全性

10. 入库通知单主表的数据项不包括（   ）。

A. 入库单号   B. 预计出库时间

C. 客户   D. 合同号

三、多项选择题

1. 物流管理信息系统的总体特征是（   ）。

A. 集成化   B. 实时化   C. 模块化   D. 智能化

2. WMS 信息系统整体框架结构中其他功能模块包含（   ）。

A. 结算管理   B. 统计分析   C. 财务核算   D. 系统维护

3. 物流管理信息系统需具备的特点有（   ）。

A. 准确性   B. 以异常情况为基础的物流信息系统

C. 适当的形式化   D. 及时性

4. 供应链管理系统可以分为（   ）功能系统。

A. 供应链关系管理   B. 供应链基本业务管理

C. 供应链间信息管理   D. 业务流程重构

5. WMS 信息系统整体框架结构中入库管理包含（   ）。

A. 基本资料   B. 入库通知单   C. 卸货及验收管理   D. 入库储位分配

6. 公路货物运输方式主要有（   ）。

A. 整车运输   B. 零担运输   C. 集装箱运输   D. 联合运输

7. 零担运输业务流程包括（   ）环节。

A. 受理托运   B. 提取空箱   C. 箱货交接   D. 车辆运行

8. 配送管理信息系统的典型功能模块包括（   ）。

A. 基本资料管理   B. 合同管理   C. 库内管理   D. 拣货管理

9. 第三方物流管理信息系统的典型功能模块包括（   ）。

A. 配送管理   B. 库存管理子系统

C. 出库管理   D. 财务结算子系统

10. 供应商管理包括（   ）。

A. 供应商基本信息管理   B. 供应商联系人管理

C. 供应商接触管理   D. 供应商产品管理

四、思考题

1. 请简述运输的主要方式。
2. 请简述仓储管理信息系统的主要应用。
3. 请简述配送的概念。
4. 请简述物流管理信息系统需具备的特点。
5. 请简述 WMS 软件的总体功能。

1-6-001
基础知识测试
参考答案

技能项目实训

物流管理信息系统研究

【实训目的】

实训通过调查选定的物流管理信息系统，进行小组讨论分析，让学生根据企业实际情况分析物流管理系统的特点和功能模块等，为以后实际系统的操作做铺垫，并理解各功能模块之间的数据信息联系。

【实训要求】

选择有特色的制造企业、零售企业、电商企业、运输企业等，采用不同的调研方法，如线上线下查阅资料、问卷调查、电话调查或者走访等方法，针对仓储物流管理信息系统、运输物流管理信息系统、配送物流管理信息系统，了解它们的应用情况。

思考问题：

1．企业中的物流管理信息系统具有什么特点？

2．该物流管理信息系统有什么样的模块？涵盖什么功能？收集了什么数据？

3．该物流管理信息系统有什么优缺点？如何改进不足之处？

【考核方式】

本次实训以小组的形式完成，成绩由以下 3 个部分组成：

1．调研实施、小组讨论（占 30%）；

2．PPT 报告（40%）；

3．课堂汇报（30%）。

参考文献

[1] 李勇. 物流信息技术 [M]. 北京：清华大学出版社，2012.

[2] 王晓平. 物流信息技术 [M]. 北京：清华大学出版社，2011.

[3] 王道平，王煦. 现代物流信息技术 [M]. 北京：北京大学出版社，2010.

[4] 米志强. 射频识别（RFID）技术与应用 [M]. 北京：电子工业出版社，2011.

[5] 冯耕中. 物流管理信息系统及其实例 [M]. 西安：西安交通大学出版社，2003.

[6] 夏丽华. 物流管理信息系统 [M]. 广州：华南理工大学出版社，2005.

[7] 蔡淑琴. 物流信息系统 [M]. 3 版. 北京：中国物资出版社，2010.

[8] 于淼. 管理信息系统 [M]. 北京：经济科学出版社，2003.

[9] 中国物品编码中心，商品条码应用技术 [M]. 北京：中国标准出版社，1992.

[10] 张立厚，张应利，高京广，等. 管理信息系统（MIS）[M]. 北京：世界图书出版公司，2002.

[11] 牛东来. 现代物流信息系统 [M]. 北京：清华大学出版社，2004.

[12] 李忠国，物流信息技术 [M]. 2 版. 北京：化学工业出版社，2014.

[13] 刘丙午，李俊韬，朱杰，等. 现代物流信息技术及应用 [M]. 北京：机械工业出版社，2013.

[14] 田晓，马赛. 物流信息技术 [M]. 北京：北京师范大学出版社，2012.

[15] 鲍吉龙，江锦祥. 物流信息技术 [M]. 3 版. 北京：机械工业出版社，2010.

[16] 陈明泉，崔发强. 现代物流管理信息技术 [M]. 北京：化学工业出版社，2012.

[17] 米志强，邓子云. 物流信息技术与应用 [M]. 2 版. 北京：电子工业出版社，2014.

[18] 张成海. 物联网与产品电子代码（EPC）[M]. 武汉：武汉大学出版社，2010.